JULES GÉRARD

L'AFRIQUE DU NORD

ILLUSTRATIONS DE J. A. BEAUCE

DEUXIÈME ÉDITION.

PARIS
E. DENTU, ÉDITEUR
Libraire de la Société des Gens de Lettres,
PALAIS-ROYAL, 13, GALERIE D'ORLÉANS.

L'AFRIQUE
DU NORD

PARIS. — IMPRIMÉ CHEZ BONAVENTURE ET DUCESSOIS,
55, QUAI DES GRANDS-AUGUSTINS.

JULES GÉRARD

L'AFRIQUE DU NORD

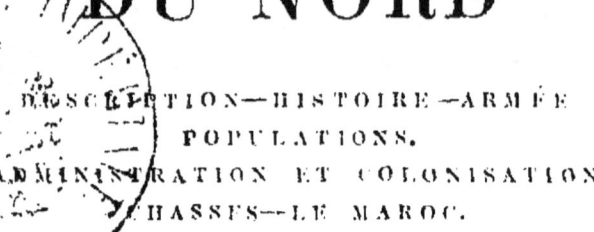

DESCRIPTION — HISTOIRE — ARMÉE
POPULATIONS.
ADMINISTRATION ET COLONISATION
CHASSES — LE MAROC.

Illustrations de J. A. Beaucé.

PARIS

E. DENTU, ÉDITEUR
Libraire de la Société des gens de lettres
PALAIS-ROYAL, 13, GALERIE D'ORLÉANS
—
1860
Tous droits réservés.

A

Mes Camarades

de

l'Armée d'Afrique.

PRÉFACE

Le but de cet ouvrage est de faire connaître l'Afrique du Nord sous toutes ses faces.

Un long séjour dans le pays, de fréquentes et intimes relations avec les populations indigènes, l'exercice de fonctions diverses dans l'armée et dans les affaires arabes : tels sont les titres qui nous ont permis d'entreprendre cette œuvre afin de l'offrir au public.

Pour traiter à fond tous les sujets contenus dans ce volume, il nous eût fallu en écrire dix. Nous avons compté avec les goûts et la bourse du plus grand nombre, faisant de notre mieux pour tout dire en peu de mots. C'est pourquoi nous avons abrégé, en commençant par la Préface.

I

DESCRIPTION PHYSIQUE.—HISTOIRE NATURELLE.

L'Algérie est située vers le 35ᵉ degré de latitude Nord, et sa partie orientale fait face aux ports français de la Méditerranée, tandis qu'à l'Ouest elle regarde l'Espagne. L'étendue des côtes depuis les frontières du Maroc jusqu'à celles de Tunis est de deux cent cinquante lieues; la profondeur moyenne du littoral à l'entrée du Sahara, est de cinquante lieues. Dans la région des oasis et des sables, nos possessions s'avancent à plus de cent lieues. L'aspect général des côtes est montagneux et très-pittoresque. La chaîne du Petit-Atlas borde la mer dans presque toute la longueur du littoral, et montre au voyageur une richesse de végétation naturelle inconnue dans les pays situés au Nord. Toutefois, ce qui frappe tout d'abord l'habitant de la Provence, de l'Espagne ou du Midi de l'Italie qui débarque sur cette terre d'Afrique, c'est d'y trouver comme la continuation de ces contrées. En effet, l'Espagnol rencontre l'oranger et le citronnier plantés en rase campagne, et atteignant d'immenses proportions; le Provençal et l'Italien retrouvent l'olivier et le chêne-liége, formant de grandes et belles forêts. La seule différence qui existe entre ces arbres du Midi de l'Europe et ceux de l'Afrique, c'est que là ils sont généralement à l'état sauvage et beaucoup plus beaux. La même similitude se remarque dans la nature du sol et dans la conformation des rochers et des montagnes. Il y a plus : elle se manifeste encore parmi les animaux domestiques et ceux qui vivent dans les bois. Il ressort nécessairement de ces faits multipliés et évidents que le Nord de l'Afrique a dû autrefois toucher à notre continent par les contrées que nous avons désignées plus haut.

Il est rare de voir sur le littoral algérien une montagne dont les pentes vers la mer ne soient pas tellement abruptes et roides, qu'un homme, même habitué au pays, puisse les parcourir sans danger. Ce n'est qu'aux embouchures des rivières que les côtes sont plus accessibles, ou bien là où le Petit-Atlas n'arrive pas jusqu'à la mer.

Un des plus grands inconvénients, pour l'Algérie, c'est de n'avoir aucun fleuve navigable. Cela tient d'abord au peu de distance qui sépare les sources du littoral, et ensuite à la manière dont les pluies tombent dans ce pays. Les observations faites depuis les premiers temps de l'occupation française jusqu'à ce jour démontrent clairement que ce n'est pas la quantité d'eau tombée du ciel qui fait défaut. En effet, en consultant des documents irrécusables à ce sujet, nous trouvons que la moyenne des jours de pluie par année est de 95, et la quantité de 90 c. 44. Seulement au lieu de tomber comme en Europe, toute l'année et avec mesure, cette quantité d'eau fond en averses d'une durée plus ou moins longue, depuis le mois de novembre jusqu'au mois d'avril. Il résulte de cet état de l'atmosphère en Algérie que, pendant cette période de cinq mois, tous les ruisseaux débordent; que la moindre rivière devient infranchissable pendant des mois entiers, et qu'en été les cours d'eau de quelque importance arrivant jusqu'à la mer sont rares. Nous allons citer les principaux :

A l'Est de la colonie, coule la *Mafrag*, dont l'embouchure est située entre Bône et La Calle, et qui est assez importante pour faire flotter les bois des forêts où elle prend sa source. Comme elle traverse une plaine d'une grande étendue et très-fertile, ses eaux pourront aussi être utilisées pour l'irrigation. Plus près de Bône, viennent se perdre dans la mer deux autres rivières : la *Seybouse* et la *Bougima*. La première arrose plusieurs plaines et vallées d'une grande richesse et peut, durant la saison des pluies, porter des bois à la mer comme la Mafrag et sur un parcours beaucoup plus long. La seconde a moins d'importance quant à son volume et contribue à rendre malsaine la plus belle contrée de l'Afrique. Des travaux d'assainissement y ont été entrepris; mais il reste encore beaucoup à faire. Entre Bône et Philippeville et près du Cap de Fer, se trouve l'embouchure de l'*Oued-el-Kebir* des Senadjah. Cette rivière prend sa source aux eaux chaudes des Beni-Foughal de Guelma, traverse le pays des Zerdeza, des Djendel, des Senadjah, reçoit l'*Oued-el-Aneb* venant de l'Édough, et devient navigable sur un parcours de quelques lieues avant de se jeter dans la mer. Ce cours d'eau sera très-utile aux colonies qui s'établiront plus tard sur le pays des Senadjah, qu'il pourra arroser presque en entier. L'*Oued-Safsaf* vient se perdre dans la mer près de Philippeville, après avoir parcouru la vallée d'El-Arrouch sur une longueur de huit à dix lieues ; il prend sa source chez les Zerdezah, d'où il descend avec une impétuosité souvent malfaisante en hiver, pour se transformer en simple petit ruisseau dès qu'arrivent les chaleurs de l'été. Un second *Oued-el-Kebir* d'une certaine importance a son embouchure entre Kollo et Djigelly, ports situés à l'Ouest de Philippeville. Formée par l'*Oued-Roumel* et l'*Oued-Endjah* qui réunissent leurs eaux au Sud du Petit-Atlas et en aval de Constantine, cette rivière est toujours assez importante. Un autre cours d'eau traverse la plaine même de Kollo qu'il peut arroser en partie : c'est l'*Oued-Guebeli*. Il prend sa source chez les Ouled-el-Hadj, à huit ou dix lieues seulement de son embouchure. Près de Bougie, on trouve la *Summam*, assez importante dans toutes les saisons et pouvant être utilisée pour la colonisation. Dans la province d'Alger coulent l'*Harrach*, la *Chiffa*, l'*Oued-Jer* et le *Mazagran*. Ce dernier seul a quelque importance. Toutes ces rivières prennent leurs sources dans le Petit-Atlas. La province d'Oran compte cinq rivières : le *Rio-Salado*, l'*Habra*, l'*Oued-Hammam*, la *Tafna* et le *Chélif*, qui est le plus important de tous les cours d'eau de l'Algérie. Le Chélif prend sa source sur les hauts plateaux qui touchent au désert et traverse, en descendant vers le

Nord, une des vallées les plus riches de l'Afrique. Quoique son embouchure se trouve sur le territoire tunisien, nous devons mentionner aussi une rivière assez importante au point de vue de la colonisation : c'est la *Mejardah,* qui prend sa source au milieu des ruines d'une ville romaine, Kremiça, et traverse tout le pays des Hanenchah sur une longueur de trente lieues avant de passer la frontière. On voit d'après ce qui précède que l'Algérie ne possède aucun fleuve navigable sur une étendue importante ; mais qu'il s'y trouve un nombre relativement assez grand de rivières pouvant servir à l'agriculture.

Avant d'aller plus loin dans l'intérieur des terres, nous croyons qu'il est indispensable de faire connaître les ressources de la colonie au point de vue de la navigation et du commerce. Les côtes d'Afrique exposées au Nord, se trouvent, pendant les équinoxes, en butte à des tempêtes terribles ; mais, durant les autres époques de l'année, la mer y est généralement assez calme. Comme abris assurés contre le mauvais temps, les navires rencontrent à l'Ouest le port d'Oran ou Mers-el-Kebir Arzew, Alger et Kollo. Les golfes de Bougie, Djigelly, Stora et Bône sont indiqués et fréquentés ; mais il y aura de grands travaux à faire avant qu'ils deviennent des ports de quelque sûreté pour les navires à l'ancre.

En quittant le littoral pour l'intérieur des terres, on

traverse le Petit-Atlas sur une profondeur plus ou moins longue, suivant qu'on le passe à l'Est, au centre ou à l'Ouest; partout du reste en le quittant on éprouve un sentiment pénible, car au lieu de ces montagnes vertes et riantes on trouve un pays d'une nudité qui surprend. Ce n'est pas que la terre y soit moins bonne, le contraire est prouvé par les cultures d'une grande richesse qui se montrent de toutes parts. Mais l'absence des arbres dans les vallées qui s'élèvent vers les régions des hauts plateaux, et sur ces plateaux mêmes, forme un contraste singulier et pénible pour l'Européen, avec les montagnes boisées qui bordent le pays au Nord. Cependant si l'on recherche avec attention au milieu de ces vastes plaines qui forment le centre de l'Algérie quelque trace des anciennes forêts, on retrouve de loin en loin et surtout au sommet des petits mamelons, on retrouve, disons-nous, tantôt un groupe de beaux oliviers, tantôt des thuyas ou des genévriers séculaires; puis, comme pour donner raison à l'histoire de ce pays et à la tradition arabe, au beau milieu d'une plaine immense et parfaitement nue, on se trouve en présence d'une montagne isolée, couverte de bois de la base au sommet; enfin comme pour ratifier les croyances indigènes, au delà du pays le plus dénudé se dresse le Grand-Atlas avec ses forêts de chênes et de cèdres qui ne sont pas moins beaux que ceux du Liban. Donc les

Arabes seraient dans le vrai en disant que les hauts plateaux du centre de l'Afrique étaient autrefois couverts de bois, et que les incendies réitérés et le bétail après le feu, et la charrue après le bétail les ont fait disparaître. Très-curieux des choses qui se rattachent à ce pays si intéressant à tant de titres, nous avons fait bien des recherches et des investigations au sujet des prétendues forêts d'*autrefois* et dont nous ne voyons plus de traces. Or, entre autres documents qui viennent à l'appui de la tradition arabe, nous croyons utile de rapporter les suivants : Chargé de faire la statistique d'une tribu au Sud de Constantine et sur un territoire où on ne trouve pas un seul arbre dans un rayon de vingt à trente lieues, nous fûmes très-étonné de rencontrer un jour les traces d'un four ayant dû servir à cuire du goudron. Plusieurs Arabes nés dans le pays ne surent que répondre aux questions qui leur furent adressées à ce sujet. Ayant appris qu'un centenaire vivait près de là, nous nous rendîmes auprès de lui et nous pûmes entendre ce brave homme nous raconter que, *de son temps,* il y avait là une forêt de pins et de genévriers ; que des gens venus de l'Ouest l'avaient détruite en partie pour faire du goudron et du charbon qu'ils portaient à Constantine, et que le peu qui restait avait été ensuite brûlé par les Arabes établis dans les environs. Un autre renseignement non moins précieux nous fut donné par ce vieillard qui se trouva d'accord encore avec plusieurs autres Arabes interrogés après lui. Les hauteurs qui avoisinent la ville de Constantine sont aujourd'hui d'une nudité qui attriste ses habitants. Il ne s'y trouve pas un seul arbre ; cependant la montagne qui domine la ville a nom *Djebel-Oarch, montagne du cerf* ou *du fauve*. Il résulte du témoignage de ce vieil Arabe ainsi que de celui de huit ou dix hommes nés à Constantine ou aux environs, et recueillis par nous-même, qu'il y a environ soixante ans, cette montagne était encore très-boisée de chênes verts, portant des glands doux ; que les habitants de la ville allaient y couper des arbres pour faire des bois de charrue ; et qu'avant le coucher du soleil, ils devaient rentrer leurs troupeaux sous peine de voir de leurs maisons les lions les attaquer sur le versant d'El-Kantara, à cinq cents mètres de la porte. Ces faits ont une grande signification et portent en eux une utilité incontestable ; d'abord ils prouvent la possibilité de reboiser une partie de ces contrées dont l'aspect dénudé est si triste pour nos colons et nos soldats ; ensuite ils indiquent d'une manière certaine quelles sont les essences forestières qui conviennent à chaque contrée.

Un autre fait, non moins important à tous les points de vue, pour les intérêts de l'Algérie, c'est l'existence de plusieurs lacs considérables, situés dans l'intérieur des terres et principalement sur les hauts plateaux. Il est probable que ces lacs, aujourd'hui la plupart à sec au moment des grandes chaleurs, conservaient une partie de leurs eaux à l'époque où leurs bords étaient entourés de forêts; et ce qui le démontre, c'est que tous ceux qui vers l'Est se trouvent dans ces conditions, non-seulement ne tarissent jamais, mais encore conservent dans la saison d'été, assez d'eau pour être traversés par des barques. Nous citerons le lac de *Tonga* dans le cercle de La Calle et le lac *Fedzara*, situé a vingt kilomètres de Bône. Ce dernier est aussi giboyeux que riche en poisson, et l'État vient d'y louer le droit de chasse et de pêche pour la somme annuelle de huit mille francs. La province d'Alger a aussi un lac près du littoral; mais il a moins d'importance : — c'est le lac *Haloula*; il est à désirer qu'une compagnie demande et obtienne son dessèchement, afin d'utiliser les terres qu'il occupe et d'assainir ses environs. — Le *Sebkhra* d'Oran peut être assimilé à tous les lacs salés de l'intérieur et exploité de même.

En résumé, l'Algérie envoie à la mer, par un petit nombre de rivières peu considérables, les eaux pluviales et de source, depuis le sommet de son versant Nord.

Le centre garde les eaux de pluie qu'il reçoit et les neiges qui se fondent au Nord du Grand-Atlas, la partie Sud de cette chaîne déverse ses eaux dans le Sahara, où elles commencent par se perdre, pour reparaître plus loin et alimenter les oasis.

Il doit nécessairement résulter de cet état physique du pays, aussi bien que de sa température particulière, que des nappes d'eau souterraines existent dans les plaines ; et en effet, au milieu des régions en apparence les plus sèches et les plus stériles, on est tout étonné de rencontrer souvent des ruines romaines considérables ; et comme pour justifier ces établissements dans un milieu aujourd'hui désert, inculte et d'un aspect désolé, le peuple-roi a creusé une multitude de puits qui montrent l'eau abondante et à quelques mètres de profondeur seulement. Il n'est pas rare de trouver parmi ces ruines un figuier qui est demeuré pour représenter de père en fils ceux de sa famille apportés et plantés là par les Romains. C'est sans doute après avoir fait de semblables observations que le général Desvaux, désireux de rendre un grand service au pays qui lui était confié, a ordonné et fait exécuter sous ses yeux des sondages artésiens non-seulement dans les vastes plaines qui bordent le Grand-Atlas, mais jusque dans le Sahara. Partout, ou presque partout, l'eau a jailli à la surface du sol en quantité assez considérable pour servir à l'irrigation des terres et à la création de nouvelles oasis. Nous sommes heureux d'être un des premiers qui auront constaté et consigné dans l'histoire de l'Afrique, cette tentative et ce succès d'un *général de cavalerie*. Pour tout homme sérieux et qui connaît l'Algérie, il ne sera pas douteux qu'un tel service honorera à tout jamais celui qui l'a rendu ; puisque par lui des fermes et des villages pourront bientôt s'établir et prospérer là où naguère les sauterelles seules pouvaient subsister.

Afin de résumer l'aspect général de l'Afrique française, nous dirons qu'elle présente d'abord le Petit-Atlas bordant la mer de l'Est à l'Ouest, ensuite un plateau large de quarante à cinquante lieues, sur une hauteur de 1,000 à 1,200 mètres ; puis le Grand-Atlas dont les plus hautes crêtes ne dépassent pas 2,500 mètres, et au delà le Sahara avec ses sables et ses oasis. Il est facile de comprendre qu'un pays ainsi *superposé* doit être sujet à des variations de température aussi grandes qu'inattendues. Et en effet, tandis qu'au Nord, c'est-à-dire sur les divers points occupés du littoral, on jouit pendant toute la durée de l'hiver d'une température de 10 degrés pour Oran, de 11 à Bône, de 14 à Mostaganem et de 15 à Alger ; si on s'avance à vingt ou trente lieues au Sud, on descend à 10 et même à 7 degrés à Constantine et à Sétif. Il est vrai qu'en franchissant le Grand-Atlas, le thermomètre remonte ; mais ce n'est qu'en se rapprochant beaucoup du niveau de la mer.

La même différence se fait remarquer dans la saison des chaleurs. Pendant les mois de juin, juillet et août, les villes du littoral éprouvent une température moyenne de 25 degrés, tandis que celles de l'intérieur sont à 30 et 35 degrés. Il en est de même pour les vents : d'après les observations faites à la Marine durant une période de quinze années, les vents régnant d'habitude sont ceux du nord et du nord-ouest. Dans l'intérieur des terres, ce sont au contraire les vents du sud et du sud-ouest.

Cette différence est toute à l'avantage du littoral ou des régions qui en sont proches, puisque dans la saison d'hiver la neige et les gelées y sont inconnues, et qu'en été la brise de mer apporte chaque jour une fraîcheur si bienfaisante que les Algériens ont moins à souffrir de la chaleur que les habitants de Paris. D'après l'opinion des docteurs Bertherand et Mitchell plus compétents que nous sur un tel sujet, la moyenne de la température annuelle sur le littoral de l'Algérie dépasse celle de tous les autres lieux fréquentés par les malades, et comme il suit : *Malaga,* de 1°,66 ; *Madère,* de 2°,22 ; *Rome,* de 5° ; *Nice,* de 5°,55 ; *Pau,* de 7°,22. La température du *Caire* serait plus élevée de 1°,66, bien que l'hiver y soit plus froid de 2°,22. Le point de la Méditerranée qui se rapproche le plus, sous ce rapport, du Nord de l'Afrique est *Malte.*

Les variations de température sont encore à l'avantage de l'Algérie, comme on peut le voir par les chiffres qui suivent. Pour chaque jour de chaque mois : janvier, 3°; février, 3°; mars, 4°; avril, 2°; mai, 5°; juin, 3°; juillet, 2°; août, 5°; septembre, 5°; octobre, 4°; novembre, 3°; décembre, 3°. Pour chaque saison, les variations sont : en hiver, de 1°,5; au printemps, de 1°,4; en été, de 1°,25; en automne, de 1°,15. Les moyennes des variations successives pour chaque mois sont, d'après le docteur Mitchell : janvier, 0°,93 ; février, 1°,40; mars, 1°,5; avril, 0°,95; mai, 1°,3; juin, 1°,55; juillet, 1°,30; août, 0°,97; septembre, 0°,90; octobre, 0°,82; novembre, 0°,80; décembre, 0°,70.

Favorisée au point de vue du climat, l'Algérie n'est pas moins heureuse par ses productions naturelles et la richesse de ses terres. Les eaux thermales s'y trouvent en nombre considérable, et, s'il faut en juger par les traces que les Romains ont laissées de leurs établissements sur ces points, beaucoup d'entre elles doivent avoir de bonnes qualités curatives. Ce que nous pouvons affirmer c'est que, dans la province de Constantine seulement, il existe plusieurs sources d'eaux chaudes sulfureuses et ferrugineuses auxquelles les Arabes viennent demander leur guérison. Entre autres nous citerons, comme les plus importantes : le *Hammam* des Djendel situé sur la rive gauche de l'Oued-el-Kebir entre Bône et Philippeville, celui des Beni-Foughal au Nord et à trois lieues de Guelma, le *Hammam-Berda* sur la route de

Bône à Guelma, et enfin le *Hammam-Meskoutin* situé à dix kilomètres à l'Ouest de cette ville. Cette source *sulfureuse est la plus considérable du monde connu* et sa chaleur est de 96 degrés. Un hôpital militaire y a été établi par le gouvernement depuis une dizaine d'années, et les observations faites par le docteur Gresloy, auquel on doit cette fondation, ainsi que celles de ses successeurs démontrent que les eaux du Hammam-Meskoutin possèdent de grandes vertus curatives pour les douleurs rhumatismales, les anciennes blessures et les maladies de poitrine. Un médecin de Bône, M. Moreau, convaincu de ces avantages, a demandé et obtenu la concession des eaux thermales du Hammam-Meskoutin avec une certaine étendue de terres et de bois autour des sources, afin d'y créer un établissement à l'usage des malades et des touristes du grand monde. Le bassin du Hammam-Meskoutin se prête admirablement à une entreprise de ce genre. Il est situé au milieu d'un pays boisé, toujours vert et de l'aspect le plus pittoresque, enfermé entre deux rivières, l'*Oued-Cherf* et le *Bou-Hemdem* : il est abrité contre les vents du nord par la montagne du *Taïa*, dont les rochers gigantesques forment un contraste frappant avec le pays d'alentour, et contre les vents du sud par la chaîne dentelée et curieuse d'*Anouna*.

Nous avons dit que le sol de l'Algérie était riche;

expliquons-nous: à l'encontre de beaucoup de contrées situées en Europe où la terre végétale n'a qu'une très-petite épaisseur et où l'élément calcaire et marneux fait défaut, ici le sol est généralement argilo-calcaire, et dans les plaines et les vallées on ne trouve que des terres d'alluvion. La terre végétale, à l'Est et au centre de la colonie, n'a pas moins d'*un mètre* d'épaisseur, elle est beaucoup moindre à l'Ouest et sur les hauts plateaux de la région centrale.

La pierre à chaux et le plâtre se rencontrent dans presque toutes les contrées. Les parties montagneuses contiennent des carrières de marbres statuaires d'une grande beauté ; une de ces mines est exploitée depuis plusieurs années, à quelques lieues de Philippeville, par une compagnie de Marseille. Les montagnes du littoral montrent à leur surface le minerai de fer presque partout; aux environs de Bône, il est exploité par la compagnie de l'Alelik sur une grande échelle. Plus à l'Est et près de la frontière de Tunis, une autre compagnie exploite avec beaucoup de succès une mine de plomb argentifère. En Kabylie et dans la province d'Oran, il existe des mines de cuivre d'une grande richesse, et il n'est pas de montagne, dans l'intérieur, où on ne puisse remarquer du minerai de quelque nature utile. Du reste, les Romains n'avaient pas négligé ces richesses et nous avons vu, à cinquante lieues des côtes, une montagne percée par eux d'outre en outre ainsi que les ruines de leur établissement, construit sur un sol où le minerai n'est pas moins abondant que les pierres.

Le règne végétal de la colonie n'a pas moins d'importance. Longtemps on a représenté l'Algérie comme un pays nu, aride, où les arbres étaient une rareté. Certainement, pour celui qui débarque sur tel point à l'Ouest de nos côtes, et va droit devant lui dans l'intérieur pour revenir de même ; pour celui-là le pays est loin d'être beau, car il aura vu la région du palmier-nain, c'est-à-dire le plus vilain coin de cette terre.

Mais l'Afrique française est longue de deux cent cinquante lieues et, sur plus de la moitié de cette étendue, les montagnes du littoral sont couvertes, celles-ci de thuyas, celles-là de chênes verts ou à liége ; d'autres enfin de cèdres qui atteignent les plus grandes dimensions. Et si, en quittant ces belles montagnes, on traverse une vaste contrée parfaitement découverte et d'une grande étendue, au delà, on retrouve la végétation du littoral et ses ressources.

Le Sahara lui-même nous offre ses arbres ; et ceux-là ne sont pas seulement bons à couper pour faire des charpentes ; mais ils donnent des fruits savoureux que l'Européen apprécie aussi bien que l'Arabe. Dans cette partie de l'Afrique, il suffit d'avoir de l'eau pour transformer en oasis une plaine de sables. Or, nous avons vu comment la nappe d'eau souterraine avait été amenée à la surface par les puits artésiens ; sur quinze forages, treize ont donné une moyenne de trois mille litres d'eau par minute, coulant à la surface du sol, et deux ont été utilisés à l'état de puits.

Le règne animal se trouve représenté en Algérie de la manière la plus avantageuse pour l'avenir de la colonisation.

Le cheval *barbe* qui sert à monter toute la cavalerie française et indigène est, par son caractère, sa sobriété et son énergie, le type par excellence du cheval de guerre. Nous avons vu des régiments français arriver avec de bons chevaux de cavalerie légère ; au bout d'un an, la moitié avait disparu ; deux ans après, il n'en restait pas un seul. On peut objecter à cela, que ces chevaux n'étaient pas habitués au climat et surtout aux fatigues exceptionnelles des guerres d'Afrique. Nous répondrons à cette objection que pendant la guerre de Crimée les chevaux français ou allemands, ou anglais subissaient le même sort ; tandis que les *barbes* en revenaient maigres, il est vrai, mais bien portants, et prêts à recommencer une nouvelle campagne.

. Cependant il y a lieu de reprocher à ce vaillant animal son manque de taille, et depuis bientôt dix ans le maréchal Randon a pris l'initiative dans cette importante question. Autrefois les Arabes s'occupaient fort peu que leurs juments fussent saillies par tel ou tel cheval, et le plus souvent ces choses se passaient au pâturage, loin de l'œil du maître et au hasard du moment. Depuis, l'administration a fait rechercher dans les tribus les plus beaux sujets susceptibles de faire de bons étalons, et les a fait acheter par ces mêmes tribus, qui en profitent. Au moment de la monte, ces étalons sont envoyés au centre du pays, sous la surveillance de cavaliers appartenant au service des remontes, de manière que les choses se passent régulièrement. On est ainsi arrivé, dans l'espace de quelques années, à obtenir un nombre de saillies qui s'élève en moyenne à *vingt mille* par an. Voilà donc plus de quinze mille chevaux bons pour le service, qui naissent annuellement de ces étalons, sans compter ceux que les Arabes obtiennent chez eux.

Le maréchal a fait plus : afin de stimuler le zèle des éleveurs, il a institué des courses auxquelles les chefs indigènes des plus grandes familles viennent assister et concourir, et en outre il a fait accorder des primes aux plus beaux produits.

Il n'est pas douteux qu'en persévérant dans cette voie, et en intervenant d'une manière quelconque pour que l'Arabe n'expose pas son poulain à des courses trop longues, alors qu'il est encore en bas âge, en montant sa jument; il n'est pas douteux, disons-nous, qu'on arrivera sûrement à augmenter la taille du cheval *barbe* ainsi que sa reproduction.

Après le cheval, vient la race mulassière : moins grand que celui d'Europe, le mulet d'Afrique est très-bien constitué, et porte des charges énormes avec une étonnante facilité. Jamais malade, quoique fort mal nourri, il a une douceur de caractère égale à celle du cheval.

Comme bêtes de trait ou de selle, on trouve des mules aux formes les plus élégantes, et capables de franchir trente lieues en un jour.

Le chameau, que l'on rencontre partout en Afrique, n'est pas seulement utile à ses anciens habitants, mais il est appelé à rendre de grands services à la colonisation. Jusqu'à ce jour, il a été employé par son maître à porter ses pénates et son mobilier quand il change de campement, et ses récoltes sur le marché. Mais lorsque le commerce avec l'intérieur aura pris plus d'extension, quel moyen de transport pourra être plus utile que celui-là ? Les voitures, les chemins de fer ? Mais les voitures ne vont que là où il y a des routes, et qu'est-ce que cinq à six voies de communication sur une longueur de deux cent cinquante lieues ? Tout le pays compris entre ces voies appartient au transport par des bêtes de somme. Les chemins de fer ? mais ils sont destinés à remplacer les routes actuelles, et on ne saurait les multiplier de telle sorte qu'il ne restât pas, entre les différentes lignes, de grandes distances à parcourir. C'est donc au chameau qu'il appartient de remplacer les voitures et les chemins de fer dans les relations commerciales qui s'établiront entre les colons et les tribus de l'intérieur, et les avantages de ce mode de transport sont d'autant plus grands que cet animal est le seul qui serve l'homme sans lui rien coûter. Toutes les plantes inutiles et même nuisibles forment la base de sa nourriture quotidienne, et entres toutes, il préfère le chardon.

Tout ce qui précède concerne le chameau commun ou *djemel*, le chameau de race ou *mahari*, employé par les Arabes nomades comme bête de selle et plus particulièrement comme courrier, est moins haut que le *djemel* et a des formes plus sveltes. Pour le guider on se sert d'une longe passée dans un anneau en fer fixé dans la narine droite.

La selle est une espèce de fauteuil haut du devant et du derrière dans lequel le cavalier se tient tantôt accroupi, tantôt étendu, ayant alors les pieds placés contre le pommeau saillant de la selle.

L'allure ordinaire du *mahari* est un trot allongé, il peut, dans une journée, franchir sans s'arrêter une distance de trente-cinq à quarante lieues ; il est même probable qu'il ferait plus si l'homme qui le monte pouvait supporter plus longtemps les secousses auxquelles il est soumis. Les Arabes qui font de longues courses à dos de *mahari* ont soin de se ceindre le ventre avec plusieurs ceintures larges et très-serrées ; sans cette précaution ils ne pourraient pas résister au trot de l'animal. Le *mahari* a sur le *djemel* l'avantage de supporter plus longtemps la soif et la faim. Le premier restera plus d'un mois sans boire ; tandis que le second souffrira s'il est privé d'eau pendant plus de quinze jours, à moins toutefois que l'on soit dans une saison froide ou tempérée, car alors l'un et l'autre resteront sans boire pendant plusieurs mois.

On commence à rencontrer le *mahari* dans les tribus nomades qui prennent leurs quartiers d'hiver autour des premières oasis, ils deviennent plus nombreux à mesure qu'on s'avance plus au Sud. D'après les renseignements que nous avons recueillis et qui s'accordent avec ceux que le général Daumas a publiés, la grande tribu des Touaregh en possède un nombre tellement considérable que chez elle le *mahari* serait la règle et le *djemel* l'exception.

Indépendamment des services que nous avons signalés déjà, ces deux animaux, d'une même espèce, sont encore et autrement utiles aux indigènes de l'Algérie. Leur poil qui est coupé au printemps sert à confectionner les cordes qui entourent la tête des hommes, et c'est avec lui et un mélange de laine que les tentes sont fabriquées. Enfin, lorsque blessé par accident, le *djemel* ou le *mahari* se trouve en danger de mort ou hors de service, il est abattu pour être *mangé*.

Après ces *vaisseaux du désert* vient un pauvre animal bien délaissé, bien maltraité, et encore plus calomnié, même par ceux qui s'en servent, cet animal est *l'âne*.

Moins grand et plus fin que celui d'Europe, le baudet africain est un vaillant diminutif du mulet.

Dans la tribu, il est employé par les femmes à porter des outres remplies d'eau à la source ou à la rivière, besogne facile dont il s'acquitte en jouant et qui lui vaut de grandes privautés dans le ménage. Quand vient l'époque du déménagement, c'est encore lui qui est chargé des ustensiles de cuisine. Quelquefois le maître, s'il est assez pauvre pour n'avoir ni mulet ni cheval, lui fera l'honneur de le monter en tenant ses jambes en l'air pour les empêcher de trainer ; mais qu'à cela ne tienne, on le portera gaiement et même si en route il survient un compagnon, il pourra se mettre en croupe. Hors ce cas assez rare, l'existence de l'âne, dans la tribu, est très-heureuse.

Hélas ! il n'en est pas de même dans les cités.

Qui se douterait en effet, en voyant les casernes, les hôpitaux, les hôtels, les maisons à tant d'étages qui décorent nos villes de l'Algérie, que l'âne a pris une large part à ces grands travaux?

C'est pourtant la vérité, pas un grain de sable employé à ces constructions n'est venu là autrement que par lui. Il n'est pas d'Européen nouvellement arrivé en Afrique qui n'ait remarqué avec quelle célérité extraordinaire s'effectuent ces transports.

Un Arabe sort de la ville criant *gare,* et précédé d'un groupe de baudets galopant à qui mieux mieux, s'il n'est pas monté sur celui qui ferme la marche. Ils vont ainsi sans ralentir l'allure à la carrière ou au ruisseau qui fournit le sable. Dans un instant chaque bête de somme est chargée, et on revient au pas accéléré. En arrivant sur le chantier, les baudets sont déchargés en un tour de main, et ils repartent au galop comme devant. Ce travail commence avec le jour et finit avec la nuit. Comme récompense, ces bonnes petites bêtes obtiennent la permission d'aller chercher leur pâture dans les champs incultes d'alentour.

Après le cheval, le mulet, le chameau et l'âne, vient le bœuf, auxiliaire non moins utile, puisque c'est à lui qu'incombe la tâche pénible de préparer le sol qui doit nourrir l'homme.

Un fait qu'il est important de remarquer, c'est que l'espèce bovine diminue en nombre et en qualité à mesure qu'on s'avance vers l'Ouest de la colonie, et qu'elle disparait dans le Sud. De sorte que c'est dans la province de Constantine et à l'Est de cette province, que se trouve la race la mieux conservée. Là, en effet, elle est véritablement belle, et comme taille, et comme formes et comme finesse de peau.

Aussi est-ce de ce point de la colonie que les Arabes du centre et même ceux de l'Ouest tirent leurs animaux de labour. Il n'est pas jusqu'aux bouchers de la capitale qui ne viennent s'approvisionner sur les marchés de Guelma et du Kroub.

Après avoir recherché avec soin les causes de cette différence de taille et de formes parmi les bœufs du littoral, ainsi que celles de leur absence au centre et au Sud de l'Algérie, nous sommes arrivé à reconnaître : d'abord que l'espèce bovine était nourrie exclusivement dans les bois; ensuite que les pâturages qu'elle rencontrait dans les forêts de l'Est étaient très-supérieurs à ceux des autres contrées.

L'absence absolue dans le centre et au Sud s'explique d'elle-même par l'absence des bois.

Ces causes une fois constatées, le colon en fera son profit afin de se tenir en garde contre la paresse et l'ignorance de l'indigène qui les a laissées subsister.

Pour lui, l'usage des prairies naturelles et artificielles remplacera avec avantage le pâturage dans les bois, qui devient de moins en moins licite à mesure que les forêts sont exploitées.

Afin de donner une idée du nombre d'animaux appartenant à l'espèce bovine qui se trouve dans la colonie, il nous suffira de citer le chiffre des pertes éprouvées par les indigènes des trois provinces pendant un hiver rigoureux. La province d'Oran a perdu 80,000 bœufs, celle d'Alger 87,000, et celle de Constantine 116,000.

Les causes de ce désastre, qui se renouvelle trop souvent, proviennent uniquement de l'incurie des indigènes. Un été plus chaud que d'habitude brûle les pâturages naturels; survient un hiver humide ou neigeux qui trouve les animaux affaiblis, exposés au grand air et sans provisions de nourriture; puis on les regarde mourir en disant stoïquement : *Dieu l'a voulu !*

Mais comme cette question n'intéresse pas seulement les Arabes, l'administration est intervenue et, grâce au zèle de quelques officiers commandants de cercles ou attachés aux affaires arabes, déjà un grand nombre d'indigènes ont construit des abris pour leurs troupeaux et pourvu à leurs besoins en cas de mauvais temps ou de grande sécheresse.

Ce que nous avons dit de l'espèce bovine, quant aux contrées qu'elle affectionne et où elle n'a point dégénéré, forme un contraste étrange avec les conditions d'existence et de nombre où se trouve l'espèce ovine. En effet, partout où le bœuf abonde et prospère, le mouton est rare et maladif. Au contraire, sur les hauts plateaux du centre et de l'Ouest aussi bien que dans le

Sud, on trouve des troupeaux considérables et des bêtes bien conformées. Il est vrai que la laine n'est pas des plus belles ; mais les croisements effectués avec la race *mérinos* par les ordres du maréchal Randon ont donné des résultats tellement décisifs, que l'amélioration des produits ne saurait être douteuse. La fécondité des brebis de ce pays est vraiment extraordinaire ; non-seulement elles donnent deux agneaux par an, un au printemps, l'autre à l'automne, mais encore, et le cas n'est pas rare, elles doublent leurs portées. Non contente de l'introduction de béliers mérinos, l'administration a fait choisir les plus beaux sujets indigènes dans une grande quantité de troupeaux et avec toute l'attention et les soins nécessaires, et a ordonné une tentative d'amélioration de la race indigène par elle-même sous la surveillance intelligente de M. Bernis, vétérinaire en chef de notre armée. Bientôt des Arabes de grandes tentes verront et comprendront les avantages d'une conduite analogue et ne tarderont pas à l'imiter, et comme l'intérêt est le plus grand mobile de l'Arabe, il n'est pas douteux que de proche en proche l'exemple profitera et que dans un temps rapproché de notre époque l'espèce ovine de l'Algérie aura beaucoup gagné en qualité comme en nombre. Le chiffre total actuel des moutons ou brebis étant de *vingt millions,* on peut, dès aujourd'hui, prévoir son augmentation future, ainsi que le moment où la France cessera de porter sur les marchés étrangers *quarante millions par an* pour acheter la laine utile à ses manufactures.

L'espèce *caprine* se trouve en Afrique, aux deux extrémités Nord et Sud. Au Nord, elle est aux mains du pauvre Kabyle; au Sud, chez l'habitant des oasis.

Sa taille et ses formes ne laissent rien à désirer; mais au point de vue de la colonisation, ici comme partout, elle est plus nuisible qu'utile.

Pour terminer l'examen du règne animal domestique, il nous reste à dire quelques mots du chien et du chat qui, en Afrique, sont loin d'avoir place au foyer comme chez nous.

Excepté le *lévrier*, propriété rare et exclusive de l'Arabe de grande famille, le chien proprement dit forme une race unique et dont la ressemblance est la même partout.

De la taille de nos chiens de berger, il a une robe d'un blanc sale ou rougeâtre, des poils longs et touffus et pour fouet un superbe panache. Préposé à la garde de la tente chez l'Arabe, et, du *gourbi* chez le Kabyle, il fait du jour la nuit, et *vice versâ;* son rôle étant d'aboyer pour faire voir qu'on veille, il commence au crépuscule du soir et ne se tait qu'au matin.

Si par hasard il se trouve fatigué, ou que le mauvais temps l'engage à se réfugier sous la tente, une grêle de coups appliqués à outrance l'oblige incontinent à reprendre sa place au dehors. Comme chaque Arabe possède en moyenne quatre ou cinq chiens, et que la moyenne d'un *douar* est de huit à dix tentes, cela fait un concert de trente à quarante voix différentes répétant le même chant toute la nuit, tantôt à quelques pas de vous, tantôt sur votre tête, car pour voir de plus loin, ces bons gardiens ne trouvent rien de mieux que de monter sur les tentes ou le toit des gourbis.

Il y a dans les mœurs de ces animaux presque sauvages, deux faits remarquables : le premier c'est que dans les batailles qu'ils se livrent de temps en temps, lorsque l'un d'eux s'est rapproché de la tente voisine, le vaincu est étranglé par toute la bande, s'il ne peut se relever assez tôt, et que son corps sert de festin à ses pareils quelquefois avant qu'il ait cessé de vivre. Les chiens qui arrivent à un certain âge subissent tous le même sort et cela sans que les maîtres interviennent.

La seconde observation que nous avons faite souvent et qui n'est pas moins curieuse, c'est que malgré le voisinage constant de deux tentes abritant le plus souvent des hommes d'une même famille, les chiens de ces deux tentes restent ennemis et regardent comme tels tous les habitants de la tente voisine. On voit d'après cela combien l'action d'aborder un douar pendant la nuit doit être difficile.

Cependant, malgré ces obstacles, la grande majorité des vols, des meurtres et des adultères se commettent dans ces conditions.

La position sociale du chat, quoique éloignée de celle qui lui est faite en Europe, est pourtant préférable à celle du chien. Vivant avec les femmes qui le battent modérément, son sort est supportable s'il a le soin de se tenir caché aux heures des repas.

Nous avons pourtant vu trois chats parfaitement heureux chez Sidi-Bil-Kassem-ben-Rehaï, un des *marabouts* les plus vénérés de l'Afrique. Ils étaient choyés, caressés par les Arabes les plus sérieux par ce seul fait qu'ils étaient dans les bonnes grâces du *saint*.

Quant à la robe, ces animaux ressemblent tellement à ceux du Midi de l'Europe, qu'en les voyant on ne doute pas qu'ils n'en soient venus.

Après les animaux domestiques à l'usage de l'homme, examinons ceux qui vivent à l'état de nature, c'est-à-dire *insoumis*.

Comme Dameïri, le Buffon des Arabes, nous placerons le *lion* à la tête des bêtes sauvages qui se trouvent dans les bois ou les plaines de l'Algérie.

Les indigènes de l'Est l'appellent *seid* au singulier, *sioud* au pluriel. Ceux du centre et de l'Ouest le nomment *açad* ou *seba*, comme on le voit écrit dans tous les livres.

D'après Dameïri, le lion a droit à quatre-vingt-dix-neuf adjectifs, un de moins que Dieu, pour qualifier sa noblesse.

Les principaux sont : le vaillant, le superbe, le terrible, le rugissant, le magnifique, le courageux, le puissant, le généreux, le dévorant. Nous en passons quatre-vingt-dix.

Ce grand seigneur, pour lequel les hommes de toutes les classes sont gens taillables et corvéables, se trouve dans les forêts de l'Est, du centre et de l'Ouest. On ne le rencontre en Kabylie que par hasard, parce que l'habitant de ces montagnes possède peu de troupeaux, et qu'en outre il s'y trouve une grosse mouche qui l'empêche de dormir. Les contrées qu'il affectionne sont les cercles de Philippeville, de Bône, de La Calle, de Guelma, de Soukaras, de Tébessah et de Batnah. Sétif, Aumale et les autres cercles en comptent quelques-uns, mais peu nombreux.

Le nombre des lions a beaucoup augmenté en Algérie depuis que l'administration des forêts a été instituée sur le pied de celle de France. Cela s'explique facilement. Avant cette administration protectrice, dès qu'un lion apparaissait, les indigènes ne trouvaient rien de mieux que de brûler son repaire afin de le renvoyer plus loin. De proche en proche, la même manœuvre se répétait, et l'animal était contraint à voyager sans cesse. Les inspecteurs ayant mis bon ordre à cette vieille coutume, il en résulte que chez nous les repaires deviennent de plus en plus fourrés, tandis qu'en Tunisie et dans le Maroc les Arabes se livrent, comme par le passé, à l'incendie des bois. Il résulte de cet état de choses que les douars établis dans le voisinage des forêts subissent des pertes journalières considérables.

A l'encontre de ceux de sa race qui habitent l'Afrique centrale et l'Abyssinie, le lion de l'Atlas ne chasse point si ce n'est par occasion fortuite. Par exemple, si le soir, quand il se lève et va se poster sur une hauteur qui domine le pays afin d'observer la rentrée des troupeaux, il aperçoit un sanglier à peu de distance, il cherchera à le croquer.

Marchant d'abord assez vite, dès qu'il peut être entendu il imite à s'y méprendre la manœuvre prudente et silencieuse du chat. Malgré son poids de six cents livres, il sait dissimuler le bruit de ses pas à l'oreille la plus fine, même sur un terrain boisé et pierreux. Ni frôlement du corps contre les branches, ni dérangement d'un caillou ne trahiront sa présence. S'il arrive à la lisière de la forêt, et que le sanglier soit en plaine, il profitera d'un buisson, d'une pierre, d'une touffe d'herbes pour se rapprocher sans être vu jusqu'à la distance de quinze pas environ. Arrivé là, il se couche; prend son élan, et d'un seul bond tombe sur sa proie qu'il tue instantanément, d'un seul coup de gueule. Mais s'il arrive que le sanglier évente le lion et détale, celui-ci ne le pourchassera pas. A quoi bon se donner tant de peine quand des milliers de bœufs et de moutons sont au parc qui l'attendent.

Le lion est-il généreux ou dangereux pour l'homme ? Cette question nous a été adressée bien souvent, et nous croyons devoir la résoudre ici, parce que rien de ce qui intéresse l'Afrique n'est étranger à ce livre. Comme tous les animaux appartenant à l'espèce féline, le lion est indolent, paresseux quand il est repu ; mais alerte et infatigable lorsqu'il est à jeun ou surexcité. En outre de cela, il est dans ses habitudes de *dormir le jour* et de *vivre la nuit*.

D'après tout ce que nous avons pu voir ou entendre, le lion qu'un homme rencontrera *le jour* ne fera aucune attention à lui *s'il n'est pas attaqué* ; il n'est pas dans son état normal.

Un groupe d'hommes rencontrent-ils un lion *la nuit* : s'il est à jeun, il les suivra, les précédera, cherchera à en isoler un, s'il peut le faire, pour l'enlever. Si le lion est repu, il regardera les hommes passer à dix pas de lui sans se déranger en aucune manière.

Un homme *isolé* et *à pied* rencontre-t-il un lion qui n'a pas dîné et dans un pays où le bétail est éloigné, il est certain que le lion mangera l'homme ; d'où nous concluons que dans l'opinion du roi des animaux, la chair du bœuf, du chameau, du mouton, du cheval, du mulet et même de l'âne est préférable à celle de notre prochain. Pourquoi les accidents sont-ils rares dans un pays où les lions sont assez nombreux ? Il n'est pas difficile de le dire. D'abord ils habitent toujours les forêts qui avoisinent une population arabe possédant de nombreux troupeaux ; ensuite ces mêmes Arabes s'abstiennent de voyager *seuls* après le coucher du soleil. De sorte que ce n'est que fortuitement qu'un lion voyageur, traversant un pays de plaine, pourra se trouver en présence de l'homme *pendant la nuit*.

Aussi est-ce toujours dans ces contrées où les douars sont espacés à de grandes distances, que l'homme sert de pâture au lion. La moyenne de ces accidents est de dix par année au Sud-Est de la province de Constantine. Il est vrai que sur ce nombre les femmes en fuite comptent pour la moitié.

Quant aux pertes que ce noble animal fait éprouver aux tribus, elles s'élèvent, en moyenne, à douze mille têtes de gros bétail par an. A part ces inconvénients, qui jusqu'à ce jour ont été regardés comme de peu d'importance, l'Afrique française doit être fière de ses lions ; car ni ceux du Sénégal, ni ceux du cap de Bonne-Espérance ne leur sont comparables pour la beauté des formes et la richesse de la crinière.

Le tigre, l'éléphant, le rhinocéros et le buffle ne se trouvent que dans l'intérieur des terres situées au delà de nos possessions les plus méridionales.

Parmi les carnassiers de second ordre, l'Algérie possède le léopard. On en rencontre deux espèces différentes quant à la taille et au pelage : la petite (qui nous paraît être la *panthère*) ; le fond de sa robe est plus noir et les points qui la marquent sont plus serrés. Basse sur jambes, elle est fortement râblée et douée d'une grande souplesse. On la rencontre, assez nombreuse, dans les bois du littoral. La grande (que nous croyons être le *léopard*), habite le Grand-Atlas et les contre-forts qui s'en détachent. Le léopard est beaucoup plus haut que la panthère ; mais il a les avant-bras, l'encolure et les reins moins forts que celle-ci.

L'un et l'autre vivent dans les forêts les plus épaisses, et de préférence dans le voisinage des rochers. Le sanglier forme la base principale de leur nourriture, et le veau par exception. C'est rarement au parc que le léopard et la panthère viennent enlever leur proie. Ils profitent de l'incurie des indigènes qui envoient leur bétail au pâturage sous la garde des enfants. Du reste, les pertes que causent ces carnassiers ne sont pas à comparer à celles que fait éprouver le lion ; car ce dernier veut la chair toujours fraîche, tandis que les autres vivent plusieurs jours sur la même proie. Nous avons trouvé plusieurs fois un quartier de veau ou de sanglier à quinze pieds du sol, dans les branches d'un chêne, en suivant la voie d'un léopard jusqu'au pied de l'arbre.

Le caractère de ces animaux est sournois, timide et faux. Loin de se montrer à l'homme sans défiance et de suivre les routes fréquentées comme le lion, ils se tiennent dans les maquis les plus épais et, même la nuit, ne se hasardent pas en plaine. Attaqués, ils fuiront tant que faire se pourra ; mais une fois blessés ou acculés, ils deviennent furieux, et savent très-bien se servir des armes naturelles qui leur ont été données. Nous saisissons avec plaisir l'occasion qui se présente de citer le nom d'un Français qui, après avoir mis à mort un assez grand nombre de panthères dans le département d'Alger, est sorti victorieux d'une lutte corps à corps avec un de ces carnassiers. Cet homme est M. Bombonnel, de Dijon. Les Arabes, dans le Grand-Atlas, et les Kabyles, sur le littoral, chassent le léopard et la panthère de différentes manières. Lorsqu'ils rencontrent les restes d'un animal tué, ils enlèvent ces restes, n'en laissant qu'un morceau de la grosseur du poing. Ensuite, ils établissent sur place une batterie de deux ou trois fusils, dont les bouches aboutissent à l'appât. Des ficelles sont attachées aux détentes, et l'animal se suicide à dîner. Quand, au contraire, le léopard ou la panthère sont vus *par corps*, on les attaque avec les chiens.

D'abord l'animal se dérobe devant la meute, mais bientôt il s'accule dans une position favorable et fait tête aux chiens. C'est alors que les chasseurs, débarrassés de tout vêtement qui les gêne, s'engagent sous bois en rampant sur le ventre, et viennent le fusiller à bout portant.

Après le léopard et la panthère vient le *chacal,* espèce bâtarde qui tient le milieu entre le renard et le loup, auquel il ressemble par les instincts, la forme et les habitudes. Après le lion, c'est l'animal le plus nuisible de la colonie ; car, non-seulement il s'attaque au bétail, mais encore aux récoltes. On le trouve partout dans le voisinage des populations européennes et indigènes, et il est devenu si insolent à force de quiétude qu'il fait entendre ses glapissements jusqu'aux portes des villes.

Le renard, beaucoup moins nombreux, a des habitudes différentes de celui d'Europe : au lieu d'habiter les forêts, il se tient dans les rochers qui bordent les plaines, ou au milieu de ces plaines dans des silos abandonnés. Plus petit et plus roux que le nôtre, il se nourrit principalement de gerboises et de rats. L'espèce qu'on trouve au Nord et au centre de la colonie n'est pas la même que celle du Sahara. Ce dernier n'est pas plus gros que le poing ; il a des oreilles très-longues et une fort belle queue : c'est un charmant petit animal qu'on aurait du plaisir à garder chez soi, s'il n'exhalait une odeur des plus désagréables.

Le *lynx* et plusieurs variétés de chats sauvages habitent les vallées du Petit et du Grand-Atlas. On y trouve aussi la *mangouste* en assez grande quantité.

Nous terminerons l'examen des animaux nuisibles par les reptiles. Il n'y en a que deux espèces en Algérie : la vipère *cornue* et la vipère *minute*. L'une et l'autre ne se rencontrent que dans le Sud au delà du rayon où la colonisation peut se porter. Les autres sont des couleuvres inoffensives.

L'*hyène,* que nous classons après tous les carnassiers, a un naturel et des habitudes tout à fait contraires à ce qu'on en a dit. Son aspect sournois, sa crinière hérissée et sa gueule très-forte l'ont fait regarder comme un animal féroce, dangereux, et le gouvernement de l'Algérie a institué une prime pour sa destruction.

C'est à la fois une erreur et une calomnie : une erreur puisque, loin d'être nuisible, l'hyène rend de grands services au point de vue de la salubrité en dévorant les bêtes mortes qui, dans la saison d'été, pullulent autour des douars, et les immondices que l'on jette en dehors des villes ; une calomnie, parce que de tous les animaux de la création, il n'en est pas de plus timide et de plus inoffensif. Le seul reproche qu'on puisse lui faire, c'est, lorsqu'il est poussé à bout par la faim, d'enlever un chien qui s'est trop écarté pendant la nuit, et d'aller déterrer les cadavres dans les cimetières arabes qui ne sont jamais fermés. Une particularité des habitudes de l'hyène, c'est que dans les contrées où se trouvent des lions, elle ne sort que le jour ou par le clair de lune. Cette coutume est justifiée par l'aversion qu'elle inspire au roi des animaux, lequel lui brise les reins d'un coup de gueule chaque fois qu'il la rencontre, et la jette en dehors du chemin.

L'hyène habite des terriers profonds qu'elle creuse au pied d'un rocher ou dans les sables ; dans la saison chaude, elle en est chassée par les puces et se retire alors dans les bois. Les Arabes la prennent vivante en lui jetant un burnous sur la tête, ensuite ils l'attachent, la bâillonnent et l'emportent au douar où elle est lapidée par les femmes et les enfants. C'est assez dire combien cet animal est méprisé ; aussi jamais l'Arabe ne se sert de son fusil pour tuer une hyène, de peur de le déshonorer.

Il arrive souvent qu'en travaillant à un terrier dans lequel un de ces animaux est indiqué, on trouve une famille de porc-épics vivant sous le même toit et en bonne intelligence avec lui ; leur chair est savoureuse lorsqu'elle a été dégraissée et les Arabes emploient la graisse des pattes pour les maux de sein ; ce qu'il y a de curieux c'est qu'ils l'appliquent indifféremment aux femmes et aux vaches. Quand le porc-épic est rencontré sous bois par les chiens, ceux-ci le chassent à outrance ; mais bientôt l'animal qui n'est pas conformé pour courir s'arrête, et malheur aux imprudents !

Nous avons retiré quelquefois de ces dards qui avaient été enfouis à une profondeur de deux et trois pouces dans les chairs ; et s'il arrive que la pointe se casse dans la plaie en la retirant, la blessure ne guérit jamais.

La panthère tue le porc-épic en l'attendant à sa sortie du terrier et le frappant d'un coup de griffe à la tête qui n'est pas préservée par les dards.

Le sanglier se trouve dans toutes les parties de l'Afrique. Il y en a deux espèces : celle des marais et celle des bois. La dernière est plus grande et plus méchante. Une erreur généralement répandue en Algérie, c'est que le sanglier de la colonie est moins dangereux à chasser que celui de France. On n'a pas réfléchi qu'en France le sanglier se défend lorsqu'il est chassé par une meute et forcé ou blessé ; tandis qu'en Algérie, lorsqu'on le chasse, c'est *en battue*. Or, nous avons pratiqué les deux manières, et quand nous l'avons attaqué avec des chiens, bien souvent l'animal a fait des victimes avant même d'être lancé. Du reste, dans les pays où les Arabes chassent aux lévriers, il arrive beaucoup d'accidents non-seulement aux chevaux et aux chiens, mais aux hommes. Dans notre opinion, le sanglier d'Afrique est plus brutal que celui de France.

Le fauve manque à l'Ouest et au centre de la colonie, mais il abonde dans l'Est et au Sud.

Les forêts de La Calle et des Beni-Salah, situées dans la subdivision de Bône, et celle de Ghib-Chouéni dans le cercle de Tébessah, renferment une assez grande quantité de cerfs semblables à ceux d'Europe, sauf la couleur du poil qui est plus claire et aussi sa roideur. Nous n'avons remarqué aucune différence quant aux habitudes. Dans les bois du littoral, quelques Arabes chassent le cerf, comme cela se pratique en Écosse, *au rapprocher,* ou si l'on aime mieux *à la surprise.* Dans le Ghib-Chouéni, qui est en plaine, on le force avec des lévriers.

Après le cerf, vient l'*antilope* commune qui ressemble à une vache dont les cornes sont longues, presque droites et cannelées. Elles sont très-nomades et franchissent des distances énormes, suivant les saisons. En été, on les trouve par troupeaux considérables au Nord du pays des Némenchah, dans le cercle de Tébessah ; en hiver, elles gagnent l'intérieur du Sahara. Les Arabes chassent l'antilope à cheval, avec ou sans lévriers. Ils ne prennent jamais que les femelles pleines ou les jeunes de l'année. Une autre variété d'antilope habite le Djebel-Amour, qui borde le désert au Nord.

Plus petite que la commune, elle a des manchettes comme le bouquetin auquel elle ressemble par la conformation et les habitudes. Le mouflon à manchettes, ou mouton sauvage, habite la chaîne de Bou-Kradera dans le cercle de Tébessah, le pays des Némenchah et le versant Sud du Grand-Atlas. Il se tient presque toujours au milieu de rochers inaccessibles et se montre très-défiant.

La *gazelle* se trouve dans les montagnes du centre de l'Algérie et dans les plaines du Sud. Les Arabes la chassent au lévrier. C'est de tous les animaux de cette espèce qualifiée *fauve,* en terme de vénerie, le plus sympathique à l'homme. Il est en effet impossible de voir une bête plus fine, plus délicate, plus élégante et d'un meilleur caractère à l'état de domesticité. Toutes ces qualités ne l'empêchent pas d'avoir des ennemis, parmi lesquels le chacal figure en première ligne. Comme ce serait folie à lui que de vouloir lutter de vitesse, qu'imagine-t-il pour surprendre la gazelle? Il va se poster aux abords d'une source où la harde vient boire paisiblement, et pourvu qu'il s'y trouve un buisson aussi grand que lui, il se rapetisse de façon à se rendre invisible jusqu'au moment opportun. Si, au contraire, le pays est complétement découvert, il se couche le ventre en l'air et fait le mort. La harde de gazelles en l'apercevant s'arrête à distance; mais le chef s'avance en frappant du pied pour reconnaître le danger. Peu à peu on se rapproche; on tourne autour de ce pauvre défunt qui, du coin de l'œil, guette. A force de manœuvres et d'observations, on finit par être persuadé, et le mâle vient naïvement flairer le larron qui, sans se mettre sur ses pattes, le saisit à la gorge et l'étrangle aux yeux de la troupe consternée.

Le lièvre d'Afrique est moitié plus petit que celui de France. On le trouve partout; mais il est plus abondant loin des villes et des points occupés par les colons. Les Arabes le prennent au lévrier et au faucon. Cette dernière chasse est curieuse pour un Européen. Quand le pauvre animal voit l'oiseau planer au-dessus de lui, il perd la tête et vient se réfugier sous les chevaux.

Le lapin, également plus petit que le nôtre, est inconnu dans l'Est. Il ne dépasse pas la ligne de Sétif. Aux environs de Tébessah, on en voit une espèce de couleur, probablement restée dans ce pays depuis l'époque romaine.

La gent emplumée de l'Afrique ne diffère en rien de celle de l'Europe, si ce n'est qu'elle est plus riche en oiseaux de proie et plus pauvre en gibier de chasse. Ainsi le coq de bruyère, le faisan, le graous et la perdrix grise y sont inconnus. En revanche, les oiseaux aquatiques du Nord y viennent hiverner par millions, ainsi que les bécasses, bécassines, outardes et grues. La caille et la perdrix rouge s'y trouvent abondamment. La cigogne fait son nid sur le toit des maisons et nourrit ses petits de reptiles. Quant aux oiseaux de proie, ils sont innombrables, et toutes les variétés y figurent. C'est un spectacle curieux que de voir un rocher fréquenté par ces carnassiers aériens au moment de la ponte ou de l'éducation des petits. Chaque espèce a son étage, comme des locataires dans une maison, et, ce qui n'a pas toujours lieu chez les hommes, la plus grande harmonie règne constamment parmi eux. Le vautour joue un grand rôle dans l'état sanitaire de la colonie. C'est lui qui, concurremment avec l'hyène, débarrasse l'homme des corps morts qui l'entourent, et comme ils sont très-nombreux, leur service est très-actif et partant très-utile. Le sens de l'odorat chez le vautour est vraiment extraordinaire. Dès qu'un animal est mort au milieu d'une plaine située à plusieurs lieues du rocher où ils perchent, ces oiseaux en ont le sentiment, et se dirigent vers lui comme s'ils le voyaient.

Afin de ne pas laisser au lecteur une mauvaise impression à la fin de ce chapitre, nous dirons quelques mots du rossignol. Nulle part il n'est en si grand nombre ; nulle part il ne chante comme ici. Dans les jardins, comme dans les bois, et jusque dans les villes, il fait le charme des habitants. Il aime tant à chanter, le rossignol, dans ce pays d'Afrique, que les Maures l'emploient dans leur maison en guise d'orchestre, c'est-à-dire qu'à l'occasion d'une fête ou d'une réception, le soir, on se réunit dans une vaste salle au milieu de laquelle plusieurs rossignols se font entendre, tantôt ensemble, tantôt alternativement. Et, chose singulière, soit qu'ils comprennent ce qu'on attend d'eux, soit qu'ils éprouvent le même plaisir qu'ils donnent, ils ne cessent de chanter que lorsque l'assemblée se sépare. Aussi, les Maures et les Arabes des villes les élèvent-ils avec soin pour leur agrément personnel et pour leurs amis auxquels ils les prêtent. Quant à nous, qu'il a souvent fait rêver à la patrie absente dans la montagne et au bivouac, nous sommes heureux d'avoir trouvé cette occasion pour parler de lui.

11

HISTOIRE DES PREMIERS TEMPS JUSQU'A LA PRISE D'ALGER.

De tous les historiens ayant écrit sur les premiers hommes qui ont occupé l'Afrique du Nord, Salluste nous paraît le plus véridique.

Suivant lui, les Gétules et les Libyens s'y trouvaient longtemps avant les Arméniens, les Mèdes et les Perses qui, eux-mêmes, furent suivis par une émigration de Chananéens.

Cependant nous trouvons sur les cartes romaines les noms de différentes tribus, telles que les *Maurusiens*, les *Massyliens*, les *Massassyliens*, les *Maxyes*, les *Macœns* et les *Lotophages*. Un des chapitres suivants étant consacré à l'examen des populations de l'Algérie, nous ne ferons que constater ici les noms de celles qui s'y trouvaient dès les premiers temps, nous réservant de rechercher ce qu'il y a de commun entre elles quant à l'origine et aux coutumes.

Ce qui est plus certain, c'est qu'une colonie phénicienne s'établit à l'Est de cette partie de l'Afrique, et y fonda la ville de Carthage dans le VIIIe siècle avant J.-C.

D'abord les Carthaginois occupèrent tranquillement leur nouvelle conquête. Ce ne fut que plusieurs siècles après la fondation de Carthage, qu'une guerre sérieuse éclata entre les Phéniciens et les Romains. Ce qu'il y a d'intéressant pour nous dans cette époque primitive, c'est de voir, il y a plus de deux mille ans, une nation dont les coutumes et la politique sont ou plutôt étaient en tout point semblables à celles du peuple anglais de nos jours. Sa grande force est l'or, et pour s'en procurer, elle couvre les mers de ses vaisseaux et les côtes de ses colonies. Pour combattre ses ennemis intérieurs, elle les divise, et n'ayant qu'un petit nombre de soldats, elle emploie ceux des autres pays quand il lui faut porter au loin la guerre. Par ces moyens, elle réussit à devenir la maîtresse des mers, et sans doute cette position lui serait restée beaucoup plus longtemps si elle n'avait osé porter ses armes sur le territoire romain.

Car ce fut elle qui, par son exemple, enseigna au peuple-roi la manière de transporter un corps d'armée sur des vaisseaux, et à combattre autrement que sur terre. On sait que la plus grande partie des soldats qui composaient les armées carthaginoises étaient des étrangers. Beaucoup de ces troupes, et principalement la cavalerie, se recrutaient parmi les peuplades africaines. Or il n'est pas sans intérêt pour notre époque de remarquer avec quelle facilité ces auxiliaires ou ces mercenaires, après s'être battus vaillamment et de tout cœur, tant que les affaires de Carthage allaient bien, avec quelle facilité, disons-nous, ils passaient dans le camp ennemi, lorsqu'ils y trouvaient quelque avantage.

Si ces leçons ne nous profitent pas, ce ne sera pas faute d'exemples. Malgré l'habileté de généraux tels que Hannon, Amilcar, Asdrubal et Annibal, la république de Carthage, sans cesse en lutte avec ses propres soldats insurgés, ou les habitants des colonies mal occupées et peu soumises qu'elle possédait en trop grand nombre, la république tomba après quarante ans de guerres à l'intérieur contre les peuples révoltés, et à l'extérieur contre les légions romaines.

Cette époque nous montre ce qu'un homme de génie,

doué d'une grande persévérance, peut obtenir avec des moyens en apparence faibles et insuffisants.

A l'âge de vingt-cinq ans, Annibal, chargé de défendre les intérêts de Carthage, comprend que l'ennemi le plus redoutable est en Italie, et il forme le projet d'aller le combattre sur ses terres.

Avec une armée de quarante mille hommes de pied et huit mille chevaux, il part des côtes d'Espagne, traverse les Gaules, franchit les Alpes, et descend en Italie. Après de nombreuses victoires, il arrive aux portes de Rome, et au lieu de frapper un dernier coup qui décidât du sort des deux républiques, il reste dans le pays, occupé à combattre les armées qui se succèdent autour de lui.

Après quinze ans de luttes, les Romains comprennent que le seul moyen de se débarrasser d'Annibal, c'est de menacer Carthage, et employant contre Carthage ces mêmes Numides qu'ils avaient combattus tant de fois ; ils forment une armée moitié africaine, moitié romaine, qui envahit et saccage tout ce qui appartient à la république.

Le Sénat et le peuple tremblants rappellent Annibal à la hâte, et les deux plus grands hommes de ce temps, Scipion et Annibal se trouvent en présence, à la tête de leurs armées, dans la plaine de Zama, située à quatre journées de marche au Sud-Ouest de Carthage. Plusieurs historiens racontent que le général carthaginois, peu confiant dans le résultat de la bataille, demanda une entrevue à Scipion ; et que les conditions de paix lui semblèrent si dures qu'*il se résigna à tenter le sort des armes.*

L'armée carthaginoise perdit quarante mille hommes, les Romains moins de deux mille. La bataille de Zama eut lieu l'an 203 avant J.-C.

Cette défaite obligea Carthage à accepter les conditions qu'il plut au vainqueur de lui imposer.

La destruction de sa flotte, la livraison d'otages considérables et le payement des frais de la guerre, telles furent ces conditions. Annibal, injustement disgracié, se retira en Bithynie où il s'empoisonna. Sur ces entrefaites, Massinissa, jeune chef de la tribu massilienne, s'était fait l'allié des Romains qui, pour prix de ses services, lui accordèrent le commandement de tout le pays compris depuis Zama jusqu'à la Mauritanie. Le siége de son commandement était à Constantine, *Cirtha,* qu'il enleva au roi Syphax avec le concours de Scipion et des troupes romaines.

Cinquante ans après la défaite d'Annibal, Massinissa attaque les possessions carthaginoises ; et les Romains, malgré le traité de paix conclu à Zama, l'appuient de leurs armes.

Impuissants au dehors contre un ennemi tellement

supérieur en nombre, les Carthaginois s'enferment dans leur capitale et résistent trois ans. L'assaut dura plusieurs jours et, même dans la place, les assiégeants durent enlever de vive force chaque quartier. Après le pillage, Carthage fut brûlée et rasée. L'honneur de cet exploit est dû à Scipion Émilien. En prenant la moyenne des chiffres donnés par divers historiens, nous trouvons que la population de Carthage, à l'époque de sa destruction, était de cinq cent mille âmes.

Les événements qui se sont accomplis pendant l'occupation carthaginoise, qui a duré six cents ans environ, nous montrent d'une manière évidente que, pour maintenir les populations de l'Afrique du Nord, il ne suffit pas d'occuper le littoral et de posséder une grande force maritime. Nous allons bientôt trouver de nouveaux enseignements durant la domination romaine qui commence l'an 149 avant J.-C.

Laissant les populations au pouvoir de leurs chefs, les Romains se contentèrent d'abord d'occuper les principales villes situées sur les côtes. Micipsa ayant hérité du commandement et des qualités de Massinissa son père, les affaires de l'intérieur furent maintenues dans un état de paix et de prospérité remarquables tant que vécut ce roi numide. Mais à sa mort, le pays fut bouleversé par Jugurtha qui, cependant, *avait fait la guerre en Europe pour les Romains* et s'était fait remarquer par une grande intelligence et une grande bravoure.

Ce prince après avoir mis à mort ou en fuite ceux de sa famille qui étaient appelés à partager le pouvoir avec lui, ne craignit pas de résister ouvertement aux légions romaines. Il assiégea et réussit à enlever Cirtha, défendue par des Européens, et pendant six ou sept ans il put tenir en échec les consuls envoyés de Rome pour le combattre.

Une si longue résistance aurait pu se prolonger encore si Bocchus, roi de Mauritanie, n'avait livré Jugurtha à Marius. Le roi numide mourut à Rome dans un cachot.

Cette guerre de Jugurtha montra aux Romains qu'ils ne devaient avoir que peu de confiance dans l'alliance des chefs indigènes et qu'il était utile de diminuer leur autorité sur les populations. A cette époque, une émigration latine et grecque considérable fut appelée en Afrique où on lui donna les terres les plus fertiles à cultiver. Des villes, des villages et des fermes s'élevèrent de tous côtés, et à l'exemple des colons, un grand nombre d'indigènes se firent agriculteurs. Cette époque de la domination romaine est remarquable en ce que, pendant deux cents ans, quelques milliers de soldats ont suffi pour assurer un état de paix générale depuis les frontières actuelles de Tunis jusqu'au Maroc. On ne peut attribuer ce changement qu'à l'accroissement considérable d'une population latine établie dans l'intérieur et absorbant l'élément africain; à une administration sage et éclairée vis-à-vis de ces peuples; et, comme nous l'indiquent les ruines des point occupés alors, à de bonnes positions stratégiques pour les troupes romaines fixées dans le pays.

Malheureusement, César et Pompée, Marius et Sylla furent les instigateurs de guerres civiles qui vinrent ébranler cet état de paix. Chacun d'eux ayant des partisans sur la terre d'Afrique, ce fut là que cette longue lutte vint se dérouler.

Plus tard, Métellus, Scipion et Caton d'Utique se liguent contre César; et Juba, roi de Numidie, prend parti pour eux. Ils sont défaits près d'Utique et se dérobent à la honte en se suicidant.

César profita de cette victoire pour enlever la Numidie aux chefs indigènes en la réunissant aux États romains. Le commandement de cette province fut confié à Salluste. Ce que César avait fait fut défait par son successeur Auguste. Cet empereur, ayant fait élever sous ses yeux le fils de Juba, et voyant en lui des qualités administratives qui permettaient de lui confier un commandement important, rétablit le royaume de Numidie et le lui donna.

Le règne de Juba II fut heureux pour les peuples

confiés à ce prince et pour les intérêts des Romains.

Pendant les quarante années de ce règne, non-seulement Juba II fut un allié sûr et fidèle, mais encore il fit faire un grand pas aux indigènes dans la voie de la civilisation. Voilà un second exemple de la *facilité d'assimilation* qu'on refuse *de nos jours* aux habitants de l'Afrique et aussi de l'influence personnelle qu'on peut exercer sur eux dans ce sens. C'est à l'empereur Auguste qu'on attribue l'honneur d'avoir reconstruit Carthage vers l'an 20 avant J.-C.

La mort d'Auguste et de Juba fut un grand malheur pour l'Afrique. Ptolomée, fils et successeur du roi numide, s'attira la haine de ses peuples qui ne tardèrent pas à s'insurger contre lui.

Un transfuge de l'armée romaine, du nom de Tacfarinas, exploita si bien le mécontentement des populations que bientôt il put disposer de forces assez considérables pour menacer les colonies de l'intérieur et même les places fortes. Ce chef de partisans tint la campagne pendant plusieurs années malgré les troupes régulières qui lui étaient opposées. Il ne fallut rien moins qu'une surprise pour en venir à bout.

Après la mort de cet aventurier, les colons et les tribus d'Afrique jouirent d'une paix satisfaisante jusqu'à l'avénement de Caligula. Cet empereur ayant fait mourir Ptolomée sans motif, les tribus numides témoignèrent des craintes, et il se trouva un nouveau chef pour exploiter la situation.

Mais ces désordres furent de courte durée, et l'empereur Claude ayant fondé de nouvelles colonies dans l'intérieur des terres, le pays jouit longtemps d'une grande tranquillité.

Ce fut Néron qui, par des charges excessives imposées aux populations, fut cause de nouvelles insurrections réprimées sans peine. De l'an 60 à l'an 117 de J.-C., la population latine, gauloise et espagnole augmente considérablement en Afrique, et c'est durant cette période qu'a lieu une émigration juive importante venue de la Judée. Sous le règne de Vespasien, toutes les possessions romaines jouirent d'un état de paix que rien ne vint troubler. Il en fut de même sous Adrien, Marc-Aurèle, Commode, Pertinax, Septime-Sévère, Caracalla, Héliogabale et Alexandre-Sévère, c'est-à-dire de l'an 18 à l'an 235 de J.-C. Sous le règne de l'empereur Maximin, la tranquillité fut de nouveau troublée par la faute des gouvernants.

De l'an 240 à l'an 280 de J.-C., l'Afrique est pillée par les intendants et troublée par la guerre civile. C'est à cette époque que les Francs, après avoir ravagé une partie des Gaules et de l'Espagne, viennent en Mauritanie dont ils insurgent les habitants. Ce fut alors que la religion du Christ commença à se répandre dans la partie orientale de l'Afrique. Tertullien fut le premier qui osa la prêcher au milieu des idolâtres et malgré les persécutions. Ce fut aussi alors que les indigènes, profitant des divisions qui agitaient les conquérants, levèrent ouvertement l'étendard de la révolte dans toute l'étendue des deux Mauritanies, et qu'ils résolurent de s'affranchir d'un joug devenu insupportable par les injustices et les exactions des gouverneurs.

Puis vint la division de l'empire qui ne fit qu'accélérer la fin de cette grande puissance déjà trop divisée.

De l'an 111 de J.-C. à l'an 360, la plus grande anarchie règne en Afrique, où les peuples insurgés ravagent les colonies pendant que les gouverneurs poursuivent et martyrisent les nouveaux chrétiens. Un prince du nom de Firmus réunit autour de lui tous les mécontents et fit courir de graves dangers aux possessions romaines d'Afrique. L'empereur Valentinien lui opposa Théodose qui, après plusieurs années de luttes, réussit à défaire toutes les forces ennemies et à tuer leur chef.

Ici nous remarquons encore une fois combien il est dangereux de confier un grand commandement à un chef indigène.

A peine délivré de ce Firmus, l'empereur Théodose ne craint pas de donner le commandement de l'Afrique à son frère Gildon. Ce nouveau tyran exploita les provinces comme des fermes pendant plusieurs années et jusqu'au moment où il fut obligé de prendre la fuite après s'être vu abandonné par ses soldats. Nous touchons à une époque doublement célèbre par la prise de Rome par Alaric, l'invasion des Goths en Italie, celle des Vandales en Espagne, des Saxons en Angleterre et par la naissance de saint Augustin.

Augustin naquit à Tagaste, ville romaine située sur la frontière actuelle de Tunis et distante d'environ trente lieues de Bône. Après avoir habité successivement Madaure (*Mdaourouch* des Arabes), située à une journée de marche au Sud de Guelma et Carthage, il fit un voyage en Italie; ayant entendu saint Ambroise, il se convertit au christianisme et vint se fixer à Hippone (dont on voit les ruines près de Bône) où il succéda à l'évêque Valère qui l'avait accueilli auprès de lui.

C'est alors que le comte Boniface, gouverneur de l'Afrique pour l'impératrice Placidie, appelle les Vandales dans ce pays, l'an 429 de J.-C.

Ce fut à Gibraltar que s'effectua le passage de ces hordes sauvages dont le nombre, suivant les historiens du temps, dépassait cent mille hommes capables de combattre.

Le comte Boniface avait appelé Genséric comme allié; mais à peine fut-il débarqué sur le territoire africain qu'il se comporta en ennemi.

En vain le général romain voulut arrêter sa marche;

il fut obligé de fuir devant lui et de s'enfermer dans Hippone que les Vandales vinrent assiéger.

Pendant plusieurs mois saint Augustin put soutenir le courage des défenseurs d'Hippone et résister aux attaques de l'ennemi ; mais après sa mort le désespoir s'empara de tous les esprits et Boniface dut évacuer la ville qui fut saccagée et brûlée. Trois ans après, Boniface mourait en Italie et Genséric, arien de religion, commençait à persécuter ceux de la religion chrétienne par tous les moyens. Il répandit une si grande terreur parmi les habitants des villes et des campagnes que les navires ne suffisaient pas pour transporter en Europe les colons qui fuyaient ses persécutions. Les évêques et les prêtres furent partout massacrés et les églises démolies ou livrées aux ariens.

L'an 439 les Vandales s'emparent de Carthage, pillent et chassent les habitants qui ne sont pas tués. Seize ans plus tard, l'an 455 de J.-C., Genséric embarque son armée et marche sur Rome qu'il met à feu et à sang ; puis il revient en Afrique où il s'occupe de soumettre les populations de l'intérieur. Cependant trois tentatives sont faites par Majorien, Léon et Héraclius dans le but de chasser les Vandales de l'Afrique; mais Genséric les repousse avec le même bonheur et il est reconnu maître de l'Afrique et de la Sicile par Odoacre, roi d'Italie, et par Zénon, empereur d'Orient. Genséric mourut à Carthage l'an 477. Son fils Hunneric lui succéda d'après sa volonté ; mais n'ayant aucune des qualités nécessaires à un grand commandement, il se vit bientôt en butte aux attaques des peuples indigènes et ne sut pas leur résister. Ses successeurs ne furent pas plus habiles que lui. L'empereur d'Orient, Justinien, mettant à profit l'incapacité des chefs vandales, leurs divisions et la haine des Numides et des Gétules, envoya un corps d'armée en Afrique sous les ordres de Bélisaire, l'an 533. Le débarquement eut lieu à deux marches à l'Est de Carthage ; et peu de temps après, Gélimer, le roi des Vandales, et Bélisaire, général des Gréco-Romains, se trouvèrent en présence. Malgré une différence très-grande dans le nombre des combattants, les Vandales furent complètement défaits : tandis que Gélimer s'enfuyait du champ de bataille, Bélisaire entrait dans Carthage en vainqueur. Les évêchés catholiques se trouvaient réduits à *trois cents* quand l'armée gréco-romaine vint rendre la paix aux chrétiens.

Quelques mois après, Gélimer, ayant perdu une seconde bataille plus décisive, se réfugia dans la montagne de l'Édough, située à peu de distance de Bône et sur le bord de la mer, où il fut pris et ensuite conduit à Constantinople pour servir au triomphe de Bélisaire. Ainsi finit l'occupation des Vandales, l'an 538 de J.-C. La domination gréco-byzantine qui vint leur succéder ne fut qu'une série de combats et de défaites qui durèrent un siècle et n'aboutirent à aucun résultat important.

Le premier gouverneur de l'Afrique est Salomon. Après quelques avantages obtenus contre les populations indigènes soulevées contre lui, une révolte éclata dans son armée, composée d'éléments divers, et il se vit contraint à prendre la fuite pendant que la ville de Carthage était pillée par les insurgés. L'empereur Justinien envoya Germanus prendre le commandement ; ce général rétablit un peu les affaires, mais bientôt rappelé à Constantinople, Salomon reprit sa place et, après quelques succès partiels, perdit dans la première bataille son armée et la vie. A Germanus, succédèrent Sergius et Aérobinde. Le premier combat qu'ils livrent aux rebelles est une nouvelle défaite : Sergius est rappelé ; peu après, Aérobinde meurt assassiné. Jean Troglita vient ensuite ; mais il ne réussit pas mieux que ses prédécesseurs. Partout des soldats soulèvent les peuplades et s'allient aux populations de l'intérieur pour organiser le pillage.

L'Afrique est désertée par les Européens qui s'y trouvent encore, en si grande hâte, que depuis Bélisaire, c'est-à-dire dans l'espace de vingt ans, la population civilisée a diminué de *cinq millions*. L'occupation gréco-byzantine perdant chaque jour du terrain finit par s'éteindre, après un siècle de malaise, sous le sabre des musulmans.

La première invasion des Arabes sur le territoire africain eut lieu quinze ans après la mort de Mahomet, sous les ordres d'Atmann. Ayant taillé en pièces l'armée que Grégoire lui opposa aux environs de Tripoli de Barbarie, ce vainqueur se retira en Égypte. Une seconde invasion eut lieu cinq ans après la première, mais ne fut suivie d'aucun résultat. Vers l'an 655 de J.-C., Sidi-Okba s'avança jusqu'aux environs de Carthage et fonda la ville de Kairouan.

Après sa mort, Hassan s'empara de Carthage qu'il fit détruire plutôt que de l'occuper. Moussa succède à Hassan et réussit à faire disparaître ce qui restait d'Européens en Afrique. Jusque-là, ces chefs d'invasion n'ont d'autre but que d'imposer la religion de Mahomet; de piller les populations indigènes et d'anéantir les Grecs et les Latins. Leur tâche est d'autant plus facile, qu'ils trouvent le pays dans un état de désorganisation complète, et que les populations primitives qui l'occupent ont tout intérêt à s'unir aux nouveaux venus. L'an 710, les Arabes, sous les ordres de Tarik, traversent le détroit et entreprennent la conquête de l'Espagne. Une seule campagne, avec une armée de trente mille hommes, lui suffit pour conquérir une grande partie des côtes et plusieurs villes importantes de l'intérieur, telles que Tolède et Cordoue. Ces événements s'accomplirent sous le calife Soliman. Non contents d'avoir ravagé l'Espagne, les Arabes passèrent les Pyrénées et envahirent les Gaules. On sait qu'ils arrivèrent jusqu'à Poitiers, où Charles Martel les tailla en pièces. Cependant, jusqu'alors rien de stable ni d'utile n'a été fait par les conquérants sur la terre d'Afrique. Une seule ville a été créée, c'est Kairouan, et cent autres ont été détruites. Les peuples qui ont embrassé la religion de Mahomet, un peu par crainte, beaucoup par intérêt, se tiennent en paix tant qu'il y a pour eux occasion de conquêtes et de butin; mais dès qu'un état semblable à la paix succède au désordre, ils se battent entre eux ou contre les nouveaux maîtres de leur pays. Sur ces entrefaites, de grands troubles vinrent éclater parmi les musulmans à cause de la diversité des sectes qui se disputaient le pouvoir en Orient, en Espagne et en Afrique. On vit trois partis se former et se combattre comme des étrangers à la religion commune: c'étaient les *abbassides* descendants d'Abbas, les *fatimites* de Fatime, et les *édrissites* d'Édris. Ces derniers s'emparèrent de la partie occidentale de l'Afrique en se faisant des auxiliaires des grandes tribus du pays, et c'est au fils d'Édris qu'on attribue la fondation de la ville de Fez vers l'an 800 de J.-C. Ainsi, dans l'espace de deux siècles, les Arabes ont réussi à fonder *deux* villes en

Afrique. Vers cette même époque, ils envahissent les côtes de la Provence qu'ils saccagent de toutes les manières, et où ils établissent des forts pour de là rançonner et piller les habitants.

En somme, l'occupation arabe n'est autre chose qu'une série d'expéditions, tantôt au dedans, tantôt au dehors, et dans lesquelles le butin est le but principal. Et si en Espagne, en Orient, à Fez et à Kairouan quelques hommes se livrent à l'étude des lettres, partout on néglige l'administration des peuples et leurs intérêts. Quant à l'agriculture, on n'en fait qu'autour des villes, et l'intérieur du pays se trouve complétement abandonné. Si les Arabes d'alors avaient eu les qualités que divers auteurs leur prêtent, ils n'auraient pas laissé se perdre les richesses agricoles qu'ils ont trouvées en Afrique lors des premières invasions. Pour ce qui est de leur amour et de leur goût pour les arts, ils ont prouvé jusqu'où ils pouvaient aller chez ce peuple qui a commencé par détruire les merveilles que Carthage leur offrait. On objectera sans doute qu'en Espagne ils ont laissé un ou deux palais; mais ignore-t-on que les architectes et les ouvriers qui les ont construits étaient des *Grecs* et des *Latins,* les mêmes qui avaient embelli le Caire, Bagdad et Alexandrie? Certainement, dans le nombre des hommes qui sont arrivés au pouvoir, il y en a eu quelques-uns qui avaient un certain sentiment des belles et des grandes choses ; mais ces exceptions furent rares, et généralement les Arabes furent à cette époque ce qu'ils sont encore aujourd'hui : un peuple guerrier, nomade et pasteur plutôt qu'agriculteur, et fait pour vivre dans les villes. Le IXe siècle est rempli par les luttes que se livrent les califes de Kairouan et ceux de Cordoue pour la possession de l'Afrique. Pendant qu'une partie des populations combat pour ou contre les deux adversaires, suivant les circonstances et les avantages qu'elle y trouve, des petits chefs de tribus font la guerre pour leur compte et augmentent ainsi le désordre qui règne dans le pays. Vers la fin du XIe siècle, un Berbère du nom de Yusuf réussit à former une armée considérable et à conquérir une grande partie de l'Afrique. C'est ce même Yusuf qui a fondé la ville de Maroc. A partir de cette époque, les événements se succèdent avec une rapidité et une confusion étranges. Chaque jour voit un homme se lever et prêcher une croyance nouvelle, quoique le fond de cette croyance n'attaque point les préceptes de Mahomet. C'est un prétexte pour attirer des partisans et courir au pillage, ce qui n'empêche pas les grands chefs de sectes ou plutôt de familles différentes de se disputer le pouvoir, soit en Afrique, soit en Espagne. Les villes de Tlemcen, Bougie et Tunis sont prises et reprises par ces prétendants divers qui courent sans cesse et ne s'arrêtent nulle part. Ces fanatiques ou plutôt ces ambitieux sont Abdallah, Abou-Beker et Abd-el-Moumen. Cependant, vers l'an 1210, le pape Innocent III ayant fait prêcher une croisade contre les musulmans qui occupaient l'Espagne, de nombreux croisés répondirent à sa voix, et Mohamed-ben-Abdallah perdit une grande bataille dans la plaine de Tolosa. Le XIIIe siècle fut une longue série de combats à outrance en Espagne entre les chrétiens et les musulmans, et en Afrique entre ces derniers.

Enfin, le dernier roi de Grenade fut obligé de repasser en Afrique avec les débris de sa petite armée, l'an 1490. Au moment où les peuples qui ont envahi l'Espagne sont rejetés au delà du détroit, il n'est pas sans intérêt de rechercher quelle pouvait être la force des Arabes proprement dits et ce que sont devenus les divers éléments qui composaient leurs armées. Cette question n'est pas sans utilité pour l'occupation actuelle du Nord de l'Afrique.

En nous reportant à la première invasion arabe, nous trouvons le chiffre de quarante mille combattants environ ; mais un grand nombre périt par le fer ou les maladies, et le reste est ramené en Égypte. La deuxième invasion a lieu avec le même nombre de cavaliers et d'hommes de pied, et, comme le premier corps d'armée, ne reste pas dans le pays. La troisième se fait par une orce plus considérable, et qui est portée par certains auteurs jusqu'à cent mille hommes. Nous admettrons ce chiffre. Cette armée, après avoir combattu à l'Est de l'Afrique, continue son mouvement vers l'Ouest, combattant toujours, et arrive ainsi jusqu'aux limites extrêmes de l'Afrique. Il n'est pas douteux qu'elle a dû perdre au moins les trois quarts de son effectif, tant par suite des fatigues de la marche que dans les combats.

Les Arabes se trouveraient ainsi réduits à vingt-cinq mille hommes de guerre au moment où ils entreprennent de conquérir l'Espagne. En supposant, avec les historiens du temps, que ce nombre eût suffi pour la première expédition, on ne saurait admettre qu'il en fut de même pour l'occupation et les luttes qu'il a fallu soutenir pendant plusieurs siècles. Nous voyons en outre que ceux qui ont passé les Pyrénées ont été décimés dans les Gaules. Depuis cette époque jusqu'à la fin de la domination arabe en Afrique, nous ne voyons venir qu'un corps de quarante mille musulmans qui est le dernier.

Il résulterait de ces faits que lorsque les Espagnols ont reconquis les villes qu'ils avaient perdues, les Arabes devaient se trouver en petit nombre, et que nécessairement, pour se maintenir si longtemps en Espagne, ils avaient dû avoir recours aux peuples africains. L'histoire nous parle des Maures, mais elle ne fait point mention des autres tribus qui vraisemblablement avaient aussi passé le détroit.

Quoi qu'il en soit, en revenant en Afrique, chaque peuplade dut se retirer dans le pays qui lui était propre, les Maures à l'Ouest et près du littoral, les Arabes au centre, où ils reprirent la vie pastorale qui est leur état normal.

Nulle part, du reste, un pouvoir solide pour maintenir et gouverner ces populations et s'opposer à une invasion étrangère; profitant de cet état de choses, les Espagnols passèrent en Afrique pour occuper Melilla, Oran, Bougie, Mostaganem et Arzew. Auprès d'Alger, ils établirent un fort et une garnison sur un rocher situé à une demi-portée de canon de la ville.

En l'année 1500, on vit paraître sur les côtes de la Méditerranée deux corsaires qui jetaient l'épouvante non-seulement parmi les marins qu'ils capturaient, mais encore dans les villes situées sur le littoral. Ces deux hommes, dont l'origine est restée inconnue, avaient embrassé la religion musulmane, et c'était principalement contre les chrétiens qu'ils agissaient avec une hardiesse et un bonheur extraordinaires.

Après avoir commencé le métier de corsaires avec deux petits navires, on les vit en peu de temps disposer d'une petite flotte et de mille à quinze cents soldats turcs ou renégats. Ces corsaires d'une nouvelle espèce se nommaient Aroudj et Khaïr-ed-Din. L'histoire s'accorde à en faire deux frères, quoique leurs noms soient dissemblables ; toujours est-il que dans toutes les circonstances connues de leur existence aventureuse ils ont fait preuve d'un attachement réciproque que les liens du sang ne donnent pas toujours. L'un des deux, Aroudj, ayant été fait prisonnier par un navire appartenant aux chevaliers de Rhodes, vécut pendant quelques années parmi eux, et comme on le verra par la suite, profita de sa captivité pour apprendre des choses qu'il eût sans doute toujours ignorées sans cela. Ayant réussi à s'échapper, il rejoignit son frère qui continuait à croiser non loin de là, et une fois réunis, ils vinrent s'établir dans divers ports de l'Afrique, d'abord à Tunis, ensuite à Djigelly. Ce fut de ce port qu'ils sortirent l'an 1512 avec dix navires pour attaquer les Espagnols établis à Bougie. Aroudj ayant eu un bras emporté par un boulet, on se retira sans succès.

Après la guérison du blessé, une nouvelle attaque de Bougie eut lieu; mais elle échoua comme la première. Ce que voyant, les deux corsaires choisirent Alger pour leur résidence, à la grande joie des habitants qui espéraient profiter des richesses que les corsaires ne manqueraient pas d'amener dans le port. Mais le séjour d'Aroudj parmi les chevaliers de Rhodes avait fait naître dans son esprit l'idée de fonder un État et de s'en faire le maître. A peine dans Alger, il fait mettre à mort les chefs de cette ville ; il destitue tous les fonctionnaires, et fait savoir aux habitants consternés que le maître c'est lui, et qu'aucun Arabe, aucun Maure ne devra prétendre à aucun emploi, car il les réserve tous aux Turcs et aux renégats qui composent sa milice. Telle fut la création de ce fameux *oujack* qui a gouverné l'Afrique pendant toute la durée de la domination turque dans ce malheureux pays. Avec deux mille soldats seulement, le fondateur de ce gouvernement bizarre réussit à battre un corps de six mille Espagnols débarqués en 1516 sous les ordres du grand maître de l'artillerie Francisco de Vero, et à se rendre maître de Médéah, Milianah, de Ténez et de Tlemcen. C'était trop entreprendre avec d'aussi faibles moyens. Attaqué dans Tlemcen par la garnison d'Oran accourue à la hâte, il chercha à se retirer sur Alger ; mais ni la bravoure de ses soldats, ni son courage personnel ne purent le sauver cette fois. Sa troupe fut taillée en pièces, et lui-même fut tué dans la mêlée. Son frère Khaïr-ed-Din, à la nouvelle de cette défaite, envoie un courrier au sultan de Constantinople pour lui demander un secours en hommes, et lui offrir l'hommage du pachalik d'Alger.

Un premier envoi de mille soldats suivit immédiatement cette demande avec l'investiture de pacha.

Bientôt de nouvelles troupes suivirent les premières ;

de sorte qu'avant la deuxième expédition dirigée contre lui, le pacha d'Alger était en mesure de faire bonne contenance. Cette seconde campagne contre les pirates eut lieu l'an 1518. Une partie de l'armée espagnole ayant débarqué, le mauvais temps qui survint empêcha le reste de suivre ; et trois mille hommes ayant péri dans la tempête, l'expédition se retira sans avoir rien entrepris. Les Espagnols étant partis, le pacha reconquit Tlemcen, où il mit garnison turque ainsi qu'à Mostaganem. Puis il fit le siège du fort espagnol établi auprès d'Alger et l'enleva d'assaut. Plus tard il fut nommé amiral par le grand sultan, et battit une flotte vénitienne. A son retour en Afrique il s'empara de Tunis, d'où il fut bientôt chassé par Charles Quint. Khaïr-ed-Din eut le bonheur de s'échapper par terre, et à peine arrivé à Alger, on le voit reprendre le métier de corsaire, et battre le célèbre André Doria qui commandait une flotte de cent navires chrétiens.

Fatigué du bruit autant que du mal que cet homme extraordinaire faisait en Europe, Charles-Quint résolut d'en finir avec lui. L'an 1541, il réunit en Sardaigne une armée de vingt mille hommes et fit voile pour l'Afrique.

Le 19 octobre la flotte parut devant Alger, et le 23 le débarquement commença du côté Sud et près d'El-Harach. Le 25, malgré les attaques incessantes des

Arabes accourus de l'intérieur, l'armée arrivait en bon ordre sur les hauteurs qui dominent Alger et s'établissait de manière à fermer toute issue aux assiégés. Quand on voit un chef d'armée ordonner des mesures aussi sages, on se demande comment il a pu entreprendre cette expédition au mois d'octobre, qui est si dangereux sur les côtes d'Afrique ; comment encore il a choisi le plus mauvais côté de débarquement pour ses navires obligés de rester à l'ancre ; et enfin pourquoi il s'occupe de l'investissement de la place avant que son matériel de siège ait été débarqué. Ce qu'il y a de certain, c'est que sans la tempête qui vint au secours des Algériens, avec un général comme Charles-Quint et des soldats éprouvés, c'en était fait du règne des pirates et l'armée française n'aurait jamais eu l'honneur d'en finir avec eux.

Pendant la nuit du 25 au 26 une pluie torrentielle ne cessa de tomber sur les soldats dépourvus de tentes ; lorsque le jour parut, plus de cent navires étaient à la côte. Les Turcs, enhardis par ce désastre, vinrent attaquer l'armée dont les munitions étaient hors d'état de service, ce qui n'empêcha pas les Espagnols de les repousser jusque dans la place avec la lance et l'épée.

Après cette action, dans laquelle il perdit beaucoup de monde, l'empereur ordonna la retraite qui se fit avec le même ordre que le débarquement, malgré la sortie vigoureuse des Turcs et l'accompagnement obligé des Arabes. Cette expédition, qui avait duré quatre jours, coûta dix mille soldats et cinq mille matelots à l'Espagne, et ne fit qu'augmenter l'orgueil et l'insolence des Algériens. Trois ans après, le pacha d'Alger fut admis à l'honneur de commander une flotte française, ayant sous ses ordres le comte d'Enghien. Cette expédition dirigée contre Charles-Quint n'ayant pas réussi, Khaïr-ed-Din se retira à Constantinople où il mourut dans un âge très-avancé. Son fils Hassan lui succéda dans le gouvernement d'Alger et continua la politique turque dont tout l'esprit consistait à régner, à l'intérieur par la terreur qu'inspirent toujours des exécutions nombreuses et soudaines, et à l'extérieur par la division des tribus. Le seul fait qui marqua le passage d'Hassan au pouvoir fut l'occupation de Tlemcen. Salah-Reïs, qui vint après lui, fut le premier pacha qui entreprit une expédition lointaine. Avec deux mille soldats réguliers seulement, il s'empara des premières oasis qui se trouvent au delà du Grand-Atlas, puis avec les mêmes forces et des contingents indigènes il se rendit maître de Fez et enleva Bougie aux Espagnols. A la mort de Salah-Reïs, le grand sultan n'ayant pas envoyé assez tôt un successeur, il y eut de graves désordres tant à Alger que dans les provinces. Plusieurs officiers de la milice turque se disputèrent l'autorité, et l'un d'eux, Kaïd-Hassan, l'ayant emporté, méconnut le pouvoir du grand seigneur quand le pacha investi par lui se présenta devant la ville. Mais les équipages de la marine ayant prêté leur concours à ce dernier, il réussit à s'emparer de son adversaire qui fut mis à mort. A peine le nouveau pacha était-il installé au palais, que le bey de Tlemcen, Yussuf, le faisait assassiner par un janissaire et le remplaçait. Ces faits rapides s'étaient accomplis en 1557. A cette époque le fils de Khaïr-ed-Din, Hassan-Pacha, fut investi par le grand sultan du commandement d'Alger. Bientôt après, ce nouveau chef fut déposé par ses soldats et renvoyé à Constantinople. Revenu avec un corps de troupes et un envoyé de la Porte, il eut raison des mutins et put reprendre sa position. Afin de s'attirer quelque popularité parmi les janissaires et les tribus de l'intérieur, il entreprit d'enlever Oran aux Espagnols.

Les historiens du temps ne s'accordent guère sur le chiffre des troupes que le pacha commandait dans cette expédition. Toutefois, d'après l'effectif réduit qui formait à cette époque la garnison d'Alger et le peu de soldats qui gardaient Bougie et Tlemcen, on peut conclure que son armée devait être composée *surtout de contingents indigènes* et que sa réserve turque ne devait pas dépasser trois ou quatre mille hommes.

Quoi qu'il en soit, nous savons que les Espagnols, au

nombre de quatre cents, ne se laissèrent pas entamer; et que l'ennemi se vit obligé d'abandonner le siège après plusieurs assauts et de grandes pertes.

Nous arrivons à une époque où les pachas se succèdent si rapidement que la plupart d'entre eux ne font que passer et ne laissent aucun fait digne de signaler leur règne éphémère. C'est pourquoi nous citerons seulement les actes intéressants pour l'histoire et ceux qui les ont accomplis. En 1570, Ali-Pacha s'empare de Tunis. L'année d'après, il se joint à la flotte envoyée de Constantinople pour enlever l'île de Chypre, et ramène à Alger un riche butin et dix mille prisonniers. Dans le courant de la même année, l'escadre algérienne prit part à une grande bataille navale livrée par les musulmans aux chrétiens dans le golfe de Lépante, où les Turcs furent abordés et éprouvèrent de grandes pertes. En 1590, la France envoie un consul à Alger pour protéger ses nationaux qui s'y trouvent dans les bagnes et les délivrer de l'esclavage.

Les frères de la Trinité de Marseille avaient déjà beaucoup fait dans ce but; car depuis un grand nombre d'années ils faisaient des quêtes continuelles pour le rachat des prisonniers. Le premier représentant de la France à Alger eut beaucoup à souffrir. Le roi Henri IV ne put obtenir la délivrance de ses sujets et son consul fut lui-même emprisonné par les Algériens.

Les corsaires enlevaient chaque jour des navires marchands, sans distinction de nationalité, pourvu que leurs équipages fussent chrétiens, et, lorsqu'ils n'étaient pas massacrés, on les vendait au plus offrant dans la Régence ou bien on les employait aux plus rudes travaux.

Les Hollandais, ayant à cette époque perdu un navire par le fait des corsaires algériens, envoyèrent une escadre devant Alger afin d'obtenir réparation. Les moyens ordinaires ayant échoué, le commandant de l'expédition ne trouva rien de mieux que de faire pendre aux vergues de son navire cinquante musulmans dont il s'était emparé pour ces représailles. Ce spectacle intimida quelque peu la population barbaresque qui fit une démarche auprès du pacha; celui-ci, croyant que les choses en resteraient là, répondit aux notables d'Alger que les morts ne reviendraient pas quoi qu'il pût faire, et que sans doute les chiens d'étrangers ne reparaîtraient pas le lendemain.

Mais grand fut l'étonnement de tous le lendemain matin, quand on vit dépendre les morts de la veille et les remplacer par autant de vivants qui hurlaient comme des diables. Pour le coup, le pacha se rendit, et les Hollandais eurent tout ce qu'ils voulurent. En 1628 la France obtint un traité par lequel la pêche du corail serait libre sur toute la côte, et une compagnie marseillaise ferait occuper trois points du littoral :

le premier à Alger, le second à Bône, et le troisième à La Calle, sous la protection du pacha, qui recevrait annuellement une somme de quinze cents mille livres.

Pendant quarante ans le pavillon français se voit un peu respecté dans ces parages; mais après cette époque les attaques se renouvellent, et Louis XIV envoie une escadre pour châtier les Algériens.

Le duc de Beaufort rencontra et défit leur flotte près de Tunis, puis il s'empara de Djigelly qu'il fit occuper. Mais quelques années plus tard, ce point fut de nouveau abandonné, et les pirates recommencèrent leurs courses. Au mois d'août 1682, l'amiral Duquesne vint bombarder Alger, mais sans obtenir aucun résultat.

L'année suivante, la même expédition se renouvela sans plus de succès. Quelques prisonniers furent rendus, il est vrai, mais un plus grand nombre fut massacré ou placé à la bouche des canons pendant le bombardement de la ville. En 1684, l'amiral de Tourville obtint un traité de paix avec le pacha d'alors, Mezzo-morte. Ce traité ayant été violé par les Algériens très-peu de temps après sa signature, le maréchal d'Estrées fut envoyé pour obtenir satisfaction.

La ville fut de nouveau bombardée à outrance pendant plusieurs jours; le consul de France et un grand nombre de captifs furent massacrés, et de tristes représailles furent exercées à bord de notre escadre contre des Turcs faits prisonniers. Ce troisième bombardement eut lieu au mois de juin 1688 et ne fut pas plus heureux que les autres.

Enfin, en 1690, Mezzomorte envoya un ambassadeur auprès de Louis XIV, et un traité de paix fut signé.

Ce pacha ayant renoncé au pouvoir, les janissaires élurent pour son successeur Chaban, qui signala son règne par la prise de Maroc et une expédition heureuse contre les Tunisiens. Étranglé par ses soldats à son retour à Alger, il fut remplacé par Ahmed-Pacha. En 1708, les Espagnols perdirent leur position d'Oran et de Mers-el-Kebir, qu'ils reconquirent en 1732. Entre ces deux époques, Alger voit cinq ou six pachas se succéder sans autre préoccupation que celle de sauver leur tête du sabre de leurs soldats.

Cependant les écumeurs de mer ne respectaient point les traités, et chaque jour était marqué par une nouvelle prise. Les Espagnols ayant à souffrir, comme les autres nations, de ce brigandage, envoyèrent une armée de débarquement au mois de juillet 1775. Les vingt mille hommes qui composaient cette expédition furent battus par suite de l'inexpérience de leur chef et obligés d'abandonner le matériel de siége. En 1792, l'Espagne abandonne Oran pour ne plus y revenir.

Comme, malgré les traités, notre marine marchande ne cessait d'être attaquée par les corsaires sortis du port d'Alger, Bonaparte fit adresser de sévères remontrances à Moustapha-Pacha, qui fit de nombreuses concessions et les plus grandes promesses en 1803.

Ce fut à cette époque que M. Arago tomba au pouvoir des corsaires et resta deux ans leur prisonnier.

De 1807 à 1815, cinq pachas sont étranglés ou empoisonnés par leurs soldats.

Au mois d'août 1816, lord Exmouth, à la tête d'une forte escadre, se présente devant Alger et demande la liberté de tous les esclaves chrétiens et un traité de paix durable. Après une attaque très-vive, le pacha consentit à la signature du traité.

Omar fut mis à mort par les janissaires pour avoir accepté des conditions de paix qu'ils regardaient comme honteuses.

Celui qui avait poussé au meurtre du pacha avec le plus de vigueur était un Africain nommé Ali-Kroudja.

Appelé par les miliciens au pouvoir suprême, il n'en profita que pour s'y maintenir à force d'exécutions capitales, et trouva que le seul moyen de mourir de mort naturelle avec de tels sujets était de les tenir à distance. A cet effet, il fit augmenter les fortifications de la Casbah, disposer à l'intérieur des appartements convenables, puis il s'y enferma. Les janissaires trouvèrent mauvais que le pacha leur laissât voir une telle défiance, et ils voulurent lui en témoigner leur mécontenttement ; mais les canons, servis par des Koulouglis (race croisée de Turc et d'Arabe) dont Ali-Kroudja s'était entouré, firent reculer les mécontents.

Grâce à cette mesure, Ali-Pacha mourut naturellement et fut remplacé par Houssin-Pacha, le dernier souverain de la Régence.

Avant d'examiner les motifs qui amenèrent la chute d'Alger, il est utile à notre occupation actuelle de voir ce que les Turcs avaient fait dans l'intérieur du pays soumis à leurs armes.

Les points qu'ils occupaient sur le littoral étaient Oran, Mostaganem, Alger, Bougie, Kollo, Bône et Tunis.

Dans l'intérieur, ils gardaient Tlemcen, Médéah et Constantine. Les pachas d'Alger avaient divisé ces contrées en *beyliks,* dont les titulaires leur payaient le fermage, suivant l'état de paix et de soumission des tribus placées sous leurs ordres.

Chacun des beys ne disposant que de deux ou trois mille hommes de troupes régulières, ils comprirent tout d'abord que le seul moyen de maintenir les populations et d'obtenir le payement des impôts indispensables au maintien de leur commandement, était d'employer les éléments indigènes.

C'est pourquoi ils formèrent des tribus *maghzen,* c'est-à-dire auxiliaires, qui étaient exemptes de toutes charges, fournissaient des chefs aux autres tribus et marchaient contre elles en toute occasion. Une large part dans le butin, après chaque razzia, entretenait l'attachement de ces tribus pour leurs maîtres qui avaient soin de choisir celles qui, par le nombre de leurs fusils, leur réputation guerrière et leur position stratégique, pouvaient les servir utilement. Cette facilité des Arabes à se mettre à la disposition du premier venu pour courir sus à ceux de leur religion et de leur race, moyennant une part dans les troupeaux enlevés, prouve mieux que tous les raisonnements possibles qu'il n'y a jamais eu chez eux un sentiment de nationalité ; car, il faut bien le dire, puisque c'est le plus grand épouvantail que l'on ait opposé à la colonisation algérienne, non-seulement les tribus *maghzen* combattaient les peuplades d'origine et de coutumes différentes, mais encore et avec le même entraînement, celles qui descendaient de la souche commune.

Il y a plus : lorsque dans une grande tribu, une fraction se montrait hostile ou récalcitrante, le bey n'avait qu'à donner un ordre et les autres fractions les châtiaient sans pitié immédiatement, pourvu que leur part dans le butin en valût la peine.

Si par moments et à de longs intervalles, les populations semblaient se grouper pour un intérêt commun, c'était à la voix d'un prétendu chérif prêchant la guerre sainte contre les Turcs qui se montraient généralement assez mauvais observateurs des règles de leur religion. Mais ces prises d'armes étaient presque aussitôt dissipées que formées et, dans la région kabyle exceptée, il a toujours suffi aux beys de se présenter avec deux ou trois mille de leurs soldats pour avoir raison des rassemblements les plus considérables.

Ainsi, d'une part, les gouverneurs de provinces maintenaient les petites tribus par les grandes; et, de l'autre, ils suscitaient des rivalités et des haines entre ces dernières afin de les tenir occupées et de profiter des dépouilles.

Il est facile de comprendre qu'un gouvernement semblable ne devait avoir aucun souci de l'ordre ou des intérêts de ses sujets qui, à ses yeux, représentaient le bétail d'une ferme. Pour comble de malheur, les beys vendaient les *kaïdats* ou commandements de tribus, au plus offrant, sans aucune garantie pour la durée de leur charge, de sorte que tel kaïd investi du commandement d'une tribu, moyennant une somme de cent mille francs, se voyait un mois après supplanté par un autre qui avait offert au bey une plus forte somme. Il résultait nécessairement de cet état de choses que tout kaïd se croyait en droit de piller ses administrés le plus vite possible afin de rentrer dans les avances qu'il avait faites en recevant le burnous; et que toute plainte ou réclamation portée contre le chef amenait, tantôt la mort, quelquefois l'emprisonnement et toujours la ruine de celui qui avait osé la faire. De leur côté les gouverneurs de province étaient dans une position des plus précaires, car à chaque révolution des janissaires d'Alger, il arrivait un nouvel élu porteur du lacet strangulateur ou d'un ordre d'exil; mais ce dernier cas était rare, puisqu'en faisant l'énumération des pachas et des beys étranglés, assassinés ou empoisonnés, pendant les dernières cinquante années de l'occupation turque, nous trouvons le chiffre énorme de quarante-huit personnages, investis du pouvoir, morts violemment.

Telle était l'organisation de ce malheureux pays; tel fut, durant trois siècles, l'état des populations indigènes, que nous avons trouvées ce que la pression, le despotisme brutal et cruel et la nécessité les ont faites: ombrageuses, craintives, défiantes et toujours prêtes à prendre le parti du plus fort s'il y a pour elles quelque avantage. Mais si les qualités primitives de ces peuples ont été gâtées par un gouvernement stupide et méchant, il en est resté assez de germes pour que, au contact d'une administration éclairée et bienveillante, ces hommes oublient leurs craintes, deviennent confiants, apprennent que mentir n'est plus pour eux une condition d'existence, et montrent, à côté du courage et de l'énergie qui ont résisté si longtemps et à tant d'épreuves, des aptitudes qui leur profiteront ainsi qu'à nous-mêmes.

En frappant Alger, la France voulait venger une injure faite à son représentant, et détruire un nid de corsaires qui ne respectaient aucun pavillon. Elle ne savait pas alors combien était pénible la condition des peuples qui vivaient dans ces contrées qu'elle serait obligée de soumettre pour leur faire connaitre et partager les bienfaits de la civilisation.

III

PRISE D'ALGER, 1830.

Les événements qui s'accomplirent de 1816 à 1827 n'offrent aucune espèce d'intérêt. Le 27 avril de cette dernière année, le consul de France, M. Deval, s'étant rendu auprès du pacha à l'occasion d'une fête musulmane, il s'ensuivit une explication à propos de fournitures de froment faites à la France par une maison de commerce d'Alger.

D'après notre consul, le pacha lui aurait demandé s'il avait des nouvelles au sujet de sa réclamation, et sur sa réponse négative, Houssin lui aurait donné en plein visage un coup de son éventail. Un interprète, présent à cette entrevue, a voulu insinuer que la réponse de notre représentant avait été inconvenante ; mais c'est là, sans doute, une manœuvre du pacha pour amoindrir sa faute qui, dans tous les cas, restait sans excuse.

Deux mois après cet acte inqualifiable du pacha d'Alger envers notre consul, une escadre française entrait dans la rade afin de demander satisfaction immédiate.

Après avoir reçu à son bord le représentant de la France et tous les nationaux qui se trouvaient encore dans la ville, le commandant Collet fit remettre au pacha les conditions à remplir s'il désirait éviter la guerre avec la France.

Ces conditions, quoique très-douces, ayant été repoussées, le blocus commença. Au mois d'octobre de la même année, il y eut un engagement entre les corsaires sortis du port d'Alger et les navires français chargés de les surveiller. Malgré une grande supériorité numérique, les Algériens furent battus et forcés à rentrer dans le port. Ce fut le dernier effort tenté par ces écumeurs de mer naguère si terribles. A partir de ce moment, le pacha comprend que sa position devient difficile, et il désarme sa marine pour employer à terre les hommes qui se trouvent à bord.

Pendant le cours de l'année 1828, le duc de Clermont-Tonnerre et le général Loverdo étudient et préparent à Paris une attaque combinée, qui puisse amener la destruction de ce nid de brigands et son occupation par une nation européenne.

Cependant pour mettre tous les droits de son côté et montrer à l'Europe combien il avait fait preuve de patience et de longanimité, le gouvernement du roi Charles X envoya en juillet 1829 M. de La Bretonnière, chargé du blocus, auprès du pacha.

Ne comprenant pas tout l'honneur qu'on daignait lui faire, ou plutôt habitué, comme ses prédécesseurs, à traiter les souverains de la chrétienté avec mépris, le pacha ne trouva rien de mieux que de répondre par des menaces aux paroles conciliantes et polies de l'envoyé français.

Il y eut plus encore. Lorsque, de retour à son bord, M. de La Bretonnière eut donné l'ordre du départ, son vaisseau devint le point de mire de toutes les batteries algériennes, jusqu'à ce qu'il se trouvât hors de portée.

Cette agression stupide et brutale contre un parlementaire, décida du sort d'Houssin-Pacha et de ce gouvernement détestable qui se maintenait sous le patronage du grand sultan.

Le 25 mai 1830 cent navires de guerre mettaient à la voile dans la rade de Toulon, emportant vers les côtes de Barbarie quarante mille soldats de débarquement. La flotte était commandée par le vice-amiral Duperré, l'armée par le comte de Bourmont, ministre de la guerre.

Charles X, ne voulant rien moins que la destruction de ce repaire de brigands, et sachant que notre armée éprouverait une résistance sérieuse, voulut perpétuer le souvenir de cette campagne en y envoyant les deux plus grands artistes de l'époque, Horace Vernet et Gudin.

Le 13 juin au matin, les Algériens virent défiler devant eux cette force imposante qui se dirigea vers l'Ouest où l'escadre jeta l'ancre dans la baie de Sidi-Ferrouch.

Le 14 au matin, la 1re et la 2e division sont débarquées, et marchent contre dix mille Arabes embusqués dans les broussailles et protégés par quelques batteries turques. Les positions sont enlevées à la baïonnette, et le soir l'armée entière campe sur le sol africain. Les journées des 15, 16 et 17 sont employées au débarquement du matériel de siège et à la formation d'une grande place d'armes destinée à relier la flotte avec l'armée quand celle-ci se portera en avant.

Le 18, l'ennemi se montra en force sur les hauteurs qui dominent la plage et à portée de canon.

Les beys de Constantine, de Titery et l'aga d'Oran, étaient là avec les contingents arabes et kabyles qu'ils avaient amenés au secours du pacha.

L'effectif de ces contingents était de dix mille cavaliers arabes ou chaouïa, de douze mille fantassins kabyles et de six mille Turcs ou Koulouglis des milices d'Alger, de Constantine et d'Oran; en tout vingt-huit mille hommes.

C'était le suprême effort du pacha, et ces troupes représentaient toutes les ressources militaires dont il pouvait disposer en épuisant ses trois provinces. Quant à lui, trop fier pour venir se mesurer avec un général chrétien, il envoya son gendre Ibrahim-Aga pour jeter l'armée *à la mer*.

Le but de l'ennemi était de tourner notre position, et d'attaquer ensuite sur les quatre faces.

Le mouvement commença le 19 au matin.

Tant que les régiments se contentèrent de répondre au feu des Arabes et de recevoir les plus hardis sur leurs baïonnettes, l'ennemi n'obtint aucune espèce d'avantage, et bien certainement il en eût été de même, pendant toute la durée de l'action, si le 20ᵉ de ligne ne se fût porté en avant pour dégager ses tirailleurs compromis. Profitant avec habileté de ce mouvement exécuté sur un terrain boisé et difficile, l'ennemi se porta en masse contre la brigade du général Clouet, qui eut besoin de toute sa solidité pour n'être pas entamée.

Voyant qu'officiers et soldats commençaient à trouver longue cette lutte défensive, le général en chef fit sonner la charge dans chaque division, et dès ce moment Turcs, Arabes et Kabyles ne songèrent plus qu'à fuir. Cette journée nous avait coûté cinq cents hommes. Une partie de l'armée prit ses bivouacs dans le camp de l'ennemi, encombré de ses tentes et de ses bagages qu'il avait abandonnés.

Les hauteurs de Staouli étant peu éloignées du fort l'Empereur, seule protection d'Alger du côté de terre, le comte de Bourmont fit établir un camp retranché, qu'on s'occupa immédiatement de relier à celui de la plage.

Les travaux indispensables à une bonne attaque, et le débarquement de l'artillerie de siège contrarié par le temps avaient employé les journées des 20, 21, 22 et 23 juin.

Enhardi par ce qu'il regardait comme de l'inaction, l'ennemi reprit l'offensive dans la matinée du 24.

Reçu avec calme, il fut ensuite repoussé avec vigueur et poursuivi après de grandes pertes jusqu'à une portée de canon du fort l'Empereur.

Le 28, troisième attaque de l'ennemi sur nos lignes avancées ; même insuccès.

Las de ces mouvements, le général en chef résolut

de s'emparer des hauteurs qui dominaient ses positions, et desquelles les tirailleurs kabyles faisaient éprouver des pertes à notre armée.

Le 29, à la pointe du jour, l'attaque commença avec l'ordre et l'entrainement de troupes habituées à vaincre, et les trois divisions balayèrent partout les masses ennemies, comme le vent la poussière.

Maître des hauteurs et d'une position située à moins de deux mille mètres du fort l'Empereur, le comte de Bourmont s'y établit, et fit commencer, le soir même, les travaux d'approche.

Le 30, on était à huit cents mètres du fort que défendaient six cents artilleurs turcs et deux mille soldats de la milice. Les travaux de siége étaient dirigés par le vicomte de La Hitte, commandant l'artillerie, et par le baron de Valazé, commandant le génie.

Dans la matinée du 30, les défenseurs du fort firent une vigoureuse sortie contre nos travaux d'attaque: et nos troupes essuyèrent des pertes sensibles, malgré un feu d'artillerie très-vif qui les protégeait. Un bataillon du 6e de ligne ayant été abordé par les Turcs en nombre très-supérieur, nos travaux furent un instant menacés par l'hésitation des troupes chargées de les protéger.

Dans ce moment critique, un jeune sous-lieutenant du 6e, aujourd'hui général de division et sénateur,

M. Renault, jeta son sabre au milieu des Turcs, et par son exemple arrêta les timides, leur fit prendre l'offensive, et l'ennemi fut repoussé jusqu'au fort.

Pendant que les travaux de siége se continuaient, l'amiral fit une diversion utile le 1er et le 2 juillet, contre les batteries établies pour défendre la Marine.

Dans la nuit du 3 au 4, les Turcs et les Kabyles attaquèrent avec beaucoup d'audace nos travaux les plus avancés, et plusieurs officiers du génie et de l'artillerie furent tués ou blessés à l'arme blanche.

Mais l'ordre fut bientôt rétabli par une charge vigoureuse des troupes de tranchée, et le 4, à la pointe du jour, six batteries commencèrent leur feu contre l'artillerie du fort.

Les canonniers turcs firent preuve d'un grand courage en restant à leurs pièces à découvert pendant plusieurs heures.

Le feu de toutes les batteries ayant été éteint un peu avant dix heures, on battit en brèche sur deux points de la face Sud-Ouest. L'effet rapide d'un tir sûr contre des ouvrages peu solides, et l'explosion incessante des bombes lancées dans l'intérieur du fort déterminèrent les défenseurs à ne pas attendre l'assaut.

Ceux qui avaient survécu se retirèrent à la hâte après avoir mis le feu à la poudrière.

Au moment où, dans nos tranchées, on se disposait

à lancer les colonnes d'assaut, les poudres firent sauter une partie du fort, et des débris de toute espèce furent lancés dans la ville d'Alger et dans nos travaux.

Immédiatement après cette explosion terrible, le général Hurel se porta sur l'emplacement du fort avec une partie des troupes qu'il avait sous la main, et bientôt après le comte de Bourmont s'y trouvait lui-même avec les commandants de l'artillerie et du génie.

Le fort Bab-Azoun ayant tourné son feu contre le fort l'Empereur, il suffit d'un quart d'heure pour le faire cesser. Afin de profiter d'un avantage aussi grand et aussi inespéré que celui de l'occupation, sans coup férir, de la position qui domine la place, les généraux La Hitte et Valazé prirent immédiatement les mesures nécessaires pour approcher de la Casbah et des remparts extérieurs d'Alger au moyen d'une tranchée volante.

Comprenant que toute résistance devenait désormais inutile, le pacha s'empressa d'envoyer un parlementaire au comte de Bourmont pour lui présenter des excuses, lui offrir de payer les frais de la guerre et demander que l'armée se retirât. Le général en chef répondit qu'il était maître de la ville et des forts par sa position, et que si Houssin, son armée et les habitants voulaient avoir la vie sauve, ils n'avaient qu'à se rendre *sans condition*.

Un moment après le départ du parlementaire envoyé

par le pacha, une députation des janissaires vint offrir la tête d'Houssin si on consentait à leur laisser l'occupation d'Alger et leurs provinces.

Renvoyés comme ils méritaient de l'être, ces barbares furent suivis au quartier général par le premier parlementaire du pacha, accompagné cette fois du consul d'Angleterre et de plusieurs notables de la ville.

Le général en chef assemble en conseil les généraux Desprez, La Hitte, Valazé, d'Escars, Loverdo et Berthezène, afin de rédiger les termes de la capitulation exigée.

La note remise à l'envoyé contenait dix lignes et trois articles :

Le premier signifiait que l'armée française occuperait Alger et tous ses forts, le lendemain à dix heures du matin ;

Le second, que la religion et les coutumes des musulmans seraient respectés ;

Le troisième, que le pacha et tous les Turcs sans exception quitteraient la ville, sans que pour cela ils perdissent leurs biens.

Houssin rencontra autour de lui une résistance trèsgrande à cet acte de soumission, que son intérêt personnel lui faisait une loi d'accepter.

Grâce à quelques distributions d'argent et aux instances des notables d'Alger, il obtint que la milice se rendrait à sa volonté, et afin de sonder une dernière fois les dispositions du général en chef, dans la matinée du 5 il envoya demander un délai pour la livraison des forts et l'entrée des troupes.

Pour toute réponse, le comte de Bourmont fit conduire les députés auprès d'une batterie élevée pendant la nuit à trois cents mètres de la Casbah, où le conseil réuni cherchait à gagner du temps.

A onze heures, les forts étaient occupés, et le général en chef ainsi que son état-major étaient logés dans le palais que le pacha venait d'abandonner à la hâte.

Suivant l'habitude qui les honore, les soldats français se montrèrent généreux. Malgré la présence des corps mutilés de leurs camarades jetés en dehors des portes, ils ne commirent aucun acte de vengeance contre les Turcs désarmés qui parcouraient la ville, ou contre les habitants. La prise d'Alger avait coûté mille hommes tués ou blessés et quarante-huit millions.

Le sang de ces mille braves enfants de la France assurait à l'Europe la plus grande sécurité pour son commerce dans les eaux de la Méditerranée, et le trésor de la Casbah payait les frais de la guerre.

L'ex-pacha fut embarqué le 10 juillet pour Naples, où il avait demandé à se retirer avec une centaine des siens.

Les soldats de la milice, non mariés, partirent pour

le Levant quelques jours après, au nombre de trois mille. Il restait dans l'enceinte d'Alger environ vingt mille habitants maures, kouloughis, kabyles, mozabites, biskeris, nègres et juifs.

Après le départ d'Houssin et des soldats turcs, le comte de Bourmont organisa un conseil municipal indigène chargé de veiller à l'ordre intérieur et à la protection des intérêts communs. Dès lors, Alger reprit ses anciennes habitudes et sa physionomie bariolée.

A l'extérieur, le bey de Constantine avait ramené ses contingents, ainsi que celui de Titery et l'aga d'Oran.

Les habitants de Blidah, ville située au pied du Petit-Atlas et à deux journées d'Alger, ayant envoyé une députation auprès du comte de Bourmont, devenu maréchal, une petite colonne forte de mille hommes d'infanterie, d'un escadron de chasseurs et de quatre pièces d'artillerie se mit en marche le 22 juillet dans le but d'y faire une reconnaissance.

Le 23, le maréchal campait sous les murs de la ville et les habitants se montraient remplis de bonnes intentions.

Le 24, au moment où les troupes commençaient leur mouvement de retraite, l'ennemi se montra de tous les côtés et les suivit avec beaucoup d'acharnement jusqu'en vue d'Alger. Cent hommes avaient été tués ou blessés, parmi lesquels M. de Tréhan, aide de camp du maréchal.

Le 2 août, le général Damrémont, envoyé d'Alger avec une brigade, occupait Bône sans combat.

Le 4, des groupes de cavaliers arabes se montrèrent aux environs d'Hippone, et furent dispersés par un détachement d'infanterie envoyé contre eux.

Le 5, l'ennemi revint plus nombreux et fit plusieurs attaques contre nos positions.

Les Kabyles de l'Édough étant venus se joindre aux Arabes, il y eut deux attaques de nuit sérieuses du 6 au 7 et du 11 au 12.

Dans ces trois affaires, le lieutenant Renault, déjà cité à l'attaque du fort l'Empereur, donna des preuves d'une grande intrépidité.

Malgré beaucoup d'audace, l'ennemi fut arrêté par le calme de nos troupes et dut se retirer après avoir essuyé de grandes pertes.

Le 18 août, le général Damrémont reçut l'ordre d'évacuer Bône et de ramener sa brigade à Alger.

A la même époque, Oran était occupé et presque aussitôt abandonné.

En même temps, on apprenait la chute du roi Charles X, et le maréchal de Bourmont ne recevant aucune nouvelle officielle du gouvernement du roi Louis-Philippe, regarda à bon droit ce silence comme le signe de sa retraite.

En effet, le 2 septembre, le général Clausel vint le remplacer.

La France ne lui doit pas moins toute la reconnaissance qu'il a méritée par la plus belle et la plus utile conquête que jamais général lui ait donnée. Le comte Clausel amenait avec lui les généraux Delort, Boyer et Cazan pour remplacer MM. Desprez, d'Escars et Berthezène rentrés en France.

C'est de cette époque mémorable que date la création des *zouaves,* ainsi appelés parce qu'ils furent recrutés dans la tribu kabyle des *Zouaoua* parmi lesquels les Turcs recrutaient aussi des soldats.

On en forma d'abord deux bataillons qui furent placés sous les ordres des capitaines Duvivier et Maumet. Sur ces entrefaites, le bey de Titery envoyait des coureurs arabes ravager la plaine autour d'Alger, et se permettait des menaces outrageantes pour notre armée.

Le général Clausel résolut de le châtier, et, le 17 novembre, il se mit en marche à la tête d'une colonne de huit mille hommes.

L'ennemi nous attendait au col de Mouzaïa avec quatre ou cinq mille fusils.

Les 14e, 20e, 28e et 37e le chassèrent de toutes ses positions et ne perdirent que deux cents hommes.

Le 24, la colonne campait sous les murs de Médéah dont les habitants nous ouvraient les portes..

Le bey Bou-Mezrag s'étant constitué prisonnier, le général Clausel investit à sa place un Maure d'Alger nommé Mustapha, et le mit sous la protection d'une garnison de mille hommes commandés par le colonel Marion. En arrivant à Blidah, on apprit que le colonel Rullière, laissé dans cette place avec deux bataillons, avait soutenu une attaque sérieuse contre un grand nombre de Kabyles descendus de l'Atlas.

Le 29, la colonne expéditionnaire rentrait à Alger sans avoir été inquiétée.

Mais à peine ces troupes avaient-elle repris leurs campements que les Arabes et les Kabyles attaquaient Médéah dont la garnison éprouvait de grandes pertes. Après avoir reçu de nouvelles troupes pendant le mois de décembre, Médéah fut évacuée le 4 janvier. Le bey d'Oran se voyant menacé par l'empereur du Maroc qui s'était emparé de Mascara, fit demander au général Clausel une garnison française.

Mers-el-Kebir et Oran furent occupés le 10 décembre. Dans les premiers jours de février 1831, le comte Clausel, ayant cru pouvoir traiter avec le bey de Tunis pour l'occupation d'Oran et de la province de Constantine par deux hommes de sa famille, fut rappelé en France et son traité ne reçut point la sanction du cabinet.

Le général Berthezène fut désigné pour le remplacer.

L'armée d'Afrique se trouvait alors réduite au chiffre de neuf mille hommes par suite d'une réduction demandée par le ministre de la guerre, selon les uns, proposée par le comte Clausel selon les autres. Quoi qu'il en soit, le nouveau gouverneur réclama des renforts et obtint les bataillons de dépôt et environ trois mille volontaires parisiens.

Le bey de Médéah étant pressé par les Kabyles recrutés par le fils de son prédécesseur, écrivait lettres sur lettres au général Berthezène qui marcha à son secours avec deux brigades.

La colonne parcourut le trajet d'Alger à Médéah sans combat. Il est plus que probable qu'il en eût été de même au retour si un bataillon eût été laissé dans la place.

Mais le gouverneur en se retirant emmena le bey que son prédécesseur avait investi, et pour lequel cette expédition venait d'être entreprise.

Cette faute attira contre lui un ennemi nombreux qui lui fit éprouver de grandes pertes pendant sa retraite. Fidèles à leurs habitudes, les tirailleurs kabyles occupaient les bois qui dominaient et bordaient la marche de nos colonnes, d'où ils faisaient contre elles un feu d'autant plus meurtrier qu'ils tiraient toujours sur des groupes et se dérobaient aux balles de nos soldats et à leurs baïonnettes. Cette seconde marche sur Médéah nous coûta trois cents hommes. Quelques jours après la rentrée des troupes, le prince de Joinville arriva à Alger, passa en revue l'armée d'occupation et partit pour l'Espagne où l'appelait une mission du roi. A peu de temps de là le général Berthezène fut remplacé dans son commandement par le général Boyer.

Le nouveau gouverneur assura l'occupation d'Oran et de Mers-el-Kebir où son prédécesseur avait envoyé le général Fandoas avec mille hommes ; et pour empêcher les places de Tlemcen et de Mostaganem de tomber au pouvoir des Arabes, il fit accorder une solde aux miliciens qui s'y trouvaient encore.

La ville de Bône, après avoir avoir été occupée une seconde fois, fut de nouveau abandonnée.

A peine le général Boyer avait-il pris les rênes du gouvernement, qu'il fut remplacé par le duc de Rovigo.

Le baron Pichon lui fut adjoint pour l'administration des affaires civiles. Mais quelques difficultés s'étant élevées entre les deux pouvoirs, le baron Pichon fut rappelé et remplacé par M. Genty de Bussy. Le duc de Rovigo établit une ligne de blockhaus, protégeant les abords d'Alger à une distance de plusieurs lieues, et fit transformer en hôpital militaire une maison de campagne jusque-là habitée par les gouverneurs.

M. Genty de Bussy créa les villages de Kouba et Delly-Brahim.

Le 4 mars, Bône était mise au pillage par les troupes du bey de Constantine sous les ordres de Ben-Aïssa.

Nous avons dit que cette ville avait été évacuée une seconde fois. Peu de temps après cette seconde occupation, quelques compagnies de zouaves indigènes, dont les chefs seuls étaient français, furent envoyées pour occuper la citadelle qui domine la ville.

Un ancien bey de Constantine, nommé Braham, ennemi juré d'Ahmed-Bey, alors au pouvoir, parvint à gagner la garnison de la Casbah, et se rendit ainsi maître de la place.

C'était pour ce fait que le bey de Constantine avait fait attaquer et piller la ville de Bône.

Braham-Bey impuissant à résister contre des forces de beaucoup supérieures aux siennes, ouvrit des relations avec les capitaines Yusuf, aujourd'hui général, et d'Armandez dans le but de livrer la Casbah aux Français. Il espérait, par cet acte, s'attirer la bienveillance du gouverneur, et pouvoir, avec son aide, marcher contre Constantine, pour reprendre la position qu'il avait perdue.

Les capitaines Yusuf et d'Armandez débarquèrent pendant la nuit, et furent introduits dans la Casbah avec une poignée de marins.

Quoiqu'il ne disposât que d'un petit nombre de soldats, dont la plupart étaient d'une fidélité plus que douteuse, le capitaine Yusuf ne craignit pas de faire une sortie contre Ben-Aïssa qui menaçait la citadelle.

Ce fait d'armes, auquel les habitants de Bône assistaient et applaudissaient du haut de leurs terrasses, et qu'ils nous ont raconté bien souvent, est un de ceux qui annoncèrent les qualités militaires et le courage vraiment héroïque dont le général Yusuf allait bientôt donner tant de preuves. Comme malgré tout son mérite, le jeune capitaine ne pouvait protéger longtemps la place avec des moyens si insuffisants, le général Monk-d'Uzer fut envoyé à Bône avec trois mille hommes.

Il suffit alors de deux sorties vigoureuses pour refouler au loin les Arabes et le lieutenant d'Ahmed-Bey. Pendant que ces événements se passaient à Bône, un marabout des environs de Mascara, Mahy-ed-Din élevait son fils Abd-el-Kader de manière à en faire un *chérif*, c'est-à-dire un homme désigné par le prophète pour commander aux vrais croyants et les conduire à la guerre contre les infidèles. Abd-el-Kader pouvait avoir alors vingt-cinq ans. Il commença à prêcher la guerre sainte et entraîner à sa suite quelques milliers de fanatiques contre la ville d'Oran, dont la garnison les repoussa sans trop de peine. Le duc de Rovigo ayant dû remettre son commandement pour cause de maladie, le général Avizard fut nommé gouverneur intérimaire. Pendant les dix jours de son pouvoir en Afrique, du 20 au 30 avril 1833, le général Avizard conçut l'idée et jeta les bases d'une organisation des plus utiles dont ce pays ait été doté depuis la conquête jusqu'à nos jours. Nous voulons parler des bureaux arabes.

Sans aucun doute, cette création n'a pas été améliorée comme elle devait l'être dans la suite, et aujourd'hui encore elle laisse beaucoup à désirer; mais, malgré ses imperfections, elle a rendu les plus grands services pendant la guerre et dans l'administration des tribus. Comme cette question sera traitée dans un autre chapitre, nous constaterons seulement ici que l'honneur de cette fondation appartient au général Avizard; et que le premier officier qui ait eu les capacités et le zèle nécessaires pour remplir des fonctions si difficiles fut le capitaine de zouaves de Lamoricière, illustré tant de fois depuis.

Le premier acte du baron Voirol, en prenant le gouvernement de l'Algérie, fut de demander l'occupation de Bougie.

Le général Trézel partit de Toulon avec le 79e, deux batteries d'artillerie et une compagnie de sapeurs.

Le 29 septembre, la flottille arrivait devant Bougie, qui la recevait à coups de canon. Le feu des navires sous les ordres de M. Parseval ayant éteint celui des forts, le débarquement put s'opérer sans de grandes pertes.

Mais la ville, occupée par un grand nombre de défenseurs kabyles, opposa une résistance tellement vigoureuse, qu'elle ne fut occupée entièrement ainsi que les forts, qu'après le cinquième jour. Le capitaine Renault, que nous avons déjà cité pour sa conduite au fort l'Empereur et à Bône comme lieutenant, se fit remarquer dans les attaques qui amenèrent la prise de Bougie.

Le général Trézel ayant été blessé dans ces attaques, le commandement de Bougie fut confié à M. Duvivier, chef de bataillon, instruit, comme M. de Lamoricière, sur les choses spéciales qui avaient rapport à l'Algérie. Dans les premiers jours de mai 1834, la tribu des Hadjoutes fit plusieurs démonstrations hostiles sur nos lignes en avant d'Alger, commit divers meurtres sur les Européens et pilla une tribu qui avait fait sa soumission à la France. D'après les conseils de M. de Lamoricière, cette tribu fut, ainsi que plusieurs autres, déclarée tribu auxiliaire ou *magzen*, et, pour la première fois, nos soldats marchèrent à l'ennemi avec des Arabes se battant pour la même cause.

On n'eut qu'à se louer de la conduite de ces nouveaux alliés qui contribuèrent beaucoup aux avantages obtenus contre les Hadjoutes.

A son retour à Alger, le général Voirol reçut une députation de l'Est demandant l'appui des armes françaises pour la prise et l'occupation de Constantine.

Les députés étaient El-Hassenaouï, dernier fils du kaïd des Hanenchah décapité par les ordres d'Ahmed-Bey, ainsi que douze de ses fils ou neveux, et lui-même évadé de prison pendant la nuit qui devait précéder son supplice, du kaïd de la Medjanah et de celui des Ouled-Madi.

On ne saurait trop regretter que le ministère d'alors n'ait pas cru devoir autoriser le général Voirol à répondre d'une manière favorable à ces chefs indigènes, et à entreprendre à cette époque l'expédition de Constantine. Certainement, le premier échec que nous éprouvâmes en 1836 n'aurait pas eu lieu, puisque le mauvais temps en fut la cause principale ; et tout porte à croire qu'un si grand coup frappé au cœur du pays aurait empêché Abd-el-Kader d'acquérir l'importance qu'il obtint depuis.

Le général Boyer, qui commandait à cette époque, ayant adopté vis-à-vis des Arabes le régime de la terreur, on crut devoir le rappeler, et il fut remplacé par le général Desmichels le 20 avril 1833.

Après avoir fait occuper Arzew et Mostaganem, ce qui eût été d'une bonne politique si les garnisons de ces places eussent été suffisantes, le gouverneur de la province d'Oran commit la faute de reconnaître l'autorité d'Abd-el-Kader en traitant avec lui.

Il est évident pour tous ceux qui, depuis cette époque, ont vécu au contact des Arabes et sont entrés dans leurs usages, leurs mœurs et leur constitution sociale, que le prestige qui a élevé cet homme aux yeux des indigènes lui est venu de nous.

Il n'est pas moins vrai qu'à cette époque il suffisait d'utiliser à notre profit un élément de force d'une grande puissance, les *zemèlas* et les *douairs* des tribus, pour battre en brèche ce pouvoir naissant et le faire disparaître, comme cette multitude de prétendus envoyés du Prophète que nous avons vus soulevant des populations nombreuses en quelques jours, et tombant à la première résistance sérieuse.

Cette force, le général Desmichels l'avait sous la main, et celui qui en disposait, Mustapha-ben-Ismaël, ancien aga des Turcs, trop fier pour obéir à un Arabe, vint lui offrir de marcher contre Abd-el-Kader.

Malheureusement le traité était signé, et ceux qui devaient être nos alliés devinrent nos ennemis.

Ce fut alors, aux yeux de toutes les tribus de la province d'Oran, une division de pouvoirs sanctionnée par la France, et d'après laquelle nous gardions la côte, abandonnant l'intérieur du pays à celui dont nous avions fait un émir.

Pendant que ces faits regrettables se passaient à Oran, le général Monk-d'Uzer obtenait, par la force et une bonne administration, la soumission complète des tribus de la subdivision de Bône.

Au mois d'avril 1834, une commission fut envoyée de Paris en Afrique afin de visiter les points que nous occupions sur le littoral, étudier les ressources du pays au point de vue de la colonisation, et enfin conclure s'il y avait lieu de conserver ou d'abandonner notre conquête.

L'opinion des membres de la commission étant généralement favorable à ce qu'ils avaient vu du pays soumis à nos armes, on conclut que les ports d'Oran, d'Alger, de Bougie et de Bône seraient occupés ainsi qu'un rayon de quelques lieues en avant de ces villes.

Cette décision montre combien à cette époque on connaissait peu les populations de l'Algérie.

En divisant l'armée d'occupation, réduite à vingt et un mille hommes, entre ces quatre points trop éloignés les uns des autres pour se protéger mutuellement, on se trouvait trop fort pour repousser les attaques d'un pareil ennemi, mais aussi trop faible pour rien entreprendre contre lui. D'un autre côté, en conservant une certaine étendue de territoire en dehors de nos places, nous offrions aux Arabes une occasion et un prétexte pour y faire des incursions qui devaient amener un état de désordre et de trouble permanent et sans résultat possible, à moins de sortir des limites que nous nous étions tracées et de porter la guerre dans l'intérieur.

Le premier acte du comte d'Erlon, nommé gouververneur le 25 juillet 1834, fut de dissoudre le bureau arabe.

Quelques jours après, toutes les tribus qui entouraient Alger étaient insurgées, et les colons qui avaient osé s'établir dans la plaine égorgés.

Dans l'Ouest, Abd-el-Kader préparait ses moyens d'attaque ; et, comme pour augmenter aux yeux des populations l'autorité de l'émir, le gouverneur envoyait auprès de lui, en qualité d'attaché, un officier d'état-major qui ne savait même pas l'arabe.

Cependant les négociants établis à Arzew s'étant plaints de ce que Abd-el-Kader prétendait accaparer le monopole du commerce, le comte d'Erlon eut connaissance d'un article du traité conclu par le général Desmichels, d'après lequel l'émir devait être maître des transactions qui se feraient dans ce port ; le général Desmichels fut rappelé. Le général Trézel lui succéda.

Le nouveau gouverneur de la province de l'Ouest, comprenant les fautes commises et désirant ne point s'y associer, sut attirer à lui les zemèlas et les douairs et s'en faire des alliés.

Abd-el-Kader ayant envoyé El-Mezary, son *kalifa*, pour les attaquer, le général Trézel marcha à sa rencontre et l'obligea à se retirer.

Abd-el-Kader se montra alors en personne, à deux lieues d'Oran, à la tête d'un rassemblement considérable de cavaliers et de fantassins; le général Trézel, afin de protéger efficacement ses nouveaux alliés, sortit d'Oran avec deux mille hommes.

L'action fut engagée en avant du camp du Figuier, sur un terrain boisé, accidenté et aussi favorable à l'ennemi qu'il était contraire à nos troupes. Aussi, nos pertes furent-elles considérables, relativement au nombre de soldats composant la colonne, et la journée ne fut marquée par aucun bon résultat.

Un des meilleurs officiers de l'armée, le colonel Oudinot, fut tué dans cette affaire en chargeant à la tête du 2e régiment de chasseurs d'Afrique.

Ayant campé dans la plaine du Sig, le général Trézel résolut d'effectuer sa retraite sur Arzew. Mais, soit qu'il ne connût point le pays, soit que ses guides l'aient trompé, toujours est-il qu'il se trouva bientôt engagé dans une série de défilés étroits et couverts que l'ennemi occupait déjà avec dix mille fusils.

Surprise par un feu terrible et des hurlements inattendus, l'avant-garde se replia en désordre sur le centre de la colonne.

Les tirailleurs, perdus dans les broussailles, ne se voient pas à dix pas et sont égorgés sans pouvoir se servir de leurs armes.

L'arrière-garde est attaquée en même temps et avec la même vigueur.

Les Arabes arrivent sur l'étroit sentier suivi par nos soldats marchant à la file ; le convoi est coupé et le plus grand désordre se répand parmi cette troupe ahurie et devenue sourde à la voix des chefs.

Heureusement un groupe d'officiers et de sous-officiers se forme sur un mamelon qui domine la gorge ; chacun y court de son côté, et lorsqu'on a rallié trois cents hommes, on fond à la baïonnette sur les Arabes occupés à égorger les blessés.

Ce mouvement hardi, aidé par quelques coups tirés à mitraille et bien dirigés, sauva l'honneur de nos armes.

Plus de huit cents hommes furent mis hors de combat dans cette fatale journée.

Il est inutile d'ajouter qu'aux yeux des Arabes, Abd-el-Kader était désormais un grand général, un vrai chérif, et tout ce qu'il voudrait être ou paraître.

Après le désastre de la Macta, le général Trézel fut remplacé par le général d'Arlanges. Peu de temps après, le comte d'Erlon fut rappelé, et le maréchal Clausel lui succéda le 1er juillet 1835.

Abd-el-Kader ayant envoyé Sidi-Oumbark, un de ses lieutenants qu'il avait nommé bey à Milianah, faire une démonstration avec des contingents considérables contre Alger, le maréchal avec quatre mille hommes seulement dispersa ces hordes, et les poussa jusqu'au pied du Petit-Atlas. Mais il fallait mieux que ce petit succès pour venger notre défaite si récente, et montrer aux indigènes que le nombre n'est pas toujours la force.

Les pertes que nous avions éprouvées dans l'affaire de la Macta avaient excité en France un grand et légitime désir de représailles, et ce désir, vivement senti dans toutes les classes de la société, ne le fut pas moins dans la famille royale.

L'aîné des fils du roi, le duc d'Orléans, demanda et obtint l'honneur de faire cette campagne.

Le corps expéditionnaire était fort de dix mille hommes, et se composait des 2e et 17e légers, d'un bataillon de zouaves, des 11e et 47e de ligne, de plusieurs compagnies d'élite choisies dans divers régiments, de quatre compagnies de sapeurs et de douze pièces de montagne ou de campagne.

Partie d'Oran le 25 novembre, la colonne expéditionnaire se dirigea sur Mascara, dont Abd-el-Kader avait fait son quartier général.

Ce fut seulement vers le pays boisé qui borde l'Habra que l'ennemi se montra en nombre. La résistance fut sérieuse et, à diverses reprises, dans les journées du 1er et du 3 décembre, notre infanterie dut aborder à la baïonnette l'infanterie régulière d'Abd-el-Kader. Deux fois aussi des positions nous furent disputées avec acharnement ; mais le duc d'Orléans, tantôt à pied comme un simple capitaine d'infanterie, tantôt à cheval, quand le terrain le permettait, enleva ces positions à la tête de quelques compagnies du 17e léger et des bataillons d'Afrique. Enfin l'ennemi fut culbuté, délogé de tous les passages qu'il avait fortement occupés, et le soir, au bivouac, officiers et soldats ne parlaient que de la bravoure toute française du duc d'Orléans.

Abd-el-Kader avait en hâte pris la fuite vers Mascara, qu'il fit évacuer par les musulmans, après avoir détruit ou emporté tout ce qui aurait pu nous être utile.

Le 6, au soir, le prince était logé dans la maison qu'avait occupée Abd-el-Kader et les troupes se trouvaient établies dans la ville et ses faubourgs. L'émir et ses partisans avaient gagné le Sud ; la saison étant trop avancée pour le poursuivre, le maréchal opéra sa retraite sans être inquiété.

Le duc d'Orléans, atteint d'un accès de fièvre pernicieuse, suite des fatigues et surtout des intempéries auxquelles tout le monde s'était trouvé exposé pendant cette campagne, dut, à son grand regret, rentrer en France. Ce regret fut vivement partagé par les officiers et les soldats qui avaient vu et apprécié ses qualités militaires ainsi que l'affabilité de son caractère si beau et si bon.

Un mois après cette défaite, Abd-el-Kader menaçait

Tlemcen gardé par quelques centaines de Koulouglis ; le gouverneur se porta à leur secours. Mais l'émir, n'ayant pas une force suffisante, n'attendit pas l'arrivée de nos troupes.

Cependant deux colonnes mobiles, ayant pour auxiliaires Mustapha-Ben-Ismaël et ses douairs, furent envoyées à sa poursuite. Les contingents de l'émir furent atteints, battus, dispersés et lui-même faillit être pris par les cavaliers de Mustapha.

Si le maréchal avait profité de ces avantages, il est certain que c'en était fait d'Abd-el-Kader.

Abandonné par les tribus qu'il avait réussi à soulever contre nous; impuissant à trouver d'autres moyens de résistance si on l'avait vu poursuivi; rencontrant dans nos rangs, parmi ses adversaires, une cavalerie indigène essentiellement hostile, parfaitement au fait du pays et commandée par un homme rompu à ce genre de guerre, l'émir était, dès ce moment, perdu sans ressource ; il est certain, disons-nous, que cette campagne eût été la dernière contre Abd-el-Kader.

Mais le gouverneur en décida autrement et se contenta de faire occuper faiblement la ville de Tlemcen, sans même avoir préalablement ouvert des relations entre les tribus voisines et la garnison.

Cette faute fut presque aussi grande que la première:

Que pouvait-on espérer d'un bataillon laissé dans la

citadelle de Tlemcen, à plusieurs journées de marche d'Oran qui seul pouvait le secourir ?

Voulait-on que le capitaine Cavaignac, avec cinq cents hommes, entreprî' la soumission des tribus environnantes qui pouvaient lui opposer six mille fusils dans un pays difficile ?

Cette impossibilité n'ayant pas besoin d'être démontrée, espérait-on que les indigènes ravitailleraient la garnison ?

Dans le cas contraire, qui devait nécessairement être vrai, il fallait, au bout d'un temps donné, amener d'Oran les vivres nécessaires, et on ne pouvait le faire sans une force imposante, puisque le pays à parcourir était insoumis.

Il était, en outre, à peu près certain que cette petite garnison serait bientôt le but des attaques de l'émir et des indigènes.

Après avoir donné quelques jours de repos aux troupes, le maréchal se replia sur Oran sans éprouver de résistance sérieuse.

Dans les premiers jours d'avril, le gouverneur organise une expédition ayant pour but de faire reconnaître le bey Mohamed-Ben-Houssin aux tribus qui avoisinent Médéah.

Cette entreprise n'obtint pas le succès qu'on en espérait ; parce qu'il fallait rayonner longtemps et peser au cœur du pays; tandis qu'on ne fit que paraître et disparaître sans même laisser une garnison à Médéah.

Ainsi, partout et toujours on commet la même faute qui entraîne les mêmes résultats : faiblesse aux yeux des populations qui s'insurgent, occupation fictive ou insuffisante de points éloignés qu'il faut constamment secourir et ravitailler; de là ces expéditions successives, nombreuses et difficiles, qui ont coûté tant de monde et tant d'argent. On ne saurait nier aujourd'hui que si, à cette époque, les troupes qui se trouvaient dans les provinces d'Alger et d'Oran avaient été assez nombreuses pour être établies en permanence à Médéah, Tlemcen et Mascara, afin d'agir contre les tribus au moyen de colonnes mobiles, le pays eût été promptement pacifié.

Comment pouvait-on espérer que ces populations, si éloignées du littoral, feraient une soumission *sérieuse* quand elles nous voyaient traverser leur pays, et revenir toujours à notre point de départ d'où elles n'avaient rien à craindre? Aussi cette pointe sur Médéah n'amena-t-elle que des engagements meurtriers pour nos soldats, qui tombaient sans utilité et sans gloire.

Le comte Clausel, ayant compris que ce genre de guerre n'aurait d'autre résultat que de faire décimer ses troupes en détail, conçut un projet d'attaque et d'occupation tout à fait en rapport avec la nature du pays et de l'ennemi qu'il avait à combattre.

Son plan consistait à former un corps de dix mille hommes dans chaque province :

A marcher en même temps du Nord au Sud vers les centres de révolte ;

A occuper les villes de l'intérieur et à former des camps retranchés sur les positions stratégiques qui permettraient à des colonnes mobiles, allégées de tout bagage, de frapper rapidement les grandes tribus.

Hâtons-nous de dire que ce plan fait le plus grand honneur au maréchal et qu'on ne peut lui reprocher qu'une chose, l'insuffisance des moyens d'exécution.

Ce n'était pas trente mille hommes qu'il fallait, mais soixante mille, c'est-à-dire vingt mille par province.

Or, il était permis au maréchal d'ignorer toutes les ressources d'un ennemi qu'il n'avait fait qu'entrevoir, toutes les difficultés d'un pays dont la plus grande partie lui était inconnue ; et, d'ailleurs, s'il entreprit une tâche si difficile avec un effectif de troupes certainement trop faible, on doit s'en prendre à la résistance inintelligente des Chambres, qui lésinaient toujours en pareil cas.

Pendant que le gouverneur discutait à Paris le chiffre de troupes qui serait mis à sa disposition, il était remplacé provisoirement par le général Rapatel.

Vers la fin d'avril, la grande tribu des Gharabas ayant attaqué nos alliés, les douairs établis près d'Oran, le général Perregaux fit contre eux une sortie vigoureuse et qui leur coûta cher.

Malheureusement on lui retira aussitôt une partie de ses troupes, et, obligé de rester dans l'inaction, il perdit le fruit de cette victoire.

Peu de jours après, le général d'Arlanges, chargé d'établir un camp retranché à l'embouchure de la Tafna, se voyait menacé par Abd-el-Kader à la tête de dix à douze mille hommes.

L'action ayant été engagée sur un terrain favorable à l'ennemi, la colonne française, forte de deux mille cinq cents hommes seulement, éprouva de grandes pertes et dut se replier dans ses retranchements. Dans cette affaire, le général d'Arlanges fut blessé ainsi que trois de ses aides de camp, le colonel Maussion et les capitaines de Lagondie et de Martimprey, aujourd'hui commandant en chef des troupes d'occupation en Algérie.

Un fait digne de remarque et dont ont profité les généraux qui ont débuté en Afrique dans les grades inférieurs, c'est qu'une colonne de deux ou trois mille hommes a toujours eu raison, et sans éprouver de pertes sensibles, des plus gros rassemblements arabes quand l'action a eu lieu en pays découvert; et lorsqu'il fallait aborder l'ennemi sur un terrain difficile et impropre au déploiement des masses, avec la même force on obtenait le même résultat en n'engageant que *le moins de monde possible.*

Cependant Abd-el-Kader, voyant nos troupes se retirer dans le camp retranché de la Tafna, répandit le bruit qu'il nous avait mis en fuite, que nous étions bloqués; cette nouvelle rassembla autour de lui de nouveaux et nombreux contingents.

Mais quels que fussent leur nombre et leur audace, ils ne purent que menacer les abords du camp et empêcher les communications extérieures.

Le général d'Arlanges ayant demandé des renforts à Alger afin de prendre l'offensive, on lui répondit que les Hadjoutes étaient maîtres de la plaine et venaient égorger les soldats isolés et les colons à portée de canon de la place.

Le général Rapatel s'empressa néanmoins de faire partir un bataillon pour Oran, et d'informer le ministre de la guerre de la position de nos troupes et de l'état de nos affaires dans l'Ouest.

C'est alors que, dans les premiers jours de juin, le général Bugeaud fut envoyé dans cette province avec trois régiments d'infanterie, les 23e, 24e et 62e.

Après avoir ravitaillé la garnison de Tlemcen et dispersé les rassemblements peu sérieux qui avaient tenté d'inquiéter sa marche, le général se trouva, le 6 juillet, en présence d'Abd-el-Kader, dans la vallée de la Sika.

L'émir présentait en bataille environ huit mille hommes, dont un cinquième d'infanterie régulière, formée d'après ce qu'il avait observé chez nous. Cette organisation des réguliers, l'emploi qu'Abd-el-Kader fit toujours de cette force, prouvent surabondamment qu'il n'était pas, comme homme de guerre, à la hauteur d'un sous-officier de zouaves.

Ce qui démontre chez l'émir l'absence de l'esprit d'observation et de jugement qu'on lui a prêté, c'est que, après avoir vu ses bataillons réguliers ne point tenir contre les nôtres et se laisser sabrer par nos chasseurs d'Afrique, nos spahis et même par la cavalerie auxiliaire quand elle était soutenue, il n'a pas moins continué à nous les opposer sur un terrain accessible à la cavalerie.

Si, au lieu de sacrifier ainsi à coup sûr cet élément de force, Abd-el-Kader avait su l'utiliser à propos, il ne nous eût jamais fait qu'une guerre de tirailleurs, d'embuscades, de surprises, sans jamais se présenter à découvert; la guerre ne serait pas terminée aujourd'hui, et il en serait encore le drapeau et le maître.

Supposons, pour un instant, qu'au lieu d'opposer une résistance inutile et qui, en amenant des défaites, ne pouvait que nous grandir et l'abaisser aux yeux des populations, l'émir, avec mille réguliers seulement, se fût appliqué à suivre de loin les mouvements de nos colonnes qu'il aurait toujours précédées dans les passages boisés, difficiles, où ses hommes dispersés et embusqués auraient tiré à coup sûr sans se livrer jamais aux coups de nos soldats; supposons, qu'en plaine et dans les vallées, il eût fait suivre nos colonnes par vingt cavaliers seulement, choisis parmi les mieux montés et les meilleurs tireurs;

Que serait-il arrivé?

Nous sommes en plaine. Le général en chef aperçoit deux ou trois cavaliers sur sa droite, autant sur sa gauche à une distance de mille mètres.

Ce n'est vraiment pas la peine d'y faire attention. Au bout d'une heure il fait sonner halte; le premier bataillon s'arrête, forme les faisceaux, puis le second arrive, puis le troisième et bientôt trois, quatre, cinq mille hommes se trouvent massés, si près les uns des autres, qu'il est presque impossible qu'une pierre lancée au milieu d'eux tombe à terre sans avoir touché quelqu'un.

Alors, pendant cette halte de cinq minutes au moins, trois ou quatre cavaliers arabes ont mis pied à terre et, profitant du moindre obstacle, d'une pierre, d'une touffe d'arbres, ils se sont avancés à trois ou quatre cents mètres; et au moment où l'on sonne pour se remettre en marche, ils ont ajusté au beau milieu des bataillons et envoyé chacun deux balles.

Un homme est tué ou blessé; on le met sur un cacolet, et c'est à peine si on le saura de la tête à la queue de la colonne.

Du reste, les cavaliers ont disparu.

A la seconde halte, on ne voit personne; mais trois ou quatre coups de feu se font entendre et on crie encore une fois : un cacolet!

Un peu plus loin on s'arrête à deux cents mètres d'un bois pour se reposer pendant une heure et faire le café.

A quoi bon mettre des postes avancés quand on ne voit aucun ennemi, et d'ailleurs à quoi serviraient-ils?

Les faisceaux étant formés, une partie des hommes court à la source ou à la rivière, l'autre au bois. C'est là que, couchés sur le ventre au milieu des fourrés, attendent les fantassins réguliers facilement dressés à cette chasse.

Un coup de fusil part, et sortant du maquis en poussant des hurlements qui étonnent les plus braves, ils tombent sur les hommes isolés occupés à faire du bois, et sur la garde s'il y en a une.

Puis ils disparaissent après avoir tué ou blessé une vingtaine d'hommes.

La chose est assez sérieuse pour que le commandant en chef prenne ses précautions avant de s'engager sur le chemin qui traverse la forêt.

Si cela se peut, il fera occuper à l'avance les positions

qui domineront sa marche ; il se fera flanquer par une ligne de tirailleurs et fera reconnaître le défilé.

Mais si la nature du pays rend ces mesures possibles, nous n'avons que faire de vous attaquer là, et vous en serez pour vos peines.

Donc, vous avez franchi ce défilé sans voir âme qui vive et sans entendre un seul coup de fusil. Un peu plus loin vous traversez un ruisseau bordé de gros lentisques, mais sur une largeur de vingt mètres seulement.

Un ennemi sérieux ne saurait être contenu dans un si petit espace.

Le ruisseau coule ; les hommes ont soif; on s'arrêtera pour remplir les bidons.

Les bataillons se forment à cent mètres de la lisière du bois, et mille coups de fusil sont tirés à cette distance sur les compagnies *massées*.

La fumée se dissipe et on ne voit rien. Les uns ont couru en amont, les autres en aval à l'abri des broussailles, et avant que la cavalerie soit arrivée, il est déjà trop tard; ceux qui vous ont traîtreusement fusillés sont hors de toute atteinte.

Nous passons les enlèvements de convois, les attaques de nuit à l'*arme blanche* sur les postes isolés, etc.

Mais nous admettons comme certain, d'après ce que nous avons pu voir pendant une série de quinze années passées en Afrique, et de nombreuses expéditions en pays de plaines et de montagnes ; nous regardons comme certain qu'un homme intelligent, hardi, ayant *du coup d'œil* et la connaissance exacte du pays, pouvait, avec *mille* fusils, nous mettre hors de combat au moins trois ou quatre cents hommes à chaque sortie de quinze jours ; et cela sans éprouver de son côté de pertes sensibles.

Or, si on considère que la moyenne de la durée des expéditions était d'un mois, et qu'on en faisait cinq ou six par an, on verra clairement qu'Abd-el-Kader pouvait nous tuer ou nous faire tuer chaque année quinze ou vingt mille hommes au moins, sans fatiguer les tribus par les pertes excessives auxquelles il les a exposées, et qui ont amené sa chute.

N'ayant pas compris ces choses si simples, et d'une exécution si facile avec les éléments naturels dont il disposait, l'émir ne doit pas être regardé comme un homme de guerre, mais comme un chérif, un marabout un peu plus influent que tous les autres, par le seul fait que des généraux français ont traité avec lui d'égal à égal ; que plusieurs d'entre eux ont commis des fautes à son profit, et que le gouvernement, ou plutôt les Chambres, ont toujours lésiné quand d'autres ont demandé les moyens d'en finir.

Et quand nous disons des moyens pour en finir, c'est

moins de l'émir que nous voulons parler, que des tribus hostiles, avant comme après lui.

Enfin le 6 juillet, près de la Sika, le général Bugeaud se vit attaqué par huit mille Arabes, Kabyles et réguliers, commandés par Abd-el-Kader.

On se rua de tous côtés sur nos troupes qui attendirent cette attaque désordonnée sans broncher; puis par une manœuvre intelligente, le général Bugeaud isola la cavalerie des réguliers qui furent sabrés.

Cette journée coûta deux mille hommes à l'ennemi, et quarante à notre armée, forte de cinq mille hommes.

Après ce coup qui lui valut la désaffection de plusieurs tribus, l'émir se retira à Tekedempt, bourgade située dans le Sud au delà de Mascara.

Dans le courant du mois de septembre, M. Bugeaud rentra en France avec le grade de lieutenant-général.

Le comte Clausel, quoiqu'il n'eût obtenu qu'une partie des troupes qu'il avait demandées, résolut de mettre ses projets à exécution en se portant en personne contre le bey de Constantine. Déjà il avait prononcé sa déchéance en lui substituant le commandant Yusuf, auquel nous devions l'occupation de Bône, de La Calle et de nombreuses et utiles relations dans les tribus de l'Est.

Grâce à la bonne administration du général Monk-d'Uzer et à l'intermédiaire de Yusuf-Bey, cette partie de nos possessions jouissait d'une tranquillité qui faisait un grand contraste avec ce qui se passait à Alger et à Oran.

Ahmed-Bey se trouvait à Constantine dans une position qui devait rendre l'entreprise du maréchal moins difficile qu'elle ne l'eût été dans les conditions normales.

A l'époque de la prise d'Alger, nous avons vu qu'il avait amené ses contingents au secours du pacha.

Après l'occupation de la capitale par nos troupes, il reprit le chemin de Constantine dont il trouva les portes fermées. Les habitants de la ville, d'accord avec les grandes tribus de la province, qui étaient lasses des exactions et des cruautés du bey, avaient demandé à Seliman, son kalifa et son beau-frère, de prendre sa place, ce qu'il refusa. On nomma alors un ambitieux du nom de Kouckouk-Ali.

Les choses en étaient là quand Ahmed, à force d'argent, recruta un grand nombre de Kabyles, parvint à corrompre les défenseurs de la place, et à y rentrer moins par la force que par la ruse.

Kouckouk-Ali avait été assassiné, et Seliman s'était retiré d'abord en Kabylie, ensuite à Tunis, d'où il vint, à l'époque où nous sommes arrivé, offrir ses services à Yusuf-Bey contre Ahmed-Bey.

C'était un homme d'autant plus utile à notre cause,

qu'il connaissait la province entière et la place de Constantine mieux que qui que ce fût; qu'il avait parmi les Arabes une grande réputation de bravoure et d'équité; et enfin que la haute position qu'il avait occupée longtemps dans les affaires militaires et administratives lui donnait beaucoup de valeur.

Yusuf-Bey lui fit bon accueil, et l'établit auprès de lui dans le camp de Dréan, situé à quelques lieues en avant de Bône sur la route de Constantine.

On se souvient peut-être d'un nommé El-Hassenaouï, dont nous avons parlé à propos d'une députation qui vint offrir ses services à Alger contre le bey de Constantine. Nous avons dit alors que ce jeune homme, fils du *cheïk* des Hanenchah avait été arrêté avec son père et douze de ses proches. Chaque jour Ahmed-Bey faisait décapiter un des prisonniers par rang d'*âge*.

Resté seul le douzième jour, El-Hassenaouï se prit à regarder les barreaux de la seule fenêtre qui donnait du jour dans sa prison, et se demanda s'il ne ferait pas bien d'essayer de les rompre pour ne pas attendre le lendemain. Vers le milieu de la nuit, il s'éleva jusqu'à la fenêtre, et grâce à une force peu commune, il fut bientôt sur les toits. De maison en maison, il put descendre ou plutôt sauter dans une rue et se mêler, quand vint le jour, à la foule qui se pressait aux portes pour sortir.

Une fois dehors, il se trouva nu-pieds, avec un burnous en lambeaux, sans une obole, sur un pied de neige, et dans un pays qu'il voyait pour la première fois. En regardant autour de lui pour s'orienter, il aperçut une mosquée située sur la montagne qui domine Constantine à l'Ouest.

Mosquée étant synonyme de maison de Dieu et de charité, El-Hassenaouï se dirigea de ce côté, et fut accueilli comme un pauvre.

Déjà il se croyait en sûreté quand un bruit de chevaux se fit entendre au dehors, et deux cavaliers du bey entrèrent dans la salle commune en criant : « Où est-il l'enfant qui va pieds-nus sur la neige, et dont nous suivons les traces jusqu'ici ? »

Au moment où le second cavalier franchissait la porte d'entrée, El-Hassenaouï, qui se trouvait heureusement accroupi à côté d'elle, se glissa dehors, et, tournant la mosquée, se précipita de rochers en rochers jusqu'au pied de la montagne, où il resta évanoui jusqu'au jour.

A son réveil, il put se traîner jusqu'à un douar voisin dont il voyait la fumée et, s'étant fait connaître, il obtint un cheval et un guide pour gagner la Kabylie.

De là il se rendit à Tunis, et quand Bône fut occupée définitivement, il vint offrir ses services à la France.

Yusuf-Bey employa El-Hassenaouï dans plusieurs

affaires contre les troupes envoyées par Ahmed-Bey, et n'eut qu'à se louer de son zèle et de sa bravoure.

Mais le cheïk des Hanenchah nommé par Ahmed-Bey à la place de celui qu'il avait fait mourir, craignant les représailles de son fils après l'expédition qui se préparait contre Constantine, résolut de s'en défaire ou, au moins, de l'éloigner de nous.

A cet effet, il envoya un des siens auprès de Yusuf-Bey qui, dans son désir de bien faire, eut le tort de l'accueillir. El-Hassenaouï, comprenant qu'il avait tout à craindre de la présence de cet émissaire dans le camp français, fit des observations à Yusuf-Bey et alla même jusqu'à lui demander de choisir entre le nouveau cheïk des Hanenchah et lui-même. N'ayant obtenu que des réponses évasives, El-Hassenaouï déserta notre cause avec bon nombre de cavaliers d'élite nous servant sous ses ordres, et vint se mettre à la disposition du bey de Constantine, qui s'empressa d'accepter ses services.

Ahmed-Bey, désirant se l'attacher, le mit aussitôt en mesure de tirer une vengeance éclatante du cheïk des Hanenchah qui, d'après lui, avait demandé la mort de son père et de tous les siens.

Après une marche rapide qui prévint tout avertissement, El-Hassenaouï arriva à l'heure du souper en présence de la zemêla.

La moitié de son monde ayant mis pied à terre, il se

dirigea vers la tente du cheïk qui prenait son repas du soir entouré de quelques grands du pays.

Sans prononcer une seule parole El-Hassenaouï tira le cheïk devant sa tente et, à l'aide d'un maillet qu'il trouva sous sa main, lui rompit la tête.

Après cette exécution rapide, il rentra sous la tente, prit par la main la fille du cheïk en présence de ses frères terrifiés et l'emmena en leur disant : *Voilà comme un homme se venge.*

On verra par la suite des événements qui se sont accomplis dans cette partie de nos possessions en Afrique, combien la défection de ce chef nous créa d'embarras et nous coûta de pertes en hommes et en argent.

Nous avons dit que le bey de Constantine se trouvait dans une situation favorable à l'entreprise qui se préparait contre lui. Après la révolte qu'il avait déjouée à son retour d'Alger, il avait fait mourir les miliciens turcs, moins une centaine qu'il avait gardés comme artilleurs. Il s'était privé ainsi de la seule force qui le faisait supporter par les populations; et pour y suppléer il avait recruté une infanterie kabyle dont le commandement fut confié à un forgeron nommé Ben-Aïssa.

Pour cavalerie, il avait les *goums* des Arabes nomades sous les ordres du kalifa Ben-Ganah, son parent, dont cependant il avait empoisonné le frère.

Les grandes tribus lui étaient généralement hostiles;

mais El-Hassenaouï disposait de celles de l'Est, et nous verrons bientôt les moyens inqualifiables que le bey employa pour exciter contre nous le fanatisme des autres.

Pendant que la concentration des troupes destinées à opérer contre Constantine se faisait à Bône, Yusuf-Bey et Seliman entretenaient une correspondance secrète et active avec ses principaux habitants.

Seliman les connaissait tous et avait leur confiance. D'après les termes de cette correspondance, l'armée n'avait qu'à se présenter devant la ville pour que les portes lui fussent ouvertes.

Yusuf-Bey, à force de lire des lettres remplies de ces assurances, finit par y croire.

Il n'en était pas de même de Seliman qui, beaucoup plus âgé, et connaissant personnellement ceux qui écrivaient, se tenait toujours dans une grande réserve et insistait pour que l'on prît toutes les mesures qui pouvaient amener le succès devant une résistance sérieuse.

Dans une visite que le maréchal Clausel fit au parc d'artillerie avec son état-major, il demanda à Seliman quelles étaient les pièces qui lui paraissaient convenir le mieux pour le siège de Constantine.

Seliman répondit que les plus grosses, en montrant celles de 12, pourraient seules entamer les remparts qui dataient de l'époque romaine.

Comme on lui objectait qu'avec des troupes françaises et des pièces de 8 on pouvait aller jusqu'au Sahara, Seliman répondit qu'il était entré dans Tugurt avec trois cents fantassins turcs et sans artillerie ; mais qu'il n'en pouvait être de même pour Constantine, la ville la plus forte du pays.

Enfin il insista pour qu'on amenât les pièces de 12, et des vivres en quantité suffisante pour faire le siége, si, comme c'était possible, les portes ne s'ouvraient pas. Seliman ajouta que la saison était mauvaise et qu'il vaudrait mieux attendre au printemps.

Malgré ces conseils d'une sagesse irrécusable et donnés par l'homme le plus compétent et le plus intéressé à notre succès, le maréchal se contenta d'un convoi qui n'assurait la subsistance des troupes que jusqu'à leur arrivée devant la place, et d'une artillerie de petit calibre et approvisionnée à cent coups par pièce. Le corps expéditionnaire fort de huit mille hommes, chiffre suffisant, se mit en marche le 13 novembre. Le duc de Nemours, désirant partager les fatigues, les dangers et la gloire de nos troupes, avait demandé et obtenu du roi l'autorisation de faire cette campagne.

Le 15, l'armée campait près de Guelma, où on laissa les malades et les écloppés.

Le 21, dans la matinée, l'avant-garde arrivait sur le

plateau de Mansoura, qui domine Constantine à portée de canon.

Rien ne prouve mieux les bonnes dispositions des Arabes pour nous que cette marche tranquille de Bône à Constantine.

Dans la place, il en était autrement.

Les ennemis du bey, c'était le plus grand nombre, voulaient que les portes fussent ouvertes à notre armée. Mais, à côté d'eux, il y avait un parti gagné à force d'argent et soutenu par Ben-Aïssa et les deux mille Kabyles chargés de défendre la ville.

On sut qu'Ahmed-Bey, ne se croyant pas en sûreté dans ses murs, avait jugé prudent d'en sortir.

On l'apercevait, en effet, au milieu d'un groupe de cavaliers qui observaient les mouvements de nos troupes. Le maréchal s'étant avancé jusqu'à l'extrémité du plateau de Mansoura, d'où l'œil plonge dans tous les quartiers de Constantine, un boulet vint ricocher aux pieds de son cheval. C'était le signal de la résistance.

Après avoir étudié rapidement les points d'attaque, le comte Clausel prit des mesures pour commencer les travaux sans attendre le lendemain.

Constantine est bâtie sur un rocher inaccessible au Nord, et coupé par un ravin profond et infranchissable à l'Est et au Sud. A l'Ouest, la place est défendue par un mur d'une grande solidité et haut d'environ dix mètres.

Deux portes s'ouvrent sur ce côté qui forme comme une presqu'île ; une troisième donne sur le pont d'El-Kantara, jeté par les Romains sur le ravin du côté Sud-Est, en face et au pied de Mansoura.

L'attaque de ce côté ne pouvait réussir qu'en détruisant la porte, derrière laquelle on devait s'attendre à trouver de nouveaux obstacles.

Il était plus rationnel d'occuper le mamelon qui domine la place à l'Ouest et d'y établir des batteries pour battre en brèche à petite portée.

C'est ce que fit le maréchal.

Le général de Rigny avec sa brigade et six pièces de 8 devait s'établir à Coudiat-Aty et battre les murs du côté de Bab-el-Oued.

Malheureusement le passage du Rummel, grossi par les pluies, était devenu si difficile, que l'artillerie de campagne ne put le franchir.

Le général de Rigny se porta sur Coudiat-Aty avec ses obusiers ; il balaya les Kabyles de Ben-Aïssa, sortis de la ville pour l'attaquer, et prit ses bivouacs à portée de canon de la place.

Le 22, l'artillerie épuisa la moitié de ses munitions contre la porte d'El-Kantara et le redan de Bab-el-Oued.

L'attaque de Mansoura eut pour résultat de briser en

partie une porte derrière laquelle apparut une seconde plus solide encore que celle qu'on venait d'entamer ; l'attaque de Coudiat-Aty montra que les pièces de 12 laissées dans le parc de Bône n'auraient pas été de trop.

Pendant la nuit du 22 au 23, les capitaines Hacket et Grand, du génie, firent chacun de leur côté une reconnaissance ; le premier à la porte d'El-Kantara, le second à celle de Bab-el-Oued.

Dans la journée du 23, Ahmed-Bey fit attaquer par les contingents arabes qui l'entouraient, la position de Mansoura et celle de Coudiat-Aty ; mais quelques charges de cavalerie, appuyées par des obus, suffirent pour les mettre en déroute.

Dans la nuit du 23 au 24, le génie reçut la mission périlleuse de faire sauter les portes d'El-Kantara et de Bab-el-Oued.

La première attaque fut confiée au général Trézel et au capitaine Hacket ; la seconde au colonel Duvivier, au commandant Richepanse et au capitaine Grand.

A El-Kantara, les sapeurs traversent le pont au pas de course et arrivent à la porte, où ils sont reçus par un feu des plus meurtriers.

Les compagnies chargées de les suivre arrivent à leur tour et sont également décimées par un feu roulant tiré à quelques mètres et sur des masses.

Les sapeurs chargés de faire sauter la porte ayant été

les premiers tués, on hésite, on cherche, on se mêle, et l'ennemi profite de cette confusion pour redoubler son feu.

Enfin les abords de la porte et la moitié du pont sont encombrés de cadavres ; le général Trézel, blessé grièvement, a remis son commandement au colonel Héquet, qui prend le sage parti de faire cesser une attaque inutile et désastreuse.

Au même moment, la même scène se répétait à Bab-el-Oued. Là on tire sur la porte à coups d'obusiers ; puis on l'attaque à coups de hache, et finalement on se retire après avoir perdu un grand nombre de braves, parmi lesquels le commandant Richepanse et le capitaine Grand. Le 24 au matin, l'armée n'ayant plus de vivres, et l'artillerie ayant épuisé presque toutes ses munitions, le maréchal ordonna la retraite.

Nous pouvons affirmer sur l'honneur que les hommes les plus influents de Constantine nous ont assuré depuis que, ce jour-là même, les portes de la ville allaient être ouvertes à notre armée.

On a prétendu à cette époque, d'après des rapports particuliers, que le maréchal, en se retirant, avait cédé aux instances de quelques officiers trop sensibles aux intempéries et aux privations auxquelles on était exposé depuis quelques jours:

Nous préférons attribuer la résolution du maréchal,

qui n'a jamais montré de faiblesse, à sa sollicitude pour les soldats qui lui étaient confiés.

Du reste, n'y avait-il pas à côté de lui un Fils de France qui, malgré son jeune âge, donnait en toute occasion l'exemple de la fermeté, du courage et du dévouement? Donc le comte Clausel n'ordonna la retraite que parce qu'il ignorait la résolution des assiégés, et que les moyens d'action lui manquaient ainsi que les vivres.

A sept heures, le général de Rigny reçut l'ordre de rallier le corps d'armée, et une heure après commença le mouvement de retraite.

Un fait déplorable et qu'on ne saurait trop reprocher à ceux que ce soin regardait, c'est l'abandon d'un grand nombre de blessés et de malades au moment du départ.

Si les chevaux du train des équipages et de l'artillerie étaient insuffisants; s'il fallait sacrifier une grande partie des bagages et du matériel de siége, restaient les chevaux de notre brave 3e de chasseurs d'Afrique et des spahis dont pas un cavalier n'eût refusé de mettre pied à terre pour un blessé.

Restait enfin la ressource de porter ces malheureux sur des brancards formés avec les fusils plutôt que de les livrer au couteau des Arabes.

A peine le mouvement de retraite venait-il de commencer, que les Kabyles de Ben-Aïssa sortaient de la place, tandis qu'Ahmed-Bey lançait ses goums contre la colonne. Le commandant Changarnier, se trouvant à l'extrême arrière-garde avec un bataillon du 2ᵉ léger, devint le but d'une attaque générale.

Laissant l'armée continuer sa marche, il forma tranquillement ses quatre cents hommes en carré, et leur dit : « Mes enfants, vous êtes un contre vingt ; la partie est égale. Attendez-les, ajustez bien, et ne tirez qu'à mon commandement. » Les Arabes, persuadés que ces hommes n'avaient plus de munitions, puisqu'ils leur envoyaient des balles à cinquante pas sans voir partir un seul coup de fusil, les Arabes s'animent, s'excitent, et après avoir enveloppé le bataillon, fondent sur ses quatre faces, le sabre au poing.

Le commandant Changarnier, à cheval au milieu du carré, tire lentement son épée, et quand il voit l'ennemi à vingt pas, l'élève en criant : *Vive le Roi!*

Quatre cents cadavres d'hommes ou de chevaux tombent, roulent pêle-mêle devant ces héros qui ont déjà rechargé, et s'apprêtent de nouveau à cribler la foule, trop pressée pour fuir de ceux qui sont derrière.

Cette action magnifique, qui fait autant d'honneur au commandant Changarnier qu'au 2ᵉ léger, suffit pour arrêter l'ardeur des Arabes.

Dès lors la retraite se fit sans être inquiétée autrement que par un feu de tirailleurs à de grandes distances et peu dangereux.

En arrivant le soir à Soumma, où l'armée devait bivouaquer, Yusuf et Seliman découvrirent des silos remplis de grains, qui furent distribués aux troupes.

Le 25, l'armée continua sa marche vers l'Oued-Zenetti ; elle y prit ses bivouacs sans avoir eu à repousser aucune attaque sérieuse.

Nos soldats trouvant que le blé à l'état naturel n'était pas une nourriture qui donnât des jambes, Yusuf et Seliman firent une reconnaissance qui amena un troupeau de bœufs au camp.

Le 28, l'armée arrivait à Guelma où le maréchal laissa quelques compagnies dans l'enceinte romaine.

Le 1er décembre, on était à Bône.

Quelques jours après, les troupes du corps expéditionnaire rentraient dans leurs garnisons et le maréchal partait pour la France.

Son intention, en se rendant à Paris, était de faire connaître les motifs qui avaient amené l'insuccès de cette campagne et de demander les moyens de la recommencer.

En lui refusant cette satisfaction, on se montra bien sévère. En effet, le seul reproche qu'on pût faire au maréchal, c'était d'avoir attaché trop d'importance aux promesses des habitants de Constantine qui s'engageaient à livrer la place et, par suite, d'avoir entrepris cette expédition avec des moyens devenus insuffisants par le fait d'une résistance inattendue. Mais après avoir fait à ses dépens une aussi pénible expérience, le comte Clausel était dorénavant mieux qu'un autre à même d'en profiter pour faire réussir une seconde campagne.

L'expédition de 1836 nous avait coûté cinq cents hommes tués et environ quinze cents, morts dans les hôpitaux par suite de maladies et de fatigues.

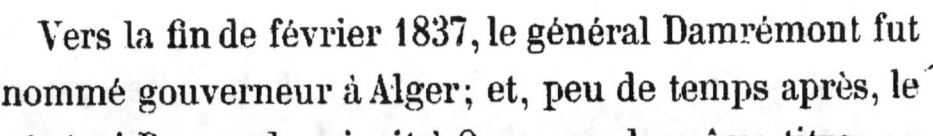

IV

LE MARÉCHAL VALÉE.

Vers la fin de février 1837, le général Damrémont fut nommé gouverneur à Alger; et, peu de temps après, le général Bugeaud arrivait à Oran avec le même titre.

Suivant les instructions qu'il avait reçues du ministère, le général Bugeaud devait faire tous ses efforts pour amener Abd-el-Kader à conclure un traité de paix avec la France.

Après beaucoup de lettres échangées de part et d'autre, on tomba d'accord sur les bases principales d'un arrangement d'après lequel la France gardait, dans l'Ouest, Oran, Mostaganem, Mazagran et Arzew avec quelques lieues de territoire; au centre, Alger et Blidah. L'émir obtenait ainsi la souveraineté sur Médéah, Milianah, Tlemcen, Mascara et presque toutes les tribus des deux provinces.

Ce fut le traité *de la Tafna,* qui devint la seconde cause des guerres interminables qui allaient bientôt commencer. Pour qu'il en eût été autrement, il aurait fallu abandonner toute prétention sur le territoire en dehors des villes du littoral. Mais du moment où on désignait des limites sur un pays habité par les indigènes, il devait arriver infailliblement qu'un traité avec un indigène serait violé tôt ou tard.

Cependant le ministère de la guerre avait consenti à ce que le comte Damrémont entreprît une seconde expédition contre Constantine; et, à cet effet, il mettait à sa disposition un corps de dix mille hommes parmi lesquels les 2e léger, 17e, 3e de chasseurs d'Afrique, les spahis et les compagnies franches qui avaient fait la première campagne.

Les autres corps étaient les 11e, 23e, 26e et 47e.

Ces troupes furent réunies au camp de Mejez-Amar dans le courant de septembre.

C'est ici le lieu de faire connaître le moyen inqualifiable dont nous avons parlé plus haut, que le bey de Constantine employait alors pour exciter le fanatisme des tribus contre nous.

Établi avec sa cavalerie à moitié chemin de Mejez-Amar à Constantine, il fit venir six couples de chiens dogues achetés en Italie, et demanda parmi les hommes qui l'entouraient quelqu'un d'assez hardi et en même temps d'assez habile pour lui amener des chrétiens vivants.

« Ces monstres, disait-il, en parlant de nous aux chefs arabes qui l'approchaient, se nourrissent de chair humaine; je veux, moi, les faire manger par mes chiens. »

Dans son désir de plaire au bey, un nommé Ali se présenta. C'était le serviteur d'un serviteur d'Ahmed. On lui donna quelques compagnons bien montés, et ils vinrent rôder autour du camp de Mejez-Amar, établi sur le bord de la Seybouse.

Des soldats étaient là qui pêchaient à la ligne pour augmenter leur ordinaire du soir; d'autres s'écartaient un peu plus, afin de chercher des tortues de bois; bref, les maraudeurs parvinrent sans peine à surprendre et enlever deux malheureux qu'ils portèrent au camp d'Ahmed-Bey. Comme, lorsqu'ils arrivèrent, il était déjà tard, le spectacle fut remis au lendemain, et des cavaliers furent expédiés dans les tribus voisines afin de convier les Arabes à venir y assister.

En attendant, Ali fut récompensé par une poignée d'or ; et la joie qu'il voyait chez son maître lui fit comprendre qu'il n'avait qu'à continuer pour être tout à fait dans ses bonnes grâces.

Quant aux prisonniers, ils furent gorgés de couscoussou et de plaisanteries féroces qu'ils prenaient peut-être pour des amabilités, dans leur ignorance de la langue arabe. Le lendemain, après qu'il eût fait sa prière en public et déjeuné, Ahmed-Bey voyant cinq ou six mille Arabes rassemblés autour de sa zemèla, fit former un grand cercle par ce public ; ordonna qu'on étendît un tapis pour lui à la meilleure place, puis se fit amener les deux soldats. Un piquet en fer fut planté en terre ; un des deux martyrs fut dépouillé de tous ses vêtements et attaché solidement au piquet, les mains derrière le dos. Son compagnon eut l'honneur d'être assis auprès du bey pour assister à ce qui allait se passer.

Six dogues, à jeun depuis deux jours et tenus séparément en laisse, furent ensuite amenés et présentés à l'homme garrotté qu'on leur fit sentir ; après les avoir excités un instant à mordre, on les lâcha.... Ce qui s'ensuivit est tellement horrible et contre nature, qu'il est impossible de le décrire.

Le malheureux ayant été dévoré, le bey ordonna que

les six chiens fussent emmenés et que l'autre soldat fût mis à la place de son camarade. L'ordre fut exécuté et les six chiens de relais firent curée chaude de ce deuxième chrétien. Voyant combien ce spectacle avait excité les Arabes, Ahmed-Bey demanda à Ali de nouvelles victimes, et le lendemain ce misérable se remit en chasse.

Pour en finir avec ces horreurs, nous dirons que huit ou dix soldats ou cantiniers subirent le même sort dans la pleine de Tamelouka; que le pourvoyeur de ces infamies fut comblé de présents et de récompenses; qu'il fut le premier à trahir son maître après la prise de Constantine; qu'il vint alors nous offrir ses services qui furent acceptés; qu'on en fit un grand personnage; et qu'après avoir desservi les intérêts français et pillé les populations confiées par nous à son commandement, il fut élevé à une dignité qui ne s'accorde qu'à des services exceptionnels.

Détournons nos yeux et notre esprit d'un spectacle si triste pour revenir à Mejez-Amar où notre armée va se mettre en marche.

Le 1er octobre, les deux premières brigades, commandées par le duc de Nemours qui revenait prendre sa part des dangers et des fatigues qu'il avait éprouvés déjà, et par le général Trézel que nous avons vu blessé à l'attaque d'El-Kantara, sortirent du camp, et allèrent bivouaquer à Ras-el-Akba et à Anouna.

Le lendemain, elles se portèrent sur Beni-Tamtam, et furent suivies par le reste de l'armée.

La marche ne fut pas sérieusement inquiétée ; et le 6 octobre on arrivait une seconde fois sur le plateau de Mansoura.

Aussitôt l'artillerie ennemie se mit à faire grand bruit ; les drapeaux se hissèrent à la Casbah, et les Kabyles de Ben-Aïssa firent entendre leurs hourrahs sauvages. Pendant ce temps, les généraux Valée et de Fleury, chefs du génie et de l'artillerie, reconnaissaient la place et proposaient d'attaquer le front Sud-Ouest. Le général Rullière et le colonel Combes reçurent immédiatement l'ordre de passer le Rummel avec leurs brigades, et d'aller s'établir à Coudiat-Aty.

Ce mouvement fut exécuté sans résistance.

Le 7, dans la matinée, une double attaque eut lieu ; la première contre les positions de Mansoura, par une partie des défenseurs sortis d'El-Kantara ; l'autre par ceux de Bab-el-Oued contre Coudiat-Aty.

Ces deux sorties furent repoussées sans peine.

Du 8 au 11, on travailla à faire arriver l'artillerie de siége à Coudiat-Aty, ce qui occasionna des peines infinies à cause des difficultés du terrain et de la pluie qui ne cessait de tomber.

Cependant, le 11 avant midi, deux batteries de 24 commencèrent le feu, et à deux heures la brèche était ouverte. Avant d'ordonner l'assaut, le général Damrémont fit inviter les défenseurs de Constantine à se rendre.

Ben-Aïssa répondit qu'il ferait tuer le dernier de ses soldats plutôt que de livrer la ville qu'il défendait.

Cette réponse eût été honnête et digne, si au moment de l'assaut on l'eût aperçu ; mais comme il était déjà près de son maître avant l'attaque décisive, on ne peut la considérer que comme une fanfaronnade.

Toujours est-il qu'en recevant cette réponse à Mansoura, le général Damrémont s'empressa de passer le Rummel afin de voir les choses par lui-même, et de prendre les dispositions nécessaires pour en finir au plus tôt.

Ayant mis pied à terre en dehors des batteries, il resta un instant immobile occupé à regarder la brèche. Un boulet parti des embrasures percées près de la porte l'atteignit au milieu du corps.

Au même instant le général Perregaux qui se trouvait à côté de lui, fut renversé par une balle dans la tête.

Une heure après, le général Valée, prenant le commandement en chef, faisait continuer le feu de toutes les pièces, et le soir tout paraissait en bon état pour que l'assaut pût être donné le lendemain.

Cependant il fallait reconnaître la brèche de plus

près et, dans la nuit, les capitaines Boutault et Garderen furent chargés de cette mission importante et difficile.

La brèche ayant été trouvée praticable, on forma aussitôt les colonnes d'assaut.

La première, composée d'un détachement de sapeurs, de trois cents zouaves et de deux cents hommes du 2e léger, était sous les ordres du colonel de Lamoricière.

La seconde, confiée au colonel Combes, comprenait cinq cents hommes du génie, les bataillons d'Afrique, le 47e et la légion.

La troisième, forte de mille hommes choisis dans tous les corps, était sous les ordres du colonel Corbin.

Le 13 octobre, à sept heures du matin, le duc de Nemours, qui se tenait dans la batterie avec le général en chef, donne le signal attendu au colonel de Lamoricière, qui s'élance à la tête de ses zouaves.

Quelques hommes tombent avant d'arriver à la brèche ; mais les autres l'escaladent déjà et l'ont bientôt franchie.

Au moment où ils vont pénétrer dans la ville, une mine fait explosion et tue ou blesse grièvement un grand nombre de ces braves, parmi lesquels le colonel de Lamoricière.

Au même instant, le commandant Serigny est tué, et le colonel Combes, traversé de deux balles, trouve encore la force de venir dire au duc de Nemours que nous sommes dans la ville, puis expire.

Le général en chef se hâte de lancer la troisième colonne qui arrive à propos pour déloger les défenseurs des premières maisons et compléter ce beau fait d'armes.

Ainsi tomba Constantine, après deux expéditions successives dont la première, on peut l'assurer, eût obtenu le même résultat avec de l'artillerie de gros calibre et des vivres suffisants pour attendre quelques jours. Quant aux anciens maîtres de cette ville, l'un, Ahmed-Bey allait cacher sa honte dans le Grand-Atlas; l'autre, Ben-Aïssa, ne devait pas tarder à nous offrir ses services.

La place que nous venions de conquérir se trouve à vingt lieues du littoral, et presque au centre de la province de l'Est.

Cette position la fit regarder immédiatement comme un point d'occupation favorable à la soumission et au maintien des populations de l'intérieur. On a pu se convaincre depuis que son éloignement des grandes tribus rendait son action sur elles à peu près *nulle*.

Naturellement fortifiée par le ravin qui la protége sur trois de ses faces, Constantine est pourtant dominée de très-près sur divers points, et ne saurait résister à une attaque européenne, tant que des ouvrages extérieurs ne seront pas établis pour la défendre. En somme, c'est un grand marché pour les tribus et les négociants français, et une bonne position centrale pour le siége de l'administration civile et militaire.

Puisque l'intention du gouvernement était désormais de garder ce pays, il fallait donc, avant d'établir à grands frais une forte garnison dans Constantine, s'informer si cette garnison était utile, et quelle était la position de l'ennemi qu'on pouvait avoir à combattre au dehors.

Il fallait demander tous les renseignements nécessaires au chef indigène qui avait donné de si bons conseils lors de la première expédition, et qui avait la connaissance la plus exacte du pays.

On aurait appris alors que cette province était en étendue, comme en population, égale aux deux autres réunies ; que les terres, sur un rayon de dix à quinze lieues dans tous les sens, étant propriété du *beylik,* il n'y avait là aucun ennemi à combattre, mais un grand nombre de fermiers attachés par l'intérêt au maître de Constantine, c'est-à-dire un élément des plus utiles quand on arrive en pays ennemi et inconnu.

On aurait appris en outre que les tribus dont la soumission pouvait rencontrer des difficultés sérieuses, étaient trop éloignées de cette place pour qu'il fût possible à sa garnison d'agir efficacement contre elles.

Les Kabyles de Ben-Aïssa ayant été mis en fuite ou expulsés, et les habitants étant incapables de se battre, il suffisait par conséquent de laisser dans la Casbah un demi-bataillon.

Le maréchal, en quittant Constantine avec le duc de Nemours et le prince de Joinville, arrivé à son grand regret le lendemain de l'assaut, confia le commandement au général Bernel, en lui laissant deux mille cinq cents hommes.

A son retour à Bône, le général Valée trouva M. de Lassalle qui venait, au nom du Roi, lui apporter avec le bâton de maréchal, le titre de gouverneur général des possessions françaises en Afrique.

Le maréchal rentra à Alger au commencement de novembre; il apprit alors que de grands troubles s'étaient manifestés à Blidah, et même dans la plaine autour de la capitale.

Ayant fait adresser des observations à ce sujet au bey de Milianah qui commandait pour Abd-el-Kader, celui-ci répondit que si les Français se contentaient d'occuper les villes du littoral, ils n'auraient pas d'embarras dans les terres. On voit que le traité de la Tafna commençait à porter ses fruits.

A la fin de l'hiver, le gouverneur se rendit à Blidah et établit un camp retranché en avant de cette ville, dans la direction de la Chiffa.

Abd-el-Kader faisait à cette époque le siège d'Aïn-Madhi, situé au Sud à cent lieues environ d'Alger, et où il voulait établir une place d'armes, pour remplacer Tekedempt, dans le cas où il perdrait cette ville qui renfermait ses magasins; aussi, Oran et Alger étaient tranquilles.

Profitant de cet état de paix momentanée, le maréchal Valée se rendit dans la province de Constantine, où il fit occuper Milah et jeter les fondations de Philippeville; puis il confia au général Négrier le soin d'ouvrir une route entre ce port et Constantine.

Dans le courant de décembre, le général Galbois opéra une reconnaissance sur Sétif et Djemilah; sur ce dernier point, il éprouva une vigoureuse résistance qui le fit renoncer à y établir une garnison. Il est fâcheux qu'à cette époque l'effectif des troupes de la province de l'Est n'ait pas permis d'occuper fortement Milah et Djemilah; car ces deux positions étant voisines de la petite Kabylie, les troupes qu'on y aurait placées auraient pu rendre les plus grands services.

Pendant le mois de février 1839, un navire français fit naufrage auprès de Djigelly, port situé entre Bougie et Philippeville; les habitants s'emparèrent de nos marins et se refusèrent à les livrer sans rançon. Une expédition fut aussitôt exécutée que résolue pour venger cette injure, et Djigelly fut occupé sans résistance. Mais la garnison laissée dans la place étant très-faible, les Kabyles ne tardèrent pas à l'attaquer sérieusement.

Dans les combats qui se livrèrent aux environs de Djigelly, nous retrouvons le lieutenant Renault, du 6e léger, devenu capitaine, et revenant d'Espagne où il a reçu deux blessures et le grade de chef de bataillon. A Djigelly, dans une seule sortie, il a deux chevaux tués sous lui et se couvre de gloire, ainsi que le capitaine Lebœuf et le commandant Morain. Sa belle conduite dans ces affaires valut au capitaine Renault la croix de la Légion d'honneur et le grade de chef de bataillon aux zouaves, qu'il reçut, avec les plus beaux éloges, de la main du prince royal.

Abd-el-Kader, après s'être emparé d'Aïn-Madhi par la ruse, vint, à cette époque, se montrer au milieu des tribus de la grande Kabylie, afin de sonder leurs dispositions.

Non content de tous les territoires qu'on lui avait donnés, il pensait à nous reprendre le reste en nous refoulant dans nos murs.

Voilà une nouvelle preuve de cette intelligence dont on a fait tant de bruit. Pour nous combattre avec succès, l'émir comptait sur cinq à six mille fantassins réguliers, un millier de spahis et une vingtaine de pièces d'artillerie, la plupart boiteuses, et servies par des maçons et des briquetiers.

Il est vrai que son infanterie avait des clairons et sa cavalerie des trompettes. Ce n'était, en un mot, qu'une mauvaise parodie d'organisation militaire.

Comprenant que la seule force de l'émir était dans les secours que les tribus pourraient lui fournir, le gouverneur ordonna au général Galbois d'entrer en relations avec les cheïks du Ferdjioua et du Zouagha, qui étaient maîtres des populations kabyles de l'Est. Pour plus de sûreté, il fit occuper une seconde fois Djemilah. Désirant aussi relier la province de Constantine à nos possessions d'Alger et se montrer aux tribus habitant les frontières, le gouverneur entreprit, au mois d'octobre, une expédition dans ce but.

Le duc d'Orléans, revenu en Afrique, demanda le commandement d'une division pendant cette campagne.

Le prince royal fut accueilli par les officiers et les soldats avec un véritable enthousiasme, justifié par la manière brillante avec laquelle il avait fait ses premières armes dans la province d'Oran.

La colonne expéditionnaire, forte de deux divisions, parcourut la vallée de Milah, Djemilah, et arriva sans un coup de fusil à l'entrée des Portes de fer.

Après avoir investi de divers commandements quelques chefs arabes qui étaient venus faire leur soumission, le gouverneur renvoya la division Galbois, avec ordre de préparer l'occupation de Sétif; et, le 28 octobre, la division confiée au duc d'Orléans s'engagea dans le défilé des Bibans.

Ce passage paraît être le résultat d'une commotion volcanique qui a laissé une ouverture étroite et d'un parcours difficile entre deux murs de rochers dont la hauteur, en certains endroits, atteint jusqu'à cent cinquante mètres.

Comme l'effectif de la division ne dépassait pas trois mille hommes, on ne pouvait faire occuper les hauteurs qui dominent le défilé et on résolut de le franchir quand même. Heureusement pour nos troupes, aucun ennemi ne se montra, et, le soir du 28, on arrivait sans encombre au delà des Bibans.

Le 29, nos éclaireurs indigènes furent assez heureux pour saisir plusieurs émissaires d'Abd-el-Kader, porteurs de lettres pour divers chefs de tribus qu'il poussait à la révolte. Interrogés par le maréchal sur les dispositions des populations qui se trouvaient sur sa route, les courriers de l'émir répondirent que son kalifa Ben-Salem était campé près du fort de Hamza, et avait l'ordre de couper nos communications avec Alger.

Afin de pouvoir, s'il en était temps, devancer Ben-Salem dans l'occupation de Hamza qui dominait la marche de nos troupes, le maréchal envoya, pendant la nuit, le duc d'Orléans prendre cette position.

Ben-Salem se montra le matin à la tête de contingents nombreux; mais, voyant la place occupée, il se tint à distance. Le gouverneur rejoignit l'avant-garde vers midi, et la colonne alla bivouaquer à deux lieues au Nord de Hamza.

Le lendemain 31 octobre, Ben-Salem se montra de nouveau et fit attaquer nos troupes par un feu très-vif d'infanterie.

Le duc d'Orléans, à la tête du 2e léger et de quelques pelotons de chasseurs, marche aussitôt à l'ennemi ; par un mouvement tournant très-habile et bien exécuté, il parvient à isoler un grand nombre de Kabyles du corps principal et les fait sabrer.

Refroidi par cette manœuvre heureuse autant que hardie, l'ennemi suivit mollement ; et, le soir du 1er novembre, le corps expéditionnaire arrivait au camp de Fondouk.

Le passage des Bibans produisit un très-grand effet sur les populations indigènes. Elles en parlent encore aujourd'hui. A son retour à Alger, le gouverneur reçut des nouvelles de nature à lui faire pressentir une attaque générale et sérieuse d'Abd-el-Kader.

Fatiguées d'un état de paix contraire à leurs habitudes et dont elles ne pouvaient apprécier les avantages en l'absence de toute espèce d'administration, les populations ne demandaient qu'à faire la guerre, un peu par le fanatisme que l'émir exploitait et plus encore par amour du pillage.

Dans les premiers jours de novembre, les Hadjoutes

ayant attaqué une tribu alliée dans la plaine de la Mitidja, un détachement français établi à Oued-el-Allegh voulut lui porter secours et fut détruit.

Le 21, un autre détachement était massacré près de Boufarik et un troisième subissait le même sort près de Blidah, qui était menacé par les lieutenants de l'émir. Ces regrettables événements n'empêchèrent pas de persévérer dans l'habitude désastreuse d'envoyer au loin, ou d'établir dans les places, *des petits paquets* de troupes.

Le maréchal, en attendant un renfort qui lui permît de prendre l'offensive, fit partir un courrier pour Blidah, sous l'escorte du 1er régiment de chasseurs d'Afrique.

Deux bataillons réguliers l'attendaient au passage de Mered. Aussitôt la marche du courrier est arrêtée et nos braves chasseurs entament la charge.

Les réguliers sont enfoncés, sabrés et se précipitent dans le ravin pour éviter une destruction complète.

Vers la fin du mois de décembre, le gouverneur apprend que le kalifa de Médéah a réuni cinq à six mille hommes à l'entrée de la Chiffa; aussitôt il se porte contre lui avec le 1er de chasseurs d'Afrique, le 2e léger et le 23e.

Malgré une position assez avantageuse, l'ennemi ne tint pas un instant devant la vigueur de l'attaque.

Les réguliers, dans cette affaire, perdirent plusieurs tambours, des drapeaux, deux canons, et quatre cents hommes.

Découragé par cette défaite, l'émir ne fit aucune entreprise pendant le mois de janvier.

Mais, le 2 février 1840, a lieu la fameuse attaque du poste de Mazagran ; sa garnison qui se composait de cent vingt-trois hommes du bataillon d'Afrique, est assaillie par dix mille Arabes, Kabyles et réguliers, avec de l'artillerie, sous les ordres de Mustapha, kalifa de Mascara.

L'attaque dura quatre jours et autant de nuits.

La garnison de Mazagran brûla vingt-cinq mille cartouches, lancées presque à bout portant.

L'ennemi, incapable d'enlever la place d'assaut, se retira après avoir subi des pertes énormes.

Les défenseurs perdirent trois hommes et eurent quinze blessés.

Les héroïques officiers qui commandaient ces braves soldats étaient : le capitaine Lelièvre, le lieutenant Maquien et le sous-lieutenant Durand.

Dans les premiers jours de mars, le camp du Figuier fut attaqué à plusieurs reprises, et le commandant Yusuf repoussa l'ennemi avec sa vigueur habituelle.

L'émir, voulant tenter la fortune du côté de l'Est,

envoya, vers la fin de mars, un de ses kalifas avec un bataillon régulier, de l'artillerie et une cavalerie nombreuse contre Biskarah.

Bou-Aziz-ben-Ganah, chef de ce pays et notre allié, se porta au-devant de ces troupes et les défit complétement avec les cavaliers de ses tribus.

Le lieutenant de l'émir perdit quatre cents réguliers, son artillerie, ses bagages, plusieurs drapeaux et ses tambours.

Abd-el-Kader nous voyant toujours réduits à l'occupation du littoral, fit répandre dans toutes les tribus du centre et de l'Ouest le bruit que nous étions trop faibles pour réprimer une insurrection générale, et n'eut aucune peine à leur persuader de réunir leurs contingents pour une attaque combinée. N'avait-il pas, du reste, pour auxiliaires une dizaine d'ambitieux, influents la plupart, et tous intéressés à conserver leurs commandements? Auprès d'un peuple aussi crédule et ennemi naturel du chrétien, il n'en fallait pas tant pour obtenir une levée générale.

De son côté, le gouverneur se préparait à bien recevoir l'ennemi, et le duc d'Orléans revenait se mettre à sa disposition, accompagné cette fois de son frère le duc d'Aumale.

La division que le prince royal avait commandée pendant l'expédition des Portes de fer se trouvant à

Boufarik, il s'y rendit à son arrivée pour en reprendre le commandement.

La concentration des troupes devait avoir lieu dans la vallée de la Chiffa, le duc d'Orléans quitta donc le camp de Boufarik le 24 avril et rencontra des contingents nombreux au passage de l'Oued-Jer.

Il suffit d'une charge à fond pour les mettre en déroute ; et, dans l'action, le duc d'Aumale, à la tête d'un bataillon de chasseurs, montra qu'il était, lui aussi, un digne Fils de France. Dans cette affaire où tous les officiers firent, selon leur coutume, plus que leur devoir, le prince royal cita *particulièrement* le capitaine Charles Boyer du 1er régiment de chasseurs d'Afrique, aujourd'hui général.

Le 1er mai, la division d'Orléans arrivait à la Chiffa, au moment où Abd-el-Kader s'y trouvait en personne, avec son infanterie et sa cavalerie régulières, et une innombrable cavalerie d'irréguliers.

En présence des dispositions d'attaque qu'il voyait prendre, l'émir battit en retraite vers le col de Mouzaïa qu'il avait fait fortifier par des redoutes armées de batteries, précaution inutile chez les Arabes, qui ne savent pas mieux garder une position que l'enlever.

Ces choses appartiennent aux armées d'Europe, organisées et disciplinées, et ne peuvent réussir à des bandes sans ordre. C'est ce qu'Abd-el-Kader n'a jamais pu comprendre, malgré les innombrables leçons que nous lui avons données.

Mais, en dehors de l'émir, de son artillerie et de ses redoutes, il y avait là à traverser un pays d'un accès véritablement difficile, favorable à la défense par des tireurs adroits et habiles à s'embusquer, enfin un grand danger pour l'attaque.

Les crêtes, les rochers, les broussailles étaient remplis de défenseurs, qui tirent d'autant mieux qu'ils sont habitués à ménager leur poudre.

Il fallait donc s'attendre à des pertes inévitables.

Afin d'épargner, autant que faire se pouvait, les officiers et les soldats placés sous ses ordres, le duc d'Orléans décida que l'attaque du col se ferait sur trois colonnes : la première, sous les ordres du général Duvivier, composée de quatre bataillons des 2e léger, 24e et 48e, devait enlever les crêtes de gauche et les redoutes qui s'y trouvaient; la deuxième, commandée par M. de Lamoricière, et formée de deux bataillons de zouaves et d'un bataillon du 14e léger, devait arriver au col par la droite, en tournant les retranchements; la troisième colonne, confiée au général d'Houdetot, aide de camp du Roi, avait pour mission d'attaquer de front, avec le 23e et un bataillon du 48e, quand le général Duvivier serait arrivé.

Il était impossible de prendre de meilleures dispositions. Le signal de l'attaque fut donné par le prince royal, le 12 mai, à la pointe du jour.

Les commandants des colonnes avaient beaucoup de peine à maintenir l'élan des troupes qu'il importait de ne pas essouffler au départ.

Les Arabes et les Kabyles, ménageant leur feu, attendirent les assaillants à petite portée et ouvrirent alors contre eux une fusillade meurtrière.

Mais les colonnes avançaient toujours, l'arme sur l'épaule, et sans broncher.

Enfin, on arrive de toutes parts sur les redoutes, qui sont enlevées à la baïonnette, aux cris de Vive le Roi ! Vive le duc d'Orléans ! Vive la France !!!

Les princes, dans l'attaque de front qu'ils dirigeaient, avaient vu le général Schramm et plusieurs officiers tomber à côté d'eux ; mais là, comme partout et toujours, ils se montrèrent braves comme on l'est dans leur famille et dans celle plus nombreuse des officiers français, qu'ils appelaient leurs camarades et traitaient comme tels.

Tout le monde, dans cette journée, fit plus que son devoir ; mais, entre les plus braves, le prince royal distingua les généraux Changarnier, de Lamoricière, Duvivier, et les commandants Renault, de Mac-Mahon et d'Autemarre.

Le 19, le corps expéditionnaire arrivait à Médéah.

où on laissa une garnison de deux mille cinq cents hommes.

Ce fut là une faute.

Cette garnison étant trop faible pour soumettre le pays d'alentour et se suffire, on se créait la nécessité de lui apporter des ravitaillements dont chacun devait amener une attaque. Il fallait occuper fortement ou ne pas occuper du tout.

Le 20 mai, l'armée opéra sa retraite, et son arrière-garde fut vigoureusement assaillie en traversant le bois des Oliviers. Ce passage était on ne peut plus propice au genre de guerre familier aux Kabyles, et défavorable à nos troupes qui ne pouvaient agir qu'isolément ; aussi éprouvâmes-nous des pertes sensibles et fallut-il plusieurs retours offensifs à la baïonnette pour arrêter l'ennemi. Dans cette action difficile, le commandant Renault rendit de grands services avec ses braves zouaves, et conquit, à la pointe de son épée, le surnom de Renault Arrière-Garde.

Le lendemain, le corps expéditionnaire arrivait au camp de Mouzaïa, et les princes lui faisaient leurs adieux, en promettant de rendre compte au Roi de la belle conduite des troupes et de revenir bientôt au milieu d'elles. Pendant cette campagne, M. Boyer, cité plus haut, dans le 1er de chasseurs, tua de sa main deux chefs arabes, et fut, à propos de ce fait remarquable, *cité pour la quatrième fois* à l'ordre général de l'armée.

Le gouverneur, pour donner suite au projet qu'il avait annoncé d'occuper les villes de l'intérieur, réunit un corps de dix mille hommes à Blidah, et le 8 juin il entrait à Milianah sans résistance.

La garnison qui devait garder Milianah fut fixée à deux bataillons. Là encore c'était trop pour rester sur la défensive et pas assez pour agir.

Il fallait à Milianah deux mille cinq cents hommes comme à Médéah ; puis, au lieu de rentrer dans les camps avec le corps expéditionnaire, rayonner entre ces deux points avec des colonnes sans bagages et sans sacs, et ouvrir des communications par les crêtes.

L'utilité de ces mesures fut comprise, mais ne reçut qu'une exécution imparfaite ; c'est-à-dire qu'en occupant Médéah et Milianah avant d'avoir écrasé l'émir, soumis les tribus et relié ces deux points entre eux et avec Blidah par de bonnes voies stratégiques, on se privait gratuitement du concours de ces deux garnisons qui restaient en butte aux attaques journalières et aux plus grandes privations. En somme, on commençait par la fin.

A son retour de Blidah, le maréchal fut assailli plusieurs fois et perdit beaucoup de monde sans avoir obtenu de résultat.

Le 1ᵉʳ juillet, le général Changarnier fut chargé de ravitailler Milianah avec un corps de cinq mille hommes.

Abd-el-Kader occupait, avec une infanterie nombreuse, les passages boisés qui dominaient la marche du général, et lui fit essuyer des pertes sensibles.

Au passage du col de Gountas, qui est étroit et entouré d'obstacles favorables aux embuscades, l'arrière-garde eut beaucoup à souffrir. Officiers et soldats furent obligés de lutter corps à corps avec les fantassins ennemis, et le commandant Renault, renversé de cheval par une balle, fût resté au pouvoir de l'ennemi sans le dévouement de ses zouaves.

Dans ces attaques, les Arabes et les Kabyles faisaient preuve d'un courage individuel admirable ; mais aussi, dès qu'il s'agissait pour eux d'un mouvement régulier, avec ensemble, sur nos troupes formées et à découvert, ces qualités personnelles devenaient inutiles ; et ils étaient toujours facilement battus et dispersés.

Les difficultés et les dangers de cette guerre venaient donc moins du nombre, de la force et de l'organisation de l'ennemi que nous avions à combattre, que de la nature du pays.

Pour vaincre ces difficultés, il fallait que la hache vînt après le fusil, en découvrant nos lignes militaires de communication.

Pour ne citer qu'un exemple entre cent, nous rappellerons le fameux bois des Oliviers qu'il fallut traverser tant de fois, où se livrèrent vingt combats, dans lesquels des milliers de soldats et un grand nombre d'officiers perdirent la vie.

En une semaine, ce bois pouvait être rasé par un régiment.

A peine le maréchal Valée était-il de retour à Alger que les Arabes recommençaient leurs incursions dans la Mitidja.

Les places de Médéah et de Milianah étaient attaquées, ainsi que Kara-Mustapha et Cherchell, dans la province d'Oran.

Mais, de ce côté, il y avait un homme qui, doué d'une grande intelligence et d'un grand esprit d'observation, avait compris le genre de guerre qu'il convenait de faire aux Arabes pour obtenir de bons résultats.

Cet homme était le général de Lamoricière.

Mettant à profit l'alliance des douairs et des zemèlas commandés par Mustapha-ben-Ismaël, chef d'une grande énergie, et sachant mieux qu'Abd-el-Kader se servir des troupes indigènes, M. de Lamoricière organisa des colonnes légères pouvant se porter à toute heure et rapidement *au cœur* du pays ennemi.

Au moyen d'espions habiles et qu'il savait intéresser

à notre cause, le général connaissait chaque jour exactement les positions occupées par les tribus, leurs mouvements, leurs forces ; et il était toujours prêt à les frapper dans leurs intérêts.

Jusqu'alors les Arabes nous avaient combattus sur les voies de communication, où ils venaient nous attendre. Dorénavant, ils allaient se voir attaqués chez eux, à l'improviste, et, outre les pertes en hommes, ils auraient à supporter celles de leurs biens.

C'était là la véritable, la seule guerre que nous devions faire en Afrique, et qui aurait depuis longtemps amené la pacification du pays, si on n'avait refusé aux chefs militaires qui l'avaient comprise, les moyens d'exécution nécessaires.

Dans ces courses rapides où on franchissait quelquefois vingt lieues dans une nuit, M. de Lamoricière était admirablement secondé par les capitaines Daumas, Walsin-Estherazy, Bosquet et Jarras, chargés des affaires arabes, c'est-à-dire de préparer les attaques et de faire arriver nos troupes au lieu et à l'heure indiqués.

Les colonels Randon, Renault, Tempoure, Tartas, Yusuf, de Beaufort et Montauban étaient les chefs de corps chargés de l'exécution de ces plans de campagne.

C'est de cette pépinière illustre que sont sortis les maréchaux Bugeaud, Mac-Mahon, Randon, Bosquet,

Canrobert, Regnaud de Saint-Jean-d'Angély, Pelissier, Baraguey-d'Hilliers; et les généraux Renault, Bedeau, de Lamoricière, Changarnier, Bourbaki, Desvaux, Boyer, Oudinot, Marey, de Ligny, Rollin, de Cotte, de la Moskowa, de Mésange, Tartas, de la Motterouge, de Lourmel, Forest, de Creuilly, Durrieu, Levasseur, Des Marest, Dumontey, Barral, Perrigot, Herbillon, Trochu, Paté, Bertin, Vinoy, de Rochefort, Camou, Daumas, de Failly, Dubos, d'Allonville, de Chabannes, Marulaz, Picard, Tempoure, Rose, de Liniers, Gentil, d'Autemarre, de Martimprey, de Cissey, Roguet, de Béville, Fleury, Yusuf, Saint-Arnaud, Bataille, de Tournemine, Pariset, Collineau, d'Arbouville, Morris; le colonel Charras, etc., etc.

Grâce à l'énergie de pareils chefs et à la solidité des officiers de tous grades et des soldats placés sous leurs ordres, les Arabes comprirent bien vite que le temps des agressions était passé pour eux, et qu'il fallait se résigner à se défendre ou à se soumettre.

V

LE MARÉCHAL BUGEAUD.

Vers la fin de décembre, le maréchal Valée ayant demandé à rentrer en France, le général Bugeaud fut envoyé à Alger en qualité de gouverneur général; on lui accordait, pour prendre une offensive vigoureuse, soixante-dix mille hommes d'infanterie et douze mille de cavalerie.

L'effectif total était plus que suffisant; mais la cavalerie n'était pas assez nombreuse.

Contre un ennemi aussi agile, il était indispensable d'opérer souvent avec une rapidité dont la meilleure infanterie est incapable.

Il fallait donc, selon nous, employer celle-ci dans les contrées difficiles et boisées; et partout ailleurs se servir d'une nombreuse et bonne cavalerie légère comme les chasseurs, les spahis et les douairs.

On pouvait alors, avec un effectif de soixante-dix mille hommes de toutes armes, et les fonds nécessaires, obtenir, en deux années, la pacification de l'Algérie entière en y comprenant la grande et la petite Kabylie.

Mais pour atteindre ce résultat, il importait de renoncer à maintenir dans les villes du littoral de fortes garnisons inutiles; d'évacuer également Constantine en y laissant deux cents hommes seulement, et d'employer nos troupes à l'occupation forte et permanente des frontières et des points stratégiques de l'intérieur et des pays montagneux.

Le général Bugeaud avait de prime-abord compris qu'il fallait employer ces grands moyens; mais il ne put faire ce qu'il désirait à cause des empêchements qu'on lui suscitait en France.

Le gouverneur arrivait accompagné des ducs de

Nemours et d'Aumale. Les deux princes demandèrent chacun un commandement.

Dans les premiers jours de mai, le général Bugeaud, ayant ravitaillé les garnisons de Médéah et de Milianah, fut attaqué par vingt mille Arabes, Kabyles ou réguliers commandés par l'émir.

Le gouverneur disposait de sept mille hommes environ.

Au premier choc, les réguliers tournèrent les talons et le reste fut culbuté sans peine.

Dans cette affaire, les princes chargèrent à la tête de leurs bataillons, et le commandant Renault, blessé à côté du duc d'Aumale, fut proposé pour l'avancement et bientôt après nommé lieutenant-colonel.

Le général Bugeaud laissant au général Baraguey-d'Hilliers la mission de continuer les opérations dans cette province, se rendit dans celle d'Oran.

Le 23 mai, il arrivait sans combat devant Tekedempt dont l'émir, nous l'avons déjà dit, avait fait une de ses places d'armes.

Sa cavalerie seule se montra dans les environs et fut dispersée par les zouaves.

Après avoir fait raser les murailles de Tekedempt, le gouverneur fit occuper Mascara par le colonel Tempoure avec trois bataillons.

Pendant la retraite de nos troupes, Abd-el-Kader profita du passage d'un défilé difficile pour lancer six mille réguliers ou Kabyles contre l'extrême arrière-garde, qui ne se laissa pas entamer et tua beaucoup de monde à l'ennemi.

De son côté, le général Baraguey-d'Hilliers s'était emparé sans résistance de Thaza où l'émir avait une partie de ses magasins que le général fit détruire avant de se retirer. En outre, n'ayant pas d'ordre pour laisser une garnison sur ce point, il en fit aussi renverser les murailles.

Au commencement de juin, toutes les troupes étaient rentrées dans leurs campements.

Ce fut à cette époque que monseigneur Dupuch, évêque d'Alger, se rendit auprès de l'émir pour négocier et obtenir la liberté de cent quarante prisonniers français.

Dans la province de Constantine, le général Négrier recevait les soumissions d'un grand nombre de tribus et chassait de l'Ouest un des lieutenants d'Abd-el-Kader, envoyé pour susciter des désordres.

A Oran, le gouverneur instituait Hadj-Mustapha bey de Mascara et de Mostaganem.

Quoique le nouveau dignitaire reçût en même temps la soumission de plusieurs tribus, il n'était pas d'une bonne politique de lui confier un commandement de cette importance. Les événements ne tardèrent pas à le démontrer.

Dans le courant du mois d'août, le général de Lamoricière détruisit le fort de Saïda et obtint la soumission de plusieurs tribus importantes des environs de Mascara dont la garnison fut ravitaillée et augmentée.

Malgré cette précaution, l'ennemi vint piller nos nouveaux alliés sous les murs de la place, enlever même le troupeau destiné à la faire vivre, de sorte que le nouveau bey de ce pays n'était par le fait qu'un bey *in partibus*.

Le général Bugeaud, instruit par ces événements de la voie qu'il convenait de suivre, fit occuper Mascara par le général de Lamoricière avec six mille baïonnettes et trois cents sabres.

M. de Lamoricière se mit en campagne après avoir installé les divers services de la place, dans laquelle il ne laissa que les hommes malingres suffisants pour la garder.

Afin de ne s'embarrasser d'aucun convoi, il fit provision de moulins arabes portatifs, au moyen desquels nos soldats broyaient le grain et pétrissaient des galettes. Les bœufs et les moutons enlevés à l'ennemi, arrosés d'une ration de café, c'était plus qu'il n'en fallait pour ces braves.

Rayonnant du Sud au Nord, de l'Est à l'Ouest, n'étant jamais où on pouvait le supposer, tombant à l'improviste sur ceux qui le croyaient bien loin, le général de Lamoricière obtint en deux campagnes la pacification de toutes les tribus de la province, moins celle des Hachem, ainsi que l'alliance de plusieurs chefs influents, disposant d'une cavalerie nombreuse prête à se battre contre l'émir.

Ces faits parlent assez haut par eux-mêmes pour que nous n'ayons pas besoin de les commenter.

Au printemps, le général Bugeaud châtia les tribus du Chélif, avec les colonnes des généraux Changarnier et d'Arbouville, de telle façon que les communications entre Médéah, Milianah et Cherchell furent assurées ainsi que la tranquillité dans la Mitidja.

Ce fut après la rentrée de cette expédition que le gouverneur fit constituer les cavaliers des tribus soumises en *maghzen* et commencer la route de Blidah à Médéah, de même que le fossé d'enceinte qui devait protéger la plaine d'Alger.

Au mois de septembre, une nouvelle campagne s'ouvrit dans le Sud afin d'envelopper les contingents qui n'avaient pas encore abandonné Abd-el-Kader.

Les divisions de Lamoricière, Changarnier et d'Arbouville manœuvrèrent en conséquence; mais l'émir s'éloigna au delà de Tekedempt sans vouloir accepter de rencontre.

L'affaire de la Sika avait entamé son prestige; les troupes de Mascara lui avaient porté le dernier coup.

Désormais l'autorité d'Abd-el-Kader était méconnue; il allait se trouver obligé, avec les forces qui lui restaient, d'entraîner, par la crainte d'un châtiment barbare, les tribus qui naguère lui obéissaient aveuglément.

Tout ce bel échafaudage d'influence, le pouvoir que lui avaient donné nos traités d'Oran et de la Tafna s'écroulait après un engagement sérieux et l'occupation forte d'une position stratégique bien commandée.

Il ne s'agissait plus que de protéger les tribus chez lesquelles il exerçait une espèce de recrutement forcé, jusqu'au moment où il se trouverait pris entre nos colonnes mobiles.

Profitant du moment où nos troupes étaient rentrées dans leurs cantonnements, Abd-el-Kader s'approcha de Cherchell dans les premiers jours de février 1843, faisant mettre à mort ou mutiler les chefs de tribus qui s'étaient ralliés à notre cause.

Ces traits de cruauté, qui sont toujours chez les Arabes la raison du plus fort, valurent à l'émir de nombreux auxiliaires qui lui permirent de reprendre un instant l'offensive.

Le général de Bar, sorti de Cherchell au-devant de l'ennemi, le repoussa avec de grandes pertes dans les montagnes de Gouraya, où le général Changarnier compléta sa défaite.

Le gouverneur, accouru à la hâte, prit part à plusieurs affaires dans lesquelles il courut de grands dangers ainsi que le duc d'Aumale.

A la fin de l'hiver tous les contingents étaient dispersés et l'émir en fuite.

Les généraux Bedeau, Changarnier, de Lamoricière et Gentil furent chargés du châtiment des tribus rebelles.

Dans les premiers jours de mai, le gouverneur apprend qu'Abd-el-Kader et sa zemèla se trouvent au Sud de Boghar; il envoie aussitôt à leur poursuite deux colonnes, commandées par le duc d'Aumale et le général de Lamoricière. En même temps, il fait barrer la route du Nord par la cavalerie des tribus soumises.

Le 16, après une marche de plus de vingt heures, l'avant-garde de la colonne commandée par le duc d'Aumale aperçut les tentes de la zemèla occupant une étendue immense.

Le prince n'avait en ce moment que cinq cents cavaliers sous les ordres des colonels Yusuf et Morris.

Malgré cette infériorité numérique immense, il n'hésite pas un instant, et charge le premier en tête de ses braves chasseurs et spahis.

Surpris de tant d'audace, l'ennemi n'oppose qu'une faible résistance, et les réguliers formant la garde de l'émir sont sabrés à outrance.

Les résultats de cette journée furent trois mille prisonniers, les tentes de l'émir, plusieurs drapeaux et canons.

Abd-el-Kader en fuite se trouva presque en présence du général de Lamoricière auquel il put échapper malgré une chasse vigoureuse.

Ce fut après cette campagne heureuse, et en revenant à Oran avec ses douairs, que Mustapha, leur chef et notre allié fidèle, fut tué en traversant un bois.

Quelques jours plus tard, le colonel Renault, à la tête d'une petite colonne mobile envoyée à la poursuite de l'émir par le général de Lamoricière qui le traque de son côté, surprend son bivouac à la pointe du jour, lui tue trois cents réguliers, disperse le reste et ramène un grand nombre de prisonniers, les bagages et les troupeaux.

Le 12 novembre, le colonel Tempoure, ayant appris que Sidi-Oumbark, kalifa d'Abed-el-Kader, se trouvait près de Sidi-bel-Abès où ils devaient se joindre, se mit sur ses traces avec cinq cents hommes d'infanterie et cinq cents chevaux.

Le kalifa avait deux bataillons de réguliers et une nombreuse cavalerie.

Après plusieurs marches de jour et de nuit à travers un pays des plus difficiles et par une pluie battante, le colonel Tempoure arriva en présence de l'ennemi.

La cavalerie ne tint pas un instant; mais les deux bataillons réguliers se formèrent en carré, et attendirent en plaine la charge de nos chasseurs et spahis.

Quatre cents réguliers furent tués et trois cents faits prisonniers.

Le kalifa Sidi-Oumbark, isolé de sa troupe, fit une belle résistance : il tua un brigadier de chasseurs, démonta le capitaine Cassaignolles, blessa le maréchal-des-logis Siquot et fut enfin tué d'un coup de fusil.

Nous avions eu dans cette belle affaire, un homme tué et huit blessés.

Les officiers qui commandaient ces braves troupes étaient MM. Mastus, de Cotte, de Vallabrègue, de Noillac, de Loé, Ducret, Lemonnier, de Caulincourt, Sentuary, Savaresse, Jarras et Cassaignolles.

Ce fut à l'expérience et à l'habileté du capitaine d'artillerie Charras, attaché aux affaires arabes, que le colonel Tempoure attribua les avantages de cette rencontre.

Après ces résultats magnifiques qui devaient amener la perte de l'émir, le gouverneur fut appelé à la dignité de maréchal; MM. Changarnier, de Lamoricière, Bedeau furent nommés lieutenants généraux; et le duc d'Aumale obtint le gouvernement de la province de Constantine.

Dès les premiers jours du printemps de 1844, trois expéditions furent entreprises : la première, sous les ordres du gouverneur, avait pour objet l'occupation de Delhys et réussit après une vigoureuse résistance des

Kabyles de cette contrée qui n'avaient pas encore eu affaire à nos soldats.

La seconde, commandée par le duc d'Aumale, devait soumettre les montagnards de l'Aurès et reprendre l'oasis de Biskarah dont la garnison indigène avait massacré ses officiers.

Dans cette campagne, le prince fit preuve d'une grande bravoure et de talents militaires distingués.

Sa colonne étant entrée dans les montagnes des Ouled-Soultan par un brouillard très-épais, l'ennemi se porta en masse sur son chemin et attendit à bout portant une poignée de spahis qui marchaient à l'avant-garde.

Ces cavaliers ayant été presque tous tués ou démontés par une première décharge, le prince se trouva le premier exposé à leurs coups.

Sans un instant d'hésitation, il met l'épée à la main et charge en avant de la cavalerie sur un ennemi que protégeaient l'obscurité, les difficultés de terrain et son très-grand nombre.

Mais qu'importent le nombre et les dangers quand un Fils de France marche à la tête de nos soldats?

L'ennemi est culbuté, sabré en tête de la colonne.

Un moment après il se jette sur son flanc et parvient à la couper.

Alors encore, le duc d'Aumale accourt au plus fort de

la mêlée, et sa présence suffit pour rétablir le combat.

Le lendemain, les Ouled-Soultan faisaient leur soumission à la France, et la division victorieuse entrait à Biskarah sans coup férir.

La troisième colonne, sous les ordres du général Marey, opérait simultanément dans le Sud, et occupait l'oasis de Laghouat.

Sur ces entrefaites, un événement imprévu vint nous susciter des embarras dans l'Ouest.

L'interprète d'un consul d'Espagne ayant été tué par les Marocains, il y eut des demandes de réparation et des menaces qui firent craindre à l'empereur du Maroc une guerre avec l'Espagne et la France.

Abd-el-Kader qui se voyait abandonné par les tribus algériennes, offrit ses services à Abd-err-Hammam qui s'empressa de les accepter.

Un corps d'armée fut envoyé sur notre frontière et l'émir, dans les premiers jours de juin, vint menacer le camp de Mouïlah.

Les généraux de Lamoricière et Bedeau prirent aussitôt l'offensive et repoussèrent l'ennemi après lui avoir tué trois cents hommes.

Le 17 juin, au moment où le général Bedeau, appelé à une entrevue par le kaïd marocain d'Ouchda, se retirait, il se vit assailli par un ennemi de beaucoup supérieur en nombre et qui menaçait de l'envelopper.

Nos troupes firent bonne contenance, et pendant quelles se retiraient en ordre, le maréchal Bugeaud arriva avec des renforts.

On attaqua aussitôt; les Marocains furent chargés jusqu'à Ouchda, qui fut enlevée.

Les colonels Yusuf, Roguet, Morris et Walsin-Estherazy, se couvrirent de gloire dans ces deux affaires.

En présence d'une violation aussi flagrante de notre territoire et d'une trahison aussi infâme, notre gouverneur fit demander à l'empereur de Maroc : 1º une délimitation sérieuse des frontières; 2º le châtiment des coupables; 3º l'éloignement des troupes marocaines; et enfin l'expulsion d'Abd-el-Kader.

Le prince de Joinville avait été envoyé avec une petite escadre pour suivre les négociations, les appuyer et en faire exécuter les conditions.

N'ayant obtenu aucune solution satisfaisante, le prince résolut le bombardement de Tanger.

La place comptait environ deux cents pièces d'artillerie et une garnison de trois à quatre mille hommes.

Le 6 août, à huit heures du matin, les vaisseaux *le Suffren* et *le Jemmapes*, les bricks *l'Argus* et *le Cassard* commencèrent le feu. Bientôt après, *la Belle-Poule* et *le Triton* étaient également embossés.

A dix heures, le feu de toutes les batteries était éteint, et l'ennemi avait essuyé de grandes pertes.

Il n'y avait plus qu'à débarquer pour occuper la ville.

Malheureusement la diplomatie se mit en travers de l'élan du jeune amiral et de ses braves marins; il fallut donc se résigner à abandonner les fruits de cette belle victoire.

Comme consolation, on avait permis au prince le châtiment de Mogador, appelée par l'empereur marocain : *miniature chérie.*

Mogador présentait environ cent cinquante pièces d'artillerie; elle était en outre protégée par un mur d'enceinte crénelé, haut de trente pieds, et défendue par deux mille hommes.

Le 15, l'escadre prenait position à six cents mètres des fortifications et ouvrait le feu.

Deux heures après, toutes les batteries de la place étant réduites au silence, cinq cents hommes de débarquement furent lancés contre l'île.

Ces braves attaquèrent avec vigueur les défenseurs de la ville; mais devant une troupe si peu nombreuse, les Marocains ne cédaient le terrain que pas à pas, en nous faisant éprouver des pertes.

En présence d'une résistance si acharnée et des dangers que couraient ses troupes de débarquement, le prince de Joinville accourut : et, prenant le commandement de l'attaque, il parvint à tuer, faire prisonniers ou mettre en fuite les défenseurs de la place.

Le lendemain, les canons marocains étaient encloués et jetés à la mer; et Mogador, rasée, n'était plus qu'une ruine.

Tous ceux qui ont assisté à ces deux affaires s'accordent à dire que le prince a fait preuve, comme amiral, des plus grandes qualités, et, comme marin, du plus brillant courage.

Pendant que ces événements s'accomplissaient à Tanger et à Mogador, le maréchal Bugeaud était campé près d'Ouchda, sur la frontière marocaine, où l'empereur traînait les négociations en longueur.

Son fils campait près de l'Isly, avec une armée de quarante mille hommes, et répandait le bruit que bientôt il allait passer la frontière, culbuter le maréchal et faire la conquête de l'Algérie.

Fatigué de ces menaces, le maréchal résolut de prendre l'offensive avec son corps expéditionnaire, fort de huit mille hommes seulement.

Par une manœuvre habile, il se rapprocha de l'ennemi dans la nuit du 13 août ; et le 14, au matin, il se trouvait en présence des camps marocains établis sur les hauteurs qui dominent la rive droite de l'Isly.

Toute la cavalerie ennemie, au nombre d'environ vingt-cinq mille hommes, se porta sur les gués de cette rivière pour en disputer les passages.

Après avoir franchi l'Isly et atteint la butte inférieure au plateau occupé par le fils de l'empereur, le maréchal se vit assailli de toutes parts par des masses de cavaliers qui se jetaient sur les bataillons formés en carré.

Malgré l'audace d'un ennemi si nombreux et ses cris féroces, notre brave infanterie demeura inébranlable, recevant ces hordes par des feux de deux rangs, tandis que l'artillerie, sortant des angles, lançait sa mitraille à portée de pistolet.

La cavalerie ennemie se trouvant coupée, le maréchal fit avancer les dix-neuf escadrons placés sous les ordres du colonel Tartas, et lança contre le camp marocain le premier échelon, composé de six escadrons de spahis, de trois du 4e chasseurs, des douairs et des zemèlas.

Ces intrépides cavaliers étaient conduits par le brillant colonel Yusuf, toujours le premier à la charge.

Ils furent reçus par une fusillade terrible et par une décharge d'artillerie à bout portant.

Le camp était défendu par une nombreuse infanterie et deux mille cavaliers. La résistance fut sérieuse ; mais l'élan de notre cavalerie était tel, que tout ce monde fut sabré ou mis en fuite en moins d'une demi-heure.

Pour ce beau fait d'armes nous n'avions perdu que quatre officiers et quinze chasseurs ou spahis.

Pendant ce temps, le colonel Morris, qui commandait

les deuxième et troisième échelons, voyant une grosse masse de cavalerie se précipiter sur l'aile droite du maréchal, attaqua l'ennemi par son flanc droit.

L'attaque contre l'infanterie française échoua comme les autres ; mais le colonel Morris eut alors à soutenir un combat très-inégal.

Ne pouvant se retirer sans s'exposer à une défaite, il résolut de combattre énergiquement jusqu'à ce qu'il lui arrivât des secours.

Cette lutte dura plus d'une demi-heure.

Ses six escadrons furent successivement engagés, et à plusieurs reprises ; nos chasseurs firent des prodiges de valeur.

Trois cents cavaliers ennemis tombèrent sous leurs coups.

Enfin, le général Bedeau, commandant l'aile droite, ayant vu l'immense danger que courait le 2e chasseurs, détacha le bataillon de zouaves, un bataillon du 15e léger et le 9e bataillon de chasseurs d'Orléans pour attaquer les Marocains du côté des montagnes. Ce mouvement détermina leur retraite.

Le colonel Morris reprit alors l'offensive, et exécuta contre l'ennemi plusieurs charges heureuses dans la gorge par où il se retirait.

Cette action, dit le maréchal dans son rapport, fut une des plus vigoureuses de la journée.

Cinq cent cinquante chasseurs du 2e combattirent six mille ennemis.

Chaque chasseur rapporta un trophée : celui-ci un drapeau, celui-là un cheval, l'un une armure, tel autre un harnachement.

L'infanterie n'avait pas tardé à suivre, au camp marocain, le mouvement de la cavalerie.

S'étant rallié en arrière de l'Isly, l'ennemi se disposait à reprendre l'offensive, quand l'infanterie et l'artillerie traversèrent rapidement la rivière.

L'artillerie se mit en batterie sur la rive droite, et lança de la mitraille sur les masses de cavaliers qui furent aussitôt attaqués d'un côté par l'infanterie, et de l'autre, par les chasseurs des 1er et 4e régiments, et deux escadrons du 1er de hussards.

Les spahis se voyant bien soutenus par l'infanterie et la cavalerie françaises, recommencèrent l'attaque, et l'ennemi fut poussé pendant une lieue.

Il était alors midi : l'armée se reposa de ses fatigues dans le camp marocain, où les tentes étaient encore dressées.

Nos adversaires avaient laissé environ mille cadavres sur le champ de bataille.

De notre côté, la perte fut de quatre officiers tués, dix blessés, vingt-trois sous-officiers et soldats tués, et quatre-vingt-six blessés.

Les officiers généraux, supérieurs et autres, et les sous-officiers et soldats cités par le maréchal Bugeaud, à la bataille d'Isly, furent : le général de Lamoricière, le général Bedeau; le colonel Pélissier, le colonel Cavaignac, le colonel Gachat, le colonel Tartas, le colonel Yrsuf, le colonel Morris; le capitaine Bonamy, de l'artillerie; le colonel Eynard, de l'état-major; le lieutenant-colonel de Crény, idem; les chefs d'escadron de Goyon et de Martimprey, idem; le colonel Foy, idem; le commandant Caillé, idem; les capitaines de Courson, Espivent, de Cissey et Trochu, et le lieutenant Beaudoin, officiers d'ordonnance du maréchal; le chef d'escadron Rivet, les capitaines Guillemot et Garraude; M. Roches, interprète principal (aujourd'hui consul général à Tunis); — le maréchal disait de lui : « Il se distingue en toute occasion de guerre, pour laquelle la nature l'avait fait; » — le chef des douairs, Mohamed-ben-Kaddour, qui a pris un drapeau.

Dans les spahis : les lieutenants Damotte, Diter; les sous-lieutenants Rozetti et Bouchakour, tués en enlevant le camp; les chefs d'escadron d'Allonville, Favas et Cassaignolles; les capitaines Auffroi, Billoud et Joron qui ont enlevé l'artillerie; les capitaines Fleury (aujourd'hui général et aide de camp de l'Empereur) et Lambert; les lieutenants Legrand, qui s'est distingué dans toutes les affaires auxquelles il s'est trouvé, Gautrat et Michel; les sous-lieutenants Dubarrail, Bertrand, de Moissac; les lieutenants indigènes Moustapha, Kaïd-Osman, Mohamed-Boukouia; le chirurgien aide-major Stéphanopoli; Lagardère, médecin-vétérinaire en premier; les adjudants Lefèvre et Kobus; les maréchaux des logis Caudas, Mohamed-ben-Sebeur, Cuissin, de Bardiès, Pigeon-Lafayette, Mignot, Béguin, Massé, Gide, Chalamel, Hadj-Brahim; les brigadiers de Pradel, Ben-Djerid, Chafi-bel-Arbi, Siquot, Rouzé, Adda-ben-Ottmann; les spahis Kaddour, Bonafosse, Courvoisier, Mohamed-ben-Abid, Hugon, de Doubet, Kaddour-ben-Abd-el-Kader; les trompettes Landri, Justin et Dugommier.

Dans le 4ᵉ chasseurs : le commandant Crestey; les capitaines de Loë, Ducrest, Laillot, de Noyac; les lieutenants Goujet et Lebègue; les sous-lieutenants Guiraud, Nyel, Hayaërt, de Balzac; l'aide-major Vallin; le vétérinaire Vallon; les maréchaux des logis Bouraud, Cardalle, Cordier, d'Henriquin, Vialaud, Pétion, Noyras; les brigadiers Bory, Nunier, Dupuy, Gérard, Jude; les chasseurs Darguet, Courteau, Carlier, Duprat, Helstein, Fayet, Vesse, Hugues, Robert, Guicheteau, Barthélemy, Reynaud.

Dans le 2ᵉ chasseurs : le chef d'escadron Houdaille; les capitaines de Forton, de Cotte, Rousseau, Lecomte, Joly, Lacaze, Houssaye; les lieutenants Vaterneau,

Vidil, Colonna; les sous-lieutenants de Magny, de La Chère, Espanet, Roget; l'adjudant Sustrac; les maréchaux des logis chefs Pongerville, Baudette, Aubin; le trompette-major Aury; les maréchaux des logis Cornac, de Brigode, Lenormand, qui a pris le grand étendard, Pargny, Frantz, qui s'est toujours distingué et fait citer dans toutes les affaires, Boullanger, Beaudoin, Single, Rougerat; les brigadiers Landry, Maurice, Kergré, Dangée, Renaud, Bernard, Quillaumen, Rébès, Tisnébébat, Vuguer, Esther, Pagès, trompette, Malpas et Schmitt.

Dans le 1er chasseurs : les capitaines Tallet et Vidallin; le lieutenant Rivat; le sous-lieutenant Dervieux; les maréchaux-des-logis Loutti et Raymond; le brigadier Pack.

Dans le 2e hussards : le colonel Gagnon; le chef d'escadron Courby de Cognord; les capitaines Gentil Saint-Alphonse et Delard; le lieutenant Pernet; le sous-lieutenant Aragnon; les maréchaux des logis Barnon et Marlien.

Le colonel Tartas cita particulièrement dans le 4e chasseurs : le capitaine Bastide; les adjudants Lecarlier de Veslud et Durys; le trompette-major Saignie et le brigadier Lestoquoy.

Le maréchal cita encore, dans le *maghzen* ou cavalerie auxiliaire indigène : le chef d'escadron Walsin-Estherazy, commandant.

Dans l'infanterie, colonne de droite : le colonel Chadeysson, du 15e léger; le commandant Bosc, du 13e léger; le commandant d'Autemarre, des zouaves, aujourd'hui général de division et l'un de ceux qui ont le mieux compris et le mieux fait la guerre d'Afrique; le capitaine Guyot, du 9e bataillon de chasseurs d'Orléans; le capitaine Hardy, du 13e léger; l'adjudant Cambon, des zouaves; le sergent Safrané, du même corps.

Dans la colonne de gauche : le colonel de Comps; commandant le 48e; les chefs de bataillon Blondeau, Chevauchaud-Latour et Fossier, de ce régiment; le colonel Renault, commandant le 6e léger, déjà cité tant de fois et qui eut une large part dans la gloire dont notre armée se couvrit à Isly; le carabinier Morel, du 6e léger; le commandant Bonat, du 10e bataillon de chasseurs d'Orléans; le caporal Sarval, du même bataillon.

Dans le corps faisant tête de colonne : le commandant Froment-Coste, du 8e bataillon de chasseurs d'Orléans; les capitaines Delmas et Dutertre, et l'adjudant Fléchel, du même corps.

Dans le 32e : le capitaine Chardon et le sergent Binker.

Dans le 41e : le colonel Roguet; le lieutenant Gratsogny; le sergent Milhourat.

Dans les bataillons d'arrière-garde : le commandant de Bèze, du 3e léger; le capitaine Morizot; le sous-lieutenant Bonnafous; le major Duroutgé; les sergents Durazzo et Guezenec; le carabinier Lautrin et le voltigeur Berlière, du même corps.

Dans le 3e bataillon de chasseurs d'Orléans : le commandant Baugu de Perreuse et le capitaine Jourdain.

Dans l'artillerie : les capitaines Place et Clappier; les lieutenants Duchand, Lebeuf et Chevaudret; les maréchaux des logis Loubion, Wœchter, Maure, Déché; le brigadier Colteret; le canonnier Lamboulas.

Enfin, le capitaine de Lamoissonnière; le chirurgien principal Philippe, et M. Barbet, chef des ambulances.

C'était pour nous un devoir de rappeler ici les noms de tous les braves que l'illustre maréchal Bugeaud cita dans son rapport comme s'étant particulièrement distingués dans cette affaire, qui fut la plus belle, la plus glorieuse de toutes celles qui avaient eu lieu depuis la conquête.

L'effet moral que ses résultats produisirent fut immense, sur les populations marocaines surtout, et le général comte Delarue ne tarda pas à obtenir du Maroc un traité d'après lequel Abd-el-Kader devait être expulsé, les frontières délimitées, les oasis du Sud reconnues françaises, et enfin le commerce entre les deux pays favorisé.

Le plus grand calme régnait alors dans nos possessions d'Afrique, et malheureusement ce calme endormit notre attention.

D'un côté, Abd-el-Kader essayait de tirer parti de la défaite des troupes marocaines en excitant les hommes de ce pays contre leur chef; de l'autre, un aventurier prenant le titre de chérif cherchait à soulever les populations des montagnes contre nous.

Cet homme était appelé Bou-Maza, parce qu'il avait apprivoisé une chèvre qui le suivait comme un chien, et même savait faire quelques tours.

On voit qu'il faut peu de chose pour devenir chérif, et qu'il en coûte peu pour exploiter l'ignorance et la crédulité des habitants de l'Afrique.

Afin de paraître avec plus de prestige, Bou-Maza se fit investir par un chef de secte religieuse qui lui donna un cachet avec lequel il devait signer ses actes de commandement.

Ce fut à la fin d'avril 1845 que Bou-Maza entra en campagne contre les tribus soumises dont plusieurs chefs furent égorgés.

Le colonel Saint-Arnaud, qui se trouvait à Orléansville, fit aussitôt prendre les armes à la garnison, et dans plusieurs rencontres, battit et dispersa les contingents rassemblés par le nouveau chérif.

Cependant l'insurrection gagnait du terrain; aussi le maréchal s'empressa-t-il de diriger vers son foyer principal plusieurs colonnes, sous les ordres des colonels Pélissier, Ladmirault et Saint-Arnaud.

La colonne du colonel Pélissier ayant pénétré au cœur des montagnes du Dahra, entre Mostaganem et Ténez, se trouva en présence d'un ennemi nombreux et retranché dans des rochers peu abordables.

L'assaut fut donné à ces positions; mais on s'aperçut, en y arrivant, qu'à l'imitation des renards, les Kabyles s'étaient terrés.

Le colonel Pélissier fit garder les abords des grottes et envoya des parlementaires aux Kabyles, qui répondirent par des coups de fusil.

Ce fait s'étant répété à plusieurs reprises, on coupa du bois vert; on en bourra les bouches ouvertes à bon vent, et on y mit le feu.

Le lendemain matin, nos soldats pénétraient dans les grottes, où ils trouvaient les Kabyles asphyxiés.

On a fait grand bruit en France de cette exécution. Nous demandons ici à ceux qui, du coin de leur feu, se sont tellement apitoyés sur le sort de ces pauvres diables, nous leur demandons s'il eût été plus humain de faire tuer deux cents de nos soldats pour obtenir un résultat analogue. Ce fut là une nécessité bien triste, il est vrai, mais qui est regardée comme très-naturelle par tous ceux qui ont fait la guerre dans ce pays.

Le maréchal Bugeaud ayant été appelé en France à cette époque, le gouvernement intérimaire fut confié à M. de Lamoricière.

Malgré le traité récemment conclu avec la France, l'empereur du Maroc, encore sous le coup de sa double défaite, faisait agir dans l'ombre les chefs de secte religieuse de ses États, et plusieurs de leurs émissaires parcouraient nos tribus pour les pousser à la guerre.

Bou-Maza, Abd-el-Kader et les chefs religieux, c'était plus qu'il n'en fallait pour arriver à une guerre générale.

Aussi, dans les premiers jours de septembre, la garnison de Cherchell se vit-elle menacée ainsi que celle de Mostaganem.

Le général de Bourjolly, qui commandait cette subdivision, ne craignit pas de sortir avec mille hommes d'infanterie et cent chevaux ; mais, attaqué par des forces très-nombreuses au passage d'un défilé, il éprouva des pertes sérieuses, et dut se replier en attendant des secours.

Le 23 septembre, un Arabe vint avertir le colonel Montagnac, établi à Djemma-Ghazouat, qu'Abd-el-Kader se trouvait dans les environs avec peu de monde; le colonel partit aussitôt avec trois cents hommes du 8e bataillon de chasseurs à pied et soixante-six sabres du 2e hussards commandés par M. Courby de Cognord.

Tombée au milieu d'une embuscade, cette petite troupe fut assaillie par des milliers d'Arabes, et, malgré une défense vraiment héroïque, fut enveloppée, après trois heures de combat, et décimée.

Le colonel Montagnac et ses officiers furent tués ; le commandant Courby de Cognord, blessé grièvement, fut fait prisonnier avec douze hommes.

Une compagnie de chasseurs sous les ordres de M. Gérôme s'étant enfermée dans la mosquée de Sidi-Brahim, tint bon pendant trois jours contre six mille Arabes ; enfin, à bout de vivres et de munitions, elle sortit en se frayant à la baïonnette un passage à travers les hordes ennemies.

Sur quatre-vingts hommes, dix seulement arrivèrent à Djemma-Ghazouat.

A la nouvelle de ce désastre et à celle non moins douloureuse de l'enlèvement de deux cents soldats convalescents, le général de Lamoricière s'occupa des mesures propres à localiser l'insurrection.

Le maréchal Bugeaud arriva de France, sur ces entrefaites, avec un renfort de dix mille hommes.

Le but du gouverneur était d'organiser de suite plusieurs colonnes mobiles destinées à traquer, sans relâche, Abd-el-Kader et Bou-Maza, jusqu'à ce qu'ils fussent pris ou tués.

Les colonels Yusuf, Renault à l'Ouest; le colonel Camou au Sud ; les généraux de Lamoricière, Bedeau et Gentil, au centre, devaient obtenir ce résultat par des mouvements convergents.

Chassé par les Kabyles du Djurjura, après une rude leçon que lui avait infligée le maréchal au commencement de février, l'émir tombe, au Sud de Boghar, dans la colonne mobile du colonel Camou qui le bat à outrance et le pousse sur la ligne gardée par le colonel Yusuf.

Nouvelle rencontre, nouveau combat malheureux après lequel Abd-el-Kader se trouve assailli par les troupes du colonel Renault qui lui tuent presque tous les réguliers qui lui sont restés, dispersent le reste, et le poursuivent jour et nuit la baïonnette aux reins jusqu'à ce qu'il se sauve au delà de la frontière du Maroc.

C'est au colonel Renault et à la chasse intelligente, vigoureuse et hardie qu'il donna à l'émir, que l'on doit surtout attribuer sa chute.

A la même époque, les colonels Canrobert et Saint-Arnaud battaient les contingents de Bou-Maza et le faisaient prisonnier.

Pendant que nos officiers et nos soldats obtenaient ces avantages au prix de fatigues inouïes et de dangers incessants, Abd-el-Kader, pour exercer des représailles qui auraient dû lui interdire à tout jamais le droit de mettre les pieds sur le sol Français; Abd-el-Kader, sous le prétexte qu'il ne pouvait plus nourrir nos prisonniers, ordonnait à son kalifa Ben-Tami de les massacrer.

Pendant la nuit du 28 avril 1846, deux cent quatre-vingts soldats de toutes armes furent entourés par les Arabes de sa *deïra*; puis on mit le feu aux cabanes en chaume qui les couvraient.

Ceux qui ne périrent point dans les flammes furent fusillés ou assommés.

Les officiers seuls et un clairon nommé Roland échappèrent à la mort.

Et celui qui a ordonné cette exécution a obtenu grâce; et il a franchi le seuil du palais de nos rois; il a eu un de leurs plus beaux domaines pour asile; et la France lui a fait une position que n'obtiennent pas les généraux qui pendant trente ans se sont battus pour elle!

Nul plus que nous n'est prêt à applaudir à un acte de générosité et de pardon; mais nous ne pouvons nous empêcher de dire qu'ici ce n'était pas le cas d'aller *si loin*.

La fuite d'Abd-el-Kader, la prise de Bou-Maza et les corrections infligées aux tribus qui avaient pris les armes, venaient de produire d'excellents résultats.

Tout le pays naguère insoumis était rentré dans l'ordre ; le maréchal Bugeaud voulut en profiter pour frapper les tribus de la grande Kabylie et ouvrir la route de Bougie à Sétif.

Pendant que le gouverneur opérait contre les Beni-Abbès en partant d'Aumale, le général Bedeau marchait de Sétif vers Bougie.

Cette expédition nous valut la soumission de plusieurs tribus qui, avant de mettre bas les armes, opposèrent une grande résistance.

Le maréchal, comprenant qu'on ne serait véritablement maître de ce pays qu'en l'occupant d'une manière forte et permanente, demanda les moyens d'action nécessaires pour obtenir cet important résultat.

Sa demande n'ayant pas été prise en assez sérieuse considération, le maréchal Bugeaud donna sa démission de gouverneur et se rendit en France.

On ne saurait trop regretter qu'à cette époque le gouverneur n'ait pas obtenu les moyens de conquérir et d'occuper la Kabylie, et de faire des essais multipliés de colonisation militaire.

Il est vrai que ses successeurs n'auraient pas eu la gloire d'accomplir cette tâche; mais aussi que de temps, d'hommes et d'argent on aurait épargné !

Quoi qu'il en soit, le gouvernement du maréchal Bugeaud fut une belle époque militaire pendant laquelle on vit naître, grandir, et devenir bientôt maîtres dans l'art de la guerre, un certain nombre d'hommes qui sont aujourd'hui l'honneur de notre armée et la gloire de la France.

Quant au maréchal lui-même, c'est une grande et noble figure devant laquelle s'inclinent tous ceux qui l'ont connu.

En quittant le sol africain, il fut regretté de tous, et le Roi le comprit si bien qu'il ne voulut donner à cette brave armée d'autre chef que son propre fils, le duc d'Aumale.

VI

LE DUC D'AUMALE. — LE MARÉCHAL RANDON.

I

LE DUC D'AUMALE.

Ce choix pour le gouvernement de l'Algérie obtint l'approbation unanime de l'armée qui avait jugé la valeur personnelle du prince, non-seulement sur les champs de bataille, mais encore dans l'administration de la province de Constantine qu'il avait sagement organisée.

L'élément civil vit venir le duc d'Aumale au pouvoir avec d'autant plus d'espérance qu'il connaissait ses excellentes dispositions à son égard ; enfin les populations indigènes étaient fières d'obéir au fils de notre Roi.

Donc, à tous les points de vue, la nomination du duc d'Aumale fut un acte de bonne politique et généralement approuvé. Peu de temps après l'arrivée du prince à Alger, Abd-el-Kader était attaqué par les Marocains et éprouvait un nouvel échec. Sachant bien que la frontière était gardée par les troupes du général de Lamoricière, et que s'il tentait de la franchir, il courait le risque d'être pris, l'émir voulut résister.

Il essaya donc de surprendre le camp marocain par une attaque de nuit.

Mais cette tentative, exécutée avec des moyens insuffisants, échoua ; et dès lors Abd-el-Kader, poursuivi de toutes parts sur le territoire du Maroc, se vit contraint de chercher un refuge sur le nôtre.

Pour comble de malheur, les populations elles-mêmes se tournèrent contre lui ; aussi lorsqu'il arriva sur la frontière, presque tout ce qui lui restait de soldats avait été tué ou dispersé.

Le 21 décembre 1847, le général de Lamoricière

apprend que l'émir doit passer, la nuit, le col de Guerbous ; aussitôt il envoie sur ce point vingt spahis sous les ordres du lieutenant Bou-Khaïa.

Abd-el-Kader étant tombé dans cette embuscade, accompagné d'un petit nombre de cavaliers, offrit à celui qui commandait nos spahis de se rendre au général de Lamoricière.

Deux cavaliers de l'émir, accompagnés par le lieutenant Bou-Khaïa, furent aussitôt envoyés auprès du général.

La soumission ayant été acceptée, Abd-el-Kader se rendit le lendemain 22 au marabout de Sidi-Brahim où, en 1845, il avait traîtreusement attiré et massacré le colonel Montagnac et quelques centaines d'hommes.

La deïra de l'émir, gardée à vue par une colonne placée sous les ordres du colonel Mac-Mahon, fut bientôt dissoute ; et nos troupes purent enfin rentrer dans leurs cantonnements et se reposer des fatigues qu'elles enduraient depuis si longtemps.

La soumission ou plutôt la prise d'Abd-el-Kader produisit un bon effet sur les populations de l'Ouest et du centre ; mais ce fut à peine si on en parla dans l'Est de nos possessions.

Partout du reste on était fatigué des maux qu'entraine une longue guerre ; et les indigènes, il faut bien le dire, ne se battaient plus contre nous que parce qu'ils craignaient les représailles d'Abd-el-Kader, toujours sans pitié pour ceux qui avaient reconnu notre autorité.

Ainsi la résistance des populations de l'Ouest doit être attribuée d'abord au fanatisme, beaucoup plus enraciné chez elles que dans celles de l'Est ; à la présence de plusieurs chérifs au milieu d'elles, parmi lesquels Abd-el-Kader ; aux instigations de l'empereur du Maroc et des sectes religieuses qui envoyaient des missionnaires dans nos tribus ; et puis, enfin, à la crainte des châtiments cruels qui leur étaient infligés quand elles s'étaient ralliées à notre cause. Ce n'est donc pas à l'émir seul qu'il faut attribuer la longueur de cette guerre dans laquelle il n'a rempli que l'un des rôles qui l'ont prolongée, et celui-là n'était pas le principal.

Ce qui est vrai, c'est qu'on tenait à en finir avec lui parce que sa présence sur notre territoire était un danger, comme c'eût été un danger d'y laisser circuler tout autre prédicateur de guerre sainte.

Quant à sa force réelle, il la tenait des traités d'Oran et de la Tafna ; cette force, le maréchal Bugeaud l'avait entamée à la Sika, et les colonnes mobiles organisées par le général de Lamoricière lui avaient porté le dernier coup depuis longtemps.

En résumé, il y avait deux ans que toute résistance sérieuse de la part des populations avait cessé ; il ne s'agissait plus dès lors que d'une chasse à l'homme.

Or, dans un pays comme celui-là, un homme qui n'attend jamais de pied ferme, détale dès qu'il se voit menacé, et court trente lieues d'une traite quand il est poursuivi ; cet homme est difficile à prendre, et la chasse peut durer longtemps. C'est ce qui est arrivé.

Il n'en a pas été de même pour la pacification des tribus hostiles. Longtemps, trop longtemps on a opéré contre elles avec des colonnes lourdes, des convois sans fin, partant à jour et heure connus, arrivant de même.

Que pouvait-on obtenir des populations, si ce n'est des coups de fusil, alors qu'elles savaient qu'on ne faisait que passer sur leur territoire pour revenir au littoral ?

Mais ces écoles ont profité à ceux qui les ont faites, et les colonnes mobiles, succédant à leurs aînées, n'ont pas tardé à montrer aux indigènes que la soumission valait mieux que la fuite.

L'occupation de quelques points stratégiques dans l'intérieur, par des garnisons capables d'agir seules et de se suffire à elles-mêmes, fut, avec l'ouverture des routes, le complément de nos moyens de domination.

Nous avons dit que dans l'Est la prise d'Abd-el-Kader fit peu de sensation.

Néanmoins la province de Constantine fut longtemps troublée pour d'autres causes.

Cet homme que nous avons vu s'évader de prison la

veille du jour de son exécution, venir ensuite servir dans nos rangs avec Yusuf et déserter notre cause pour celle d'Ahmed-Bey ; El-Hassenaouï s'était établi sur la frontière de Tunis, et de là il soulevait contre nous les populations de la Régence et celles du territoire français.

Le général Randon, qui avait été appelé au commandement de la subdivision de Bône, dirigea plusieurs expéditions contre lui en 1844, 1845, 1846, et n'obtint sa soumission qu'en 1847.

Pendant cette période, apparurent plusieurs chérifs : l'un d'eux ne craignit même pas d'attaquer le camp du général, en plaine et au milieu du jour.

Montant à cheval, par alerte, la cavalerie, sous les ordres du général en personne, chargea ces fanatiques sur les faces du camp, tandis que, par une manœuvre habilement dirigée, l'infanterie lui coupait la retraite.

Quelques jours avant, le 2 juin 1846, ce même chérif avait fait massacrer un détachement de malades. Le général Randon se porta aussitôt sur la tribu qui s'était rendue coupable de cet acte d'insoumission et de cruauté; puis, l'ayant surprise, nous le vimes charger le premier à la tête des chasseurs et des spahis, et le premier frapper de son épée ceux qui osèrent opposer de la résistance. Dans le cours de cette campagne, le général Charles Boyer, que nous avons vu cité comme capitaine et comme chef d'escadron au 1er de chasseurs, fut encore l'objet de plusieurs citations à l'ordre général de l'armée comme commandant la cavalerie de la colonne expéditionnaire, à laquelle, disait le rapport, il sait toujours communiquer son élan en présence de l'ennemi.

En 1847, cette partie de la province était pacifiée, et recevait la même organisation que les autres tribus. A Alger, le duc d'Aumale donnait tout son temps à l'administration intérieure.

Connaissant par lui-même et par le général de Lamoricière les services que les douairs et les zemélas avaient rendus à la France pendant la guerre, et désirant les récompenser en les rapprochant de nous, le gouverneur ordonnait que ces braves cavaliers fussent établis avec leurs familles sur des terres qui deviendraient leur propriété : on devait les aider à bâtir des maisons, leur apprendre à améliorer leurs cultures; enfin, c'était un commencement de colonisation indigène, un grand pas vers l'assimilation. En même temps les travaux sur les routes étaient continués; on jetait des ponts sur des rivières souvent infranchissables à gué; un comptoir de la banque de France était établi à Alger; un journal arabe était fondé; et on voyait la colonisation européenne reprendre espoir et confiance.

Hélas ! tant de choses utiles commencées, tant de pensées généreuses prêtes à recevoir leur exécution, tant de zèle et de véritable attachement pour ce pays et les hommes qui l'habitaient, tout cela fut renversé, anéanti en une seule journée : le 24 février !

Dans cette circonstance si pénible pour la famille d'Orléans, le duc d'Aumale et le prince de Joinville, qui se trouvaient ensemble à Alger, donnèrent l'exemple de la plus belle vertu et du plus admirable courage.

Tout le monde reconnaîtra avec nous que si, en apprenant la fatale nouvelle, le duc d'Aumale avait fait appel à l'armée d'Afrique, il lui eût été facile de débarquer à Toulon avec dix mille hommes.

Là, dix mille marins auraient répondu à la voix non moins aimée du prince de Joinville. C'était plus qu'il n'en fallait pour trouver à Paris tous les bras ouverts, tous les cœurs ralliés.

Pourquoi les princes n'ont-ils pas fait cela ?

Pourquoi le Roi a-t-il refusé l'offre du maréchal Bugeaud de déblayer les barricades et de vaincre la révolution ?

Le Roi a préféré perdre le trône de France plutôt que de faire mitrailler ses enfants.

Le duc d'Aumale et le prince de Joinville, Français par le cœur comme par le sang, ont obéi à la volonté de leur auguste père.

La retraite des princes, dans les conditions où ils se trouvaient, fut donc un acte de courage, de respect et d'abnégation qui les honore et ne peut être oublié.

Le général Cavaignac, qui était alors à Oran, fut nommé gouverneur par le gouvernement provisoire, le 2 mars 1848, et presque aussitôt appelé à Paris.

Le général Changarnier lui succéda.

La République, se croyant en danger, avait rappelé d'Afrique une bonne partie de ses troupes; les Arabes, informés de ce qui se passait en France et voyant notre affaiblissement, en profitèrent pour s'insurger.

Dans la province de Constantine, où le général Bedeau avait remplacé le duc d'Aumale, Ahmed-Bey essayait de soulever quelques tribus, et se faisait battre et prendre par le colonel Canrobert.

Les populations de l'Aurès se révoltaient à leur tour, et le commandant supérieur de la province était obligé d'aller les châtier.

Cette expédition fut rapide et heureuse dans ses résultats, grâce à l'habileté du chef et à celle de ses officiers, tous habitués à ce genre de guerre.

Ce fut à cette époque qu'on envoya de Paris en Afrique dix mille colons de tous les métiers, excepté des agriculteurs.

L'État dépensa des sommes énormes pour leur établissement dont ils ne se souciaient guère, et aujourd'hui tout cela a presque disparu.

En 1849, des émissaires envoyés du Maroc parcourent l'Algérie, annonçant que nous avons la guerre chez nous et à l'étranger ; que bientôt les Anglais vont attaquer nos villes du littoral ; enfin que le moment est venu de nous mettre à la porte.

Dans la province d'Oran, les garnisons sont obligées de tenir la campagne pour arrêter ou empêcher les insurrections.

Dans celle de Constantine, le général Herbillon doit frapper les Kabyles révoltés.

Au centre, un chérif ameute les Zouaoua contre le poste d'Aumale qu'ils viennent attaquer. Le lieutenant Beauprêtre, des zouaves, arrêta cette insurrection à sa naissance en tuant son instigateur.

Mais une révolte bien plus sérieuse et qui devait avoir d'autres suites, éclatait dans le Sud.

Au mois de juillet 1849, le nommé Bou-Zian, cheïk de l'oasis de Zaatcha, située près de Biskarah, dans la province de Constantine, s'imagina que lui aussi pourrait jouer le rôle de chérif.

Un matin donc, en s'éveillant, il raconta un rêve dans lequel celui qui doit exterminer les chrétiens lui était apparu, en lui disant que le moment était favorable.

Le bruit de ce songe extraordinaire étant arrivé aux

oreilles du commandant de Biskarah, un officier du bureau arabe fut imprudemment envoyé pour arrêter le visionnaire.

Nous disons imprudemment, parce que c'est là la cause première de cette insurrection, et qu'elle n'aurait pas eu lieu si, à la place d'un officier français venant pour l'arrêter, on avait envoyé un simple cavalier arabe avec une lettre du kaïd de Biskarah, qui l'aurait invité à se rendre auprès de lui, ce qu'il aurait fait immédiatement et sans défiance.

Donc le lieutenant Seroka fut envoyé avec quelques spahis pour s'emparer de Bou-Zian.

D'abord le cheïk feignit de le suivre ; puis, ayant laissé tomber son chapelet, il s'arrêta pour en ramasser les grains : c'était le signal de l'attaque.

L'officier ne dut qu'à sa présence d'esprit et à la vitesse de son cheval de ne pas y laisser la tête.

Il n'en fallait pas davantage pour donner à Bou-Zian la valeur nécessaire pour un commencement d'insurrection.

Une seconde faute devait bientôt venir augmenter son prestige et d'un mouvement local faire une révolte générale.

Averti de ce qui se passait à Zaatcha, le général Herbillon, qui se trouvait en Kabylie, prescrivit au colonel Carbuccia, commandant de la subdivision de Batnah, dont Biskarah et Zaatcha sont des dépendances, de ne rien entreprendre avant son arrivée; parce que, disait-il, l'attaque d'une oasis était chose sérieuse, ainsi qu'il l'avait éprouvé lui-même déjà.

Sans tenir compte des instructions qu'il avait reçues, le colonel Carbuccia partit pour Zaatcha avec un bataillon de la légion étrangère.

Le village, de peu d'étendue, était situé au milieu d'une oasis assez vaste, coupée de jardins séparés par des murs, et lui-même fortifié par un mur d'enceinte et un fossé large et profond.

Ce fut sur les bords de ce fossé, et contre une des portes, que le bataillon lancé vint perdre la moitié de ses hommes inutilement.

Cet insuccès trop éclatant éveilla le fanatisme endormi des populations voisines, et lorsque le général Herbillon se présenta devant Zaatcha, au commencement d'octobre, tout le pays était en insurrection.

Nous ne décrirons pas ici les diverses péripéties de ce siége, qui dura cinquante-deux jours.

Nous dirons seulement qu'il fallut prendre jardin par jardin, en présence de cette résistance folle que le fanatisme seul peut inspirer; qu'un assaut fut repoussé par les défenseurs de la place; que chaque nuit ils se ruaient, furieux, sur les travaux d'approche, les brûlant ou les détruisant; que le général Herbillon fut chaque jour, et à toute heure, au poste le plus dangereux ; et enfin que, le 26 novembre 1849, à sept heures du matin, Zaatcha fut pris d'assaut par trois colonnes, sous les ordres des colonels Canrobert, de Barral et de Lourmel.

Les défenseurs se firent tuer jusqu'au dernier, pendant que le colonel Bourbaki, cernant les abords de la place, soutenait un rude combat pour refouler les contingents des oasis voisines accourus au bruit de l'attaque.

Bou-Zian fut tué pendant le sac, par les zouaves du colonel de Lavarande.

Cette affaire de Zaatcha peut être regardée comme une des plus sérieuses de nos guerres d'Afrique.

Pour s'en convaincre, il suffit de savoir qu'il y eut chaque jour des pertes plus ou moins sensibles, des attaques imprévues, de jour et de nuit, multipliées ; que l'ennemi défendit chaque rue, chaque maison pied à pied ; et enfin que, sur un effectif de sept mille hommes, le corps expéditionnaire en perdit quinze cents, dont quatre-vingts officiers.

La prise de Zaatcha est une des gloires du brave maréchal Canrobert. Monté à l'assaut avec trois officiers et quinze zouaves de bonne volonté, en tête de sa colonne, il revint avec sept de ses zouaves et sans un officier.

Néanmoins, après la victoire, nous ne vîmes aucune

trace de joie sur son mâle visage, mais plutôt de la tristesse.

C'est qu'il pensait à tous ces soldats tombés à côté de lui et qui ne reverraient plus la France.

Honneur! honneur! à ce cœur généreux et chevaleresque qui oublie sa propre gloire pour ne penser qu'à la vie de ses soldats!

Cette qualité, si rare et si belle, le général Herbillon ne cessa de la montrer pendant toute la durée de ce rude siége; et cependant il fut rappelé en France à cause de la lenteur des opérations.

Mais il y a des témoignages qui consolent, et celui que les officiers de toutes armes et de tous grades lui donnèrent, à son départ, doit être et sera sans doute toujours présent dans son cœur.

Après la prise de Zaatcha, le général Herbillon chargea le colonel Canrobert de châtier les tribus de l'Aurès qui avaient pris part à la révolte, et la place de Nara, située sur une position naturellement très-forte et bien défendue, fut enlevée par assaut.

Dans le courant de janvier, l'oasis de Bou-Çadah tombait en notre pouvoir et était occupée malgré la présence d'un nouveau chérif.

En 1850, le général de Barral fut tué en marchant contre les Kabyles qui gênaient les travaux destinés à ouvrir la route entre Sétif et Bougie.

A la même époque, le général de Saint-Arnaud, appelé à remplacer le général Herbillon, fit une reconnaissance dans l'Est de la province de Constantine et laissa une garnison à Tébessah.

Le gouvernement de l'Algérie venait encore une fois de subir un changement sans laisser à ceux qui en étaient investis le temps de se reconnaître.

Après le général Changarnier, était venu le général Charon, puis le général d'Hautpoul qui, à son tour, allait être remplacé par les généraux Pélissier et Charon.

Au commencement de mai 1851, un chérif du nom de Bou-Baghla ayant soulevé une partie de la petite Kabylie, le général de Saint-Arnaud reçut l'ordre de marcher contre les tribus hostiles avec un corps de huit mille hommes.

Deux généraux de brigade étaient sous ses ordres : MM. de Luzy et Bosquet.

L'expédition dura vingt jours. La résistance des Kabyles fut sérieuse, car la colonne perdit le cinquième de son effectif. Cependant, et malgré la trop grande rapidité de ces opérations, quelques tribus se soumirent au général de Saint-Arnaud pendant que le général Camou, au Nord de Sétif, châtiait celles qui avaient reçu Bou-Baghla.

Vers le même temps, le général Pélissier écrasait

avec son impétuosité habituelle une insurrection chez les Kabyles de l'Isser, et les obligeait à l'obéissance en créant un poste à Drah-el-Mizan.

Au printemps de 1852, le général de Mac-Mahon, commandant supérieur de la province de Constantine, dirigeait une seconde expédition contre les Kabyles de l'Est ayant sous ses ordres les généraux Bosquet et d'Autemarre.

Au même moment, les tribus du centre de cette province, exaspérées, d'une part à cause des corvées auxquelles elles étaient soumises, d'autre part à cause des exactions sans nombre de quelques chefs indigènes, se révoltaient et attaquaient plusieurs de nos postes.

Pendant qu'il terminait ses opérations en Kabylie, le général de Mac-Mahon détachait le général d'Autemarre avec quelques troupes pour l'envoyer sur le foyer de l'insurrection, où accouraient en même temps le colonel Desvaux, de Batnah, et le colonel de Tourville, de Bône.

Les tribus rebelles ne tardèrent pas à rentrer dans l'ordre et le général de Mac-Mahon, arrivé à son tour, frappait, sur la frontière de Tunis, celles qui avaient pris la plus grande part à l'insurrection.

II

LE MARÉCHAL RANDON.

Le maréchal Randon, nommé gouverneur général depuis le mois de décembre 1851, apportait l'expérience de deux commandements qu'il avait exercés avec honneur, et pendant de longues années, à Oran et à Bône.

Cette dernière subdivision lui doit encore, en outre d'une administration sage et éclairée qui a placé ses populations indigènes dans des conditions de bien-être et de sécurité très-remarquables, des travaux d'utilité publique appelés, au point de vue de la colonisation à en faire un des ports les plus importants de l'Afrique.

Le premier soin du nouveau gouverneur, aussitôt après son entrée en fonctions, fut d'augmenter l'effectif des corps permanents, en créant deux nouveaux régiments de zouaves et en donnant aux tirailleurs indigènes ainsi qu'aux spahis une meilleure organisation.

Les services que ces troupes ont rendus en Crimée et en Italie prouvent combien cette mesure était intelligente et opportune.

Ayant fait longtemps la guerre dans les trois provinces, le gouverneur comprit que la cavalerie ne devait pas rester casernée sur le littoral ; et il la fit établir dans l'intérieur des terres, de manière à pouvoir frapper plus rapidement les tribus insurgées.

Pendant l'automne de 1852, un chérif ayant suscité des troubles dans le Sud de nos possessions, les généraux Pélissier et Yusuf attaquèrent et enlevèrent par assaut l'oasis de Laghouat, devenue le centre de l'insurrection. En même temps son occupation fut décidée.

Le général Bouscaren, officier distingué et d'une grande bravoure, fut tué à la prise de Laghouat.

A cette époque, l'Algérie est entrée dans une ère nouvelle.

Le maréchal Randon désirant en finir avec la petite Kabylie avant d'entamer la grande, s'y porta lui-même, au mois de mai 1853, avec deux divisions, commandées par les généraux de Mac-Mahon et Bosquet. Toutes les tribus comprises entre Bougie et Djigelly au Nord, Sétif et Milah au Sud, furent visitées et soumises.

Avant de se retirer, le gouverneur fit ouvrir une route destinée à relier Djigelly et Milah, et construire des postes intermédiaires pour la sûreté des communications.

En 1854, les généraux de Mac-Mahon et Camou furent chargés de châtier les tribus kabyles établies entre Bougie et Delhys ; puis de frapper celle des Beni-Hidjer, voisine du Djurjura ; ces différentes tribus s'étaient toujours montrées hostiles. Le gouverneur dirigea en personne ces dernières opérations que les difficultés naturelles du pays, ainsi que le nombre et le caractère belliqueux de l'ennemi, rendaient sérieuses et difficiles. Cette expédition ne fut pas seulement utile par les résultats obtenus ; mais encore et surtout parce qu'elle permit au gouverneur et à ses généraux de connaître la contrée dans laquelle se trouvaient de fortes populations restées hostiles depuis les premiers temps de la conquête et qui, pour ce motif, se regardaient comme invincibles.

Cette contrée était la chaîne du Djurjura et ses ramifications, connues sous le nom général de grande Kabylie.

Le cheïk de Tugurt, notre ancien allié, étant mort à cette époque, un usurpateur du nom de Seliman s'empara du commandement de cette partie du Sahara et entra en fonction en se déclarant l'ennemi de la France. Au mois de novembre 1854, le général Desvaux fut envoyé contre Seliman avec une petite colonne d'infanterie et la cavalerie de la province. Le commandant Marmier, qui éclairait la marche des troupes avec une compagnie de tirailleurs indigènes, deux escadrons de spahis et mille chevaux auxiliaires, rencontra à Mégarin l'ennemi au nombre de six mille hommes. Malgré une aussi grande disproportion entre ses forces et celles de ses adversaires, le commandant Marmier ordonna l'attaque, et cette poignée de soldats irréguliers, aidée des contingents nomades, écrasa les masses ameutées contre nous.

Plus de cinq cents morts restèrent sur le terrain ; le reste fut dispersé.

Le 5 décembre, le général Desvaux faisait son entrée dans Tugurt, réputé imprenable, et y établissait une garnison à deux cents lieues du littoral.

La guerre d'Orient ayant appelé une grande partie des troupes d'Afrique, le gouverneur dut remettre l'entreprise sérieuse qu'il méditait contre les habitants du Djurjura ; mais il employa l'année 1855 et une partie de 1856 à préparer l'attaque.

Delhys reçut une forte garnison confiée au général de Ligny ; des routes furent ouvertes, les postes existants augmentés et d'autres créés.

Vers la fin de 1856, les Kabyles du Djurjura tentèrent d'enlever notre poste de Drah-el-Mizan, et le gouverneur dut quitter Alger pour se mettre à la tête des troupes commandées par les généraux Renault, Yusuf et de Ligny.

Les sept ou huit mille hommes dont il disposait ne lui permettant point d'entreprendre la conquête définitive de la grande Kabylie, le maréchal demanda et obtint les forces nécessaires pour agir au printemps suivant.

Le 20 mai 1857, trois divisions, sous les ordres des généraux de Mac-Mahon, Renault et Yusuf, et formant ensemble un effectif de vingt-six mille baïonnettes, sont réunies sur les limites du pays ennemi.

Le maréchal Randon, commandant en chef, décide que l'attaque commencera par la tribu des Beni-Raten, une des plus hostiles et qu'il importe de soumettre avant d'entamer ses voisines.

L'ascension du Djurjura doit se faire sur trois directions convergentes, et de manière à enlever tous les villages qui se trouvent sur le chemin de chaque division.

Le point de ralliement est Souk-el-Arba, première position culminante à laquelle plusieurs crêtes viennent se relier.

La 1re division, général Renault, est formée en trois colonnes, commandées par les généraux de Liniers, Chapuis et Rose. Le 24 mai, à la pointe du jour, elles sont lancées, par les crêtes, sur les villages occupés qui dominent leur marche et qu'elles doivent enlever un à un.

L'ennemi est partout délogé de ses positions, malgré une résistance très-sérieuse et, le soir, les trois brigades sont ralliées par leur chef sous le feu des Kabyles qui, exaspérés d'avoir vu leurs villages brûlés, combattent encore avec beaucoup d'ardeur.

Cette journée a coûté à la 1re division trente hommes morts et cent soixante blessés.

La 2ᵉ division, général de Mac-Mahon, rencontre une résistance non moins grande à travers un pays aussi difficile ; mais ses deux brigades, conduites par les généraux Bourbaki et Périgot, chassent l'ennemi devant elles et le délogent de ses postes, tantôt à la baïonnette, tantôt en les tournant ; bien avant la nuit, elles arrivent à Souk-el-Arba après avoir perdu le même nombre d'hommes que la division Renault.

Cette division est aussitôt ralliée par les brigades de Ligny et Gastu, de la division Yusuf, qui n'a perdu que quarante de ses soldats.

Le maréchal campe entre ces deux divisions.

Le 25 au matin, le général Renault lance de nouveau ses colonnes, en vue de son bivouac, sur plusieurs villages remplis de défenseurs, et les fait enlever et détruire.

Pendant cette journée, la 2ᵉ division est attaquée par de gros rassemblements qui sont repoussés.

Le lendemain, la tribu des Beni-Raten fait sa soumission, bientôt suivie par celle de plusieurs autres tribus importantes, effrayées du châtiment infligé sous leurs yeux à ceux qui résistent.

Malgré la parole donnée et la livraison des otages, le maréchal Randon a compris qu'il ne suffit pas de battre ces populations pour obtenir d'elles une soumission durable ; et il décide que leur pays sera occupé.

La position de Souk-el-Arba étant essentiellement

stratégique, le gouverneur la choisit pour y élever un fort pouvant contenir une garnison de trois mille hommes, un hôpital, des magasins ; et, ce qui est non moins utile, il y établira un bureau arabe chargé de l'administration des tribus récemment soumises.

En outre, pour s'attacher ces populations et s'en faire des auxiliaires, le maréchal ordonne que la tribu des Beni-Raten, la plus influente, sera organisée en *maghzen* ou milice.

Enfin, pour relier le fort de Souk-el-Arba avec Alger, une route sera immédiatement ouverte.

Ces grandes et utiles choses sont exécutées aussitôt que résolues ; et quelques jours après les brillants faits d'armes par lesquels nos généraux, nos officiers et nos soldats d'Afrique s'étaient montrés si dignes de leur vieille réputation, chacun mettait la main à l'œuvre pour l'élévation du fort et l'ouverture des voies de communication.

En dix-sept jours, vingt-cinq kilomètres de route sont terminés et on peut aller en voiture de Souk-el-Arba à Alger.

Après avoir assuré ainsi la pacification du pays qu'il venait de soumettre, le gouverneur, ne voulant pas laisser devant lui une seule tribu hostile, fit reprendre l'offensive aux trois divisions.

Le 24 juin, les brigades Bourbaki et Périgot, de la division Mac-Mahon, attaquent et enlèvent un gros village fortement défendu, de la tribu des Menguillet.

Cette journée nous a coûté trois cent soixante-dix hommes hors de combat, dont vingt-quatre officiers.

La légion étrangère et le 2ᵉ de zouaves ont supporté ces pertes; c'est assez dire combien la victoire leur fut disputée.

Les généraux de Mac-Mahon et Bourbaki se montrèrent ce jour-là ce qu'ils sont toujours et partout, d'une bravoure héroïque.

Le même jour, la division Renault, partagée en deux colonnes, entre sur le territoire des Beni-Yenni, repousse l'ennemi qui a préparé de nombreuses embuscades sur son chemin, et établit son bivouac au cœur de la contrée.

De son côté, la divison Yusuf a fait son mouvement en avant sans rencontrer de résistance, et campe à l'entrée du pays ennemi.

Le 25, le maréchal fit attaquer par les divisions Renault et Yusuf quatre gros villages espacés à portée de fusil, et défendus par quinze mille Kabyles.

L'attaque de nos troupes, allégées de leurs sacs, fut vigoureuse et prompte; mais la résistance fut sérieuse, et si elle ne coûta pas trop cher, c'est que le plan général fut bien ordonné et habilement suivi; c'est que les chefs de corps payèrent de leur personne, et qu'il y eut une telle vivacité dans les mouvements offensifs, que l'ennemi se vit abordé de tous côtés, avant d'avoir pu nous faire éprouver de grandes pertes.

Les deux divisions n'eurent, en effet, que quarante hommes hors de combat.

Le 30 juin, la brigade Périgot, de la division Mac-Mahon, occupait le village et la position d'Aguemoun chez les Menguillet ; ce succès ne coûtait à nos troupes que douze hommes tués.

Ici, comme dans la journée du 25, si nos pertes furent peu sensibles, ce fût grâce à l'élan irrésistible des officiers et des soldats qui enlevèrent en courant les postes défendus.

La division Mac-Mahon avait dans ses rangs plusieurs contingents assez nombreux des Beni-Raten, nouvellement soumis, et faisant le coup de fusil de concert avec elle.

Ces deux affaires amenèrent au maréchal la soumission des Menguillet et des Beni-Yenni. Bientôt après vinrent les Beni-Boudrar, les Zouaoua, les Attaf et plusieurs autres tribus importantes du Djurjura.

Pendant que le gouverneur et ses lieutenants obtenaient ces avantages au Nord, une division partie de Constantine, celle du général Maissiat, officier aussi distingué que rempli de zèle pour la colonisation, manœuvrait au Sud pour obtenir la soumission des Beni-Melikech.

L'ennemi l'attendait en force au col de Chellatah, qui fut brillamment enlevé le 27 juin par les brigades Desmaretz et Margadel avec une perte de trente hommes.

Le 29, la brigade Margadel attaque et enlève deux villages qui lui coûtent seize hommes tués et quatre-vingt-dix blessés, dont huit officiers.

Le 30, la brigade Desmaretz s'empare d'un gros village de la tribu des Oumalou avec une perte de vingt tués et soixante-quatre blessés, dont quatre officiers.

Grâce à ces trois actions vigoureuses et à une attaque combinée, dirigée par le colonel Marmier, les Beni-Melikech firent leur soumission dans les premiers jours de juillet.

Pour couronner l'œuvre générale de conquête et de pacification, il restait au gouverneur à soumettre quatre tribus peu importantes par le nombre de leurs fusils, mais occupant les crêtes les plus inabordables du Djurjura.

Le 5 juillet, toutes les forces sont groupées autour de ces positions, ainsi que les contingents des tribus récemment vaincues, prêts à se battre pour nous.

Le 6, le mouvement commence dans chaque division et dans chaque brigade.

Partout l'ennemi se retire en combattant; mais les

villages sont aussitôt occupés et brûlés, et l'ascension recommence sans trêve ni relâche.

Enfin le dernier village est enlevé, et Lalla-Fathma, la sainte de ces montagnards jusqu'alors insoumis, tombe elle-même au pouvoir de nos soldats.

Quelques jours après, la dernière tribu du Djurjura venait demander et recevoir le pardon, et la conquête de la grande Kabylie était faite.

La campagne de 1857 fait le plus grand honneur au maréchal qui l'a dirigée, aux généraux dont l'habitude de cette guerre de montagnes, si difficile, a permis de faire de grandes choses en ménageant la vie de leurs hommes; et enfin à l'élan, à l'énergie et à cette bravoure irrésistible qui distinguent nos officiers et nos soldats.

Quant aux résultats obtenus, ils parlent assez haut par eux-mêmes pour qu'il soit inutile de les énumérer.

Nous dirons seulement ici qu'il est à désirer que les successeurs du maréchal Randon profitent de ce qu'il a fait, en travaillant de toutes leurs forces à l'occupation forte et permanente de la grande et de la petite Kabylie.

Ce résultat une fois obtenu, nous aurons gagné, avec la paix et la sécurité, une population nombreuse qui, par ses aptitudes, sera une utilité incontestable pour la colonisation.

Si, au contraire, ce plan n'est pas suivi, il est à craindre qu'on soit obligé d'y revenir après de nouvelles perturbations et au prix de pertes énormes que l'expérience du passé aurait pu, aurait dû éviter.

Après la soumission de toutes les tribus campées ou établies sur le sol algérien, le gouverneur s'occupa de l'administration intérieure.

Un collége arabe fut institué à Alger dans le but de former des jeunes gens capables de professer les deux langues, d'être attachés à notre administration locale, et d'apprendre la médecine pour la pratiquer ensuite dans leurs tribus. Le plus difficile était de vaincre la répugnance des indigènes à se séparer de leurs enfants, surtout pour nous les confier; mais le maréchal Randon avait su gagner leur confiance à un tel point qu'au début plus de cinquante élèves, appartenant pour la plupart aux meilleures familles, étaient déjà sur les bancs. Ce fut là une œuvre dont l'utilité est incontestable, et qui rendra les plus grands services à la colonie.

Frappé du grand nombre d'enfants indigènes misérables qui se trouvaient dans les villes du littoral, le gouverneur établit à leur intention une école de mousses qui a déjà produit un grand nombre de bons matelots pour le service des ports sur toute l'étendue de la côte.

Dans l'intérieur des terres, la sécurité des personnes et de leurs biens fut l'objet d'une constante sollicitude; et les bureaux arabes, auxquels le maréchal confia cette mission difficile, s'en acquittèrent avec leur zèle habituel.

Des voies de communication furent ouvertes dans toutes les provinces et entre tous les points habités; si elles ne sont pas, en tout lieu, meilleures, c'est que les moyens d'exécution faisaient défaut, et qu'il fallait y suppléer par les bras de nos soldats travaillant sous la direction intelligente et désintéressée des officiers du génie.

C'est aussi à la même époque que furent entrepris les forages des puits artésiens, dont nous avons parlé dans le premier chapitre, et qui donnèrent les plus beaux résultats.

Le général Desvaux, commandant supérieur de la subdivision de Batnah, homme d'une grande intelligence, d'un savoir très-remarquable, même en dehors des choses de son métier, et très-distingué entre les militaires de cette grande et bonne école d'Afrique, ne crut pas déroger en se mettant lui-même à la tête de la petite expédition qui allait entreprendre la conquête des eaux souterraines.

Dans un pays improductif et inhabitable par le manque d'eau, plusieurs sources, donnant 4,000 litres à la minute, jaillirent comme par miracle et furent aussitôt entourées d'Arabes naguère nomades, qui demandaient à se fixer là pour y créer de nouvelles oasis.

Nous avons vu avec plaisir, par un rapport publié récemment, que S. E. le comte de Chasseloup-Laubat, ministre de l'Algérie et des colonies, avait donné des ordres pour que le forage des puits artésiens fût continué dans les trois provinces.

Le général Desvaux a, de cette manière, doté la colonie de plusieurs millions d'hectares de terres qui produisent abondamment le coton que nous allons acheter aux États-Unis d'Amérique; il a rallié aux habitudes fixes et régulières des agriculteurs une population indigène nombreuse, turbulente et toujours en mouvement; il a enfin rendu le plus grand service à cette partie de l'Afrique qui doit être pour la France une source de richesses agricoles et industrielles en même temps que de nouvelles forces en cas de guerre à l'étranger.

Préoccupé des intérêts arabes, qui du reste sont les nôtres, le maréchal Randon pensa à la régénération du bétail, et notamment à celle de l'espèce ovine, extrêmement nombreuse, mais qui laisse à désirer pour sa laine à cause du manque de soins antérieur à notre époque.

A cet effet, des brebis fécondées par des béliers mérinos furent importées, et deux troupeaux créés : l'un qui devait servir de souche, l'autre qui devait s'améliorer par lui-même en y choisissant les meilleurs sujets. Ces deux troupeaux comptaient, en 1858, trois mille têtes; et déjà plusieurs chefs arabes s'étaient empressés de répondre à l'appel qui leur avait été fait pour introduire dans leurs tribus des progrès du même genre.

Comme la France achète chaque année à l'étranger pour quarante millions au moins de laine; comme l'Algérie possède une richesse ovine capable de suffire à nos besoins, si l'on continue à l'améliorer, on comprend qu'il y a là une grande question d'économie nationale; si donc nous ne profitons pas des ressources qui nous sont offertes, sous ce rapport comme sous plusieurs autres, par notre colonie d'Afrique, ce ne sera pas faute d'avoir connu le but qu'il importe d'atteindre et les moyens d'y arriver.

Une autre question, non moins importante, se présentait chaque année aux yeux du gouverneur.

C'était la conservation du bétail parmi les Arabes.

Le manque de pâturages en été, et de provisions de fourrages en hiver, faisait périr annuellement environ cinq cent mille moutons et cinquante mille bœufs : soit une perte sèche de dix millions par an; et, de temps en temps, quand l'été ou l'hiver était plus rigoureux que de coutume, ces pertes s'élevaient au chiffre énorme de soixante et soixante-dix millions. Afin de parer, autant que faire se pouvait, à cet état de choses, le gouverneur obligea les tribus à construire des abris à leurs troupeaux, pour la saison d'hiver, et à faire des provisions de fourrages. Ce fut là une mesure très-sage, d'une utilité rélle, mais dont l'exécution dépend moins de celui qui l'a conçue et ordonnée que des commandants supérieurs des provinces, des subdivisions, des cercles, et surtout des bureaux arabes qui leur sont subordonnés.

Un intérêt plus militaire et non moins national s'attachait à la race chevaline de l'Algérie.

Le gouverneur, prenant le mal à sa racine, réunit l'administration des haras à celle des remontes, sous les ordres d'un directeur établi à Alger, mais faisant des tournées multipliées dans les trois provinces. Un grand nombre d'étalons, choisis dans les tribus par les officiers acheteurs, furent réunis dans chaque localité favorable pour être envoyés au milieu des Arabes à chaque printemps. Grâce à cette mesure, douze mille indigènes ont pu présenter en 1856 des élèves pour disputer les primes d'encouragement; et les saillies obtenues par ces étalons de choix se sont élevées, en 1858, au chiffre de vingt-cinq mille.

L'institution des courses, auxquelles furent conviés les chefs des tribus, vint compléter l'œuvre qui doit régénérer la race du cheval arabe, qui a rendu de si grands services dans nos guerres d'Afrique et s'est montré si vaillant contre les rigueurs du froid, les fatigues et les privations pendant la campagne de Crimée.

Afin de pouvoir suivre les progrès commencés, le

stud-book, ou livre de noblesse de la race chevaline algérienne, fut institué, et déjà plusieurs noms, indiquant des qualités remarquables, y sont inscrits.

Tous ces intérêts si divers, se rattachant ensemble à ceux de la mère patrie, ne firent pas oublier la question du Trésor.

De meilleures statistiques sur les produits indigènes furent demandées et obtenues; le système de répartition et de perception des impôts fut étudié et amélioré; si bien qu'en 1851, les revenus arabes étant de six millions de francs pour les trois provinces, ils s'élevèrent, en 1857, au chiffre de dix-sept millions.

Cet accroissement de l'impôt étant la conséquence naturelle de l'augmentation des produits, n'apporta aucune perturbation dans le pays arabe, où un budget était créé pour la construction de puits, maisons de commandement, caravansérails, mosquées, écoles, bains publics, plantations, aménagement des eaux, etc.

Au point de vue de la colonisation, le maréchal Randon a également bien mérité de la colonie et de la France.

Après avoir créé les commissariats civils d'Orléansville, de Tlemcen et de Sétif, pendant qu'il était ministre de la guerre, il établit ceux de Marengo, Saint-Denis, proposa ceux de Delhys, Sidi-bel-Abès, Jemmapes, ainsi que les sous-préfectures de Milianah, Mascara et de Sétif.

Il remit à l'autorité civile cent soixante-dix mille colons sur cent quatre-vingt-huit mille.

Il fonda soixante-dix centres de population rurale, concéda plus de cent mille hectares de terres, et obtint, par sa bonne administration, une augmentation de vingt-six mille colons sur les années précédentes.

Prévoyant l'époque où les terres immédiatement disponibles ne suffiraient plus aux besoins de la colonisation, le gouverneur étudia l'importante question du cantonnement des Arabes et soumit au ministère un projet très-rationnel qui fut accepté.

D'après cette décision, toute tribu à laquelle on prendra une certaine étendue de terre, recevra en échange un titre de propriété, qui sera pour elle une garantie.

Prenant le plus grand intérêt à la prospérité des colons, le maréchal faisait des sorties nombreuses pour visiter les cultures et encourager celles qui devaient profiter aux producteurs et à la France.

Aussi le coton, le tabac, la soie et l'huile d'olive, marchandises que nous achetons pour la plupart à l'étranger, ont-elles déjà montré ce qu'on pouvait attendre de notre possession algérienne.

C'est-à-dire que par les résultats obtenus, le producteur fait rendre à la terre des revenus de beaucoup supérieurs à ceux de l'Europe; et que la colonie arrivera progressivement à fournir à la France les denrées principales qui alimentent son industrie et celles qui forment la base de l'alimentation publique; deux bienfaits inappréciables et qu'on avait à peine espérés jusqu'à ces derniers temps.

L'Algérie possède de grandes richesses forestières. Plus d'un million d'hectares de son territoire sont couverts de bois, dont quelques parties importantes peuvent être comparées aux plus beaux peuplements de nos forêts d'Europe.

En 1845, le maréchal Randon avait institué à Bône une compagnie de bûcherons militaires, chargés de faire des semis, des plantations et d'ouvrir des routes pour faciliter l'exploitation des bois. Plus tard, quand il fut appelé au gouvernement général de l'Algérie, le maréchal développa cette utile institution en donnant à chaque province sa compagnie de planteurs militaires.

Ces mesures ne manquèrent pas d'attirer l'attention, et de nombreuses demandes furent faites pour obtenir des concessions.

Aujourd'hui, plus de vingt mille hectares de forêts sont en exploitation, et le service forestier, organisé en Afrique sur le même pied qu'en France, prépare de nouvelles concessions qui atteindront bientôt le chiffre de cent mille hectares.

Un fait remarquable et des plus heureux pour la

colonie, c'est que les minerais de fer, de cuivre et de plomb, très-abondants et riches, se trouvent presque toujours dans le pays boisé, ce qui permet de les fondre sur place.

Il importe cependant de reconnaître que tant de richesses ne pourront être avantageusement exploitées sur une grande échelle que lorsque l'Algérie sera dotée d'un réseau de chemins de fer.

Le maréchal Randon le comprit, et sur sa demande l'exécution des chemins de fer algériens fut décrétée le 8 avril 1857.

L'armée fut aussitôt mise à l'œuvre pour ouvrir la ligne d'Alger à Oran, et les terrassements furent, ainsi que les œuvres d'art, achevés par elle sur une étendue de quarante kilomètres environ.

Aujourd'hui, plusieurs compagnies sérieuses ont présenté leurs demandes de concession pour les trois têtes de lignes qui doivent partir du littoral, et on n'attend plus, pour se mettre à l'œuvre, que la décision prochaine du Corps législatif et celle du Sénat.

Enfin, le gouverneur, avant de quitter son commandement d'Afrique, fit établir la télégraphie électrique sur toutes les voies de communication qui sillonnent nos possessions; il ouvrit aussi au commerce la voie du Sud, en envoyant le capitaine Bonnemain et l'interprète Bou-Derba à R'at et à R'adamès, oasis situées à environ trois cent cinquante lieues d'Alger, sur la route des caravanes qui vont à Timbouctou et dans le Soudan.

Le 25 juin 1858, le maréchal Randon quittait la terre d'Afrique et le gouvernement de l'Algérie pour le ministère de la guerre, qu'il avait occupé plusieurs fois déjà.

Le général Renault, que nous avons vu cité tant de fois depuis la prise d'Alger jusqu'à la conquête de la grande Kabylie, à laquelle il concourut pour une si grande part à la tête de la 1re division, fut désigné pour la troisième fois comme gouverneur général par intérim.

Le nouveau chef est de ceux qui, sachant tenir haute l'épée de commandement, siègent avec honneur dans le conseil, et possèdent une somme de connaissances administratives qui ne s'acquiert que par de longues et sérieuses études.

Appelé au commandement de Djigelly en 1839, comme capitaine, le baron Renault sut organiser promptement les divers services, malgré les combats qu'il fallait livrer tous les jours sous les murs de la place et auxquels il était toujours présent et souvent le premier.

Tour à tour directeur des travaux publics, des finances, des établissements civils, juge de paix, receveur des contributions, officier de marine et chargé des affaires arabes, il fallait suffire à tout et deviner l'inconnu. Une intelligence rapide, un jugement sûr, un caractère droit, ferme et bienveillant, pouvaient seuls embrasser et mener à bonne fin tant de choses à la fois.

Ces qualités, le capitaine Renault les possédait toutes, à un très-haut degré, ainsi qu'une activité et une énergie peu communes, car il les a conservées intactes jusqu'à ce jour, malgré ses cinquante ans, de glorieuses blessures et toute une vie passée dans les camps.

Nommé successivement gouverneur de Tlemcen et de Mascara, de 1841 à 1849, le général Renault accéléra tellement l'organisation de ces deux pays, que bientôt ils se trouvèrent à la hauteur de ceux qui touchent au littoral.

Il créa les villages de Saint-André et de Saint-Hippolyte, et appliqua habilement l'idée heureuse de l'illustre maréchal Bugeaud qui voulait faire des soldats laboureurs en leur accordant des terres à titre de propriété et non à titre de bail, ainsi que cela se pratiquait dans le principe.

Le général encouragea la culture de la vigne qui occupa bientôt de grandes étendues et obtint les meilleurs résultats.

Les travaux militaires de défense furent augmentés et améliorés ; des magasins, une manutention, une infirmerie, une église, une nouvelle enceinte, tout cela s'élevait comme par enchantement sous la main des soldats, sous l'œil des officiers du génie et la direction du commandant supérieur.

A Tlemcen, où il succédait aux généraux Bedeau et Cavaignac, le général Renault compléta l'œuvre de colonisation préparée par ses prédécesseurs. Là encore les soldats libérés reçurent des terres et ouvrirent bravement la carrière aux populations qui prospèrent aujourd'hui.

A l'extérieur, le général traitait les affaires avec les chefs indigènes de manière à se les attacher, et il y réussit toujours. Tels étaient les précédents du nouveau gouverneur et les titres qui lui avaient valu d'être appelé à ces hautes et difficiles fonctions. Sa préoccupation constante étant d'attirer une population agricole nombreuse en Algérie, il s'occupa activement du lotissement des terres.

Suivant lui, il fallait que les lots attendissent le colon et non que le colon attendît les terres.

Il travaillait à éviter les lenteurs de l'administration afin que tout colon pût, le lendemain de son arrivée en Afrique, s'installer et commencer ses travaux.

De cette manière, on évitait aux familles les frais d'attente qui absorbent quelquefois le petit capital dont peuvent disposer les pauvres gens qui viennent tenter la fortune à la sueur de leur front. Afin d'arriver à ces résultats importants et d'attirer les capitaux en

Algérie, le général Renault créa une commission dite de cantonnement sous la présidence du commandant Colson.

La commission commença ses travaux dans les tribus de l'Oued-Koçeir près d'Orléansville.

Une autre commission des transactions et partages opérait en même temps dans la plaine des Isser.

Pour distribuer les lots de terres, il fallait savoir ce qu'on pouvait donner, faire les parts à l'avance.

Le cadastre reçut une nouvelle impulsion, et le gouverneur ayant fait ressortir le nombre insuffisant des employés de cette branche importante des services de l'Algérie, un décret vint agrandir le cadre des agents topographes.

Comme conséquence, le général Renault mit tous ses soins à faire délivrer promptement les titres de concessions, parce qu'il savait de longue date que le colon ne travaille jamais avec autant de zèle que lorsqu'il est sur une terre donnée et non pas seulement promise.

Dans les trois provinces, les mêmes travaux marchaient avec la même activité sous l'impulsion du gouverneur. Le général était d'avis, en outre, qu'il y avait nécessité de créer une quatrième division territoriale qui aurait eu son chef-lieu à Bougie.

Cette division aurait été formée par la Kabylie (subdivisions de Sétif, d'Aumale, de Delhys).

C'était une pensée heureuse ; car toutes ces tribus ayant le même dialecte, le même caractère, les mêmes habitudes, et ne faisant pas cause commune avec les Arabes, se seraient trouvées placées sous un seul commandement. L'étendue immense de la division de Constantine et son éloignement de la Kabylie justifiaient encore la sagesse de ce projet.

Le gouverneur s'intéressa beaucoup aux progrès des cultures industrielles, qu'il encouragea de tous ses moyens ; et il comprit les avantages que l'institution du collège arabe devait procurer à la colonie.

Le service des postes étant réuni à celui de la trésorerie, le général Renault pensait avec raison qu'en les séparant, le service des postes, jouissant de toutes ses ressources, aurait pu recevoir plus d'extension et se faire mieux.

L'administration des forêts ne fut pas oubliée ; le gouverneur, attachant la plus grande importance au reboisement des contrées aujourd'hui dénudées et à la conservation des bois qui existent encore, fit ouvrir une route destinée à relier Bône à Soukaras, fonda plusieurs villages et concéda quinze cents hectares de terres à des petits colons.

Il en était là, après trois mois de commandement, lorsque le ministère de l'Algérie et des colonies fut créé.

Le dernier gouverneur militaire de l'Algérie était loin

de s'attendre à se trouver bientôt à la tête d'une division sur les champs de bataille de Magenta et de Solferino, avec ces mêmes officiers et soldats de l'armée d'Afrique, ses compagnons, qui se sont montrés si brillants.

Ainsi vont les choses. Les moins prévues arrivent alors que celles qui semblaient certaines font défaut.

A partir de cette époque, 26 septembre 1858, l'Algérie s'est trouvée dans une situation nouvelle, qui lui sera favorable ou contraire, suivant les aptitudes des hommes appelés à la gouverner.

Le comte de Chasseloup-Laubat, actuellement ministre de l'Algérie et des colonies, réunit toutes les qualités d'un bon administrateur; il est animé des meilleures intentions et fera certainement tout le bien qu'il pourra.

Le général de Cissey pour les affaires militaires, M. Zœpffell pour les affaires civiles, le baron de Roujoux pour la direction des finances sont bien ceux que l'on devait choisir.

Mais, en France, l'instabilité des hommes et des choses est si grande que, malheureusement, les administrateurs les plus haut placés ne font souvent que passer aux affaires. Le plus grand défaut de l'administration nouvelle, c'est, selon nous, d'être établie à Paris quand elle devrait l'être à Alger.

L'avenir seul pourra donc nous apprendre quels seront les progrès de la colonisation sur cette terre d'Afrique si riche, si proche de nous et pourtant si peu connue.

En terminant ce résumé historique, nous émettrons le regret sincère et bien naturel de n'avoir pas vu nos troupes combattre les Marocains, de concert avec les Espagnols, afin de faire disparaître les éléments de troubles et de désordres qui ne cesseront de menacer nos frontières tant que ce pays sera soumis à un pouvoir barbare.

VII

ÉTUDE SUR LES POPULATIONS INDIGÈNES.

Un grand nombre de voyageurs, de fonctionnaires et d'écrivains ont publié leurs observations sur l'Algérie ; quelques-uns seulement se sont occupés des populations. Parmi ceux-là, Shaw, Léon Galibert, le général Daumas et le colonel Richard marchent en tête. Le premier fait connaître les contrées qu'il a parcourues, en même temps que les hommes dont il a étudié les coutumes; le second nous apprend l'histoire de ce pays, depuis les premiers temps de la fondation de Carthage jusqu'à nos jours; le troisième est le premier qui soit entré dans la vie intime de l'Arabe et du Kabyle, jusque-là confondus; et le quatrième, également bien placé pour traiter le même sujet, nous a donné des portraits et des détails d'une vérité incontestable.

Venir après ces maîtres, c'est arriver bien tard, nous le reconnaissons tout d'abord; aussi notre intention n'est-elle ni de marcher sur leurs traces pour avoir quelque chose à dire, ni de les contredire, puisque, sur tous les points, nous sommes d'accord avec eux. Le but que nous nous sommes proposé, en écrivant cette courte étude sur les indigènes africains, est simplement d'ajouter quelques observations personnelles à celles des auteurs précédents, qui puissent, comme celles qu'ils ont faites, servir à résoudre le problème de l'origine des races au milieu desquelles nous vivons. Nous trouverons dans cette question des races, non-seulement un intérêt scientifique, mais encore un élément de sécurité, de progrès et d'assimilation: c'est, qu'en effet, sous le burnous, sous la loi de Mahomet, vivent, pensent et agissent des hommes dont les aptitudes, les répugnances et les sympathies pour notre cause sont loin d'être les mêmes chez tous; et que, pour utiliser les qualités des uns et neutraliser les défauts des autres, il est indispensable de les bien connaître. Or, si nos études sur l'origine de chaque peuplade nous amènent à entrer le plus avant possible dans ses coutumes, son caractère, ses goûts, ses traditions, à l'étudier enfin au moral comme au physique, il devra nécessairement en résulter quelque chose d'utile à l'administration du pays.

Partant de ce principe qu'on ne sait bien que ce qu'on a vu de ses propres yeux, souvent et longtemps, nous ne parlerons pas des *Maures*, *Koulouglis* et *Juifs* enfermés dans les villes de la colonie où notre position dans l'armée ne nous a guère permis de séjourner.

D'ailleurs, absorbés depuis de longues années déjà par la population européenne, ils ne sauraient être pour nous ni des auxiliaires, ni des ennemis dangereux, quand même la garde de nos places ne serait faite que par les miliciens.

Voilà tout ce que nous avons à dire de ce mélange bariolé qui étonne le voyageur nouvellement débarqué en Afrique, et qu'il prend, le plus souvent, pour ceux bien différents auxquels nous allons avoir affaire.

Nous voulons parler des habitants de l'intérieur des terres : *Kabyles*, *Chaouïa*, *Arabes*.

On voit que nous adoptons la dénomination locale de ces trois peuplades, appelées autrement par un grand nombre et confondues entre elles par quelques-uns. En leur laissant les noms qu'elles se donnent elles-mêmes, nous allons exposer, sans prévention d'aucune sorte, les observations que de longues années et un contact journalier nous ont permis de faire.

Le général Daumas ayant donné au mot *Kabyle* l'étymologie (qui nous paraît la meilleure) de *Kbaïl*, pluriel de tribu; nous l'adopterons jusqu'à preuve contraire.

Les Kabyles, ou peuplades autochthones converties à la loi de Mahomet, habitent les montagnes situées entre le littoral et les terres cultivables; on les retrouve encore dans d'autres montagnes, en plein pays central, et enfin dans le Grand-Atlas.

Les uns possèdent des villages bâtis très-convenablement, composés de maisons construites en pierres, chaux et couvertes de tuiles; les autres vivent groupés ou isolés sous des cabanes[1] grossièrement faites et recouvertes soit avec de l'*alfa* ou du *dis*, longues herbes qui poussent dans leurs montagnes, soit avec l'écorce des chênes-liéges, quand il s'en trouve à leur portée.

Tous n'ont pas exactement le même type, les mêmes coutumes, mais, à quelques mots près, ils parlent le même dialecte.

Généralement, le Kabyle est de taille moyenne, carré, et plutôt nerveux que susceptible d'embonpoint.

---

[1] Ces cabanes s'appellent *gourbi*, au singulier, et *grèba*, au pluriel.

Son pied est large et plat; sa jambe courte et forte; sa poitrine large et bombée; ses mains sont d'une grandeur moyenne, mais courtes et nerveuses ainsi que ses bras; le cou est court; la tête plutôt ronde qu'ovale; le teint est clair; les cheveux sont châtains ainsi que la barbe qui est hérissée; le menton est saillant; la bouche large ainsi que les oreilles; le nez épaté; les yeux sont bleus ou gris, et le front plat et couvert. L'expression habituelle de la physionomie est celle-ci : peu d'intelligence, énergie, sociabilité. Au physique, le Kabyle montre tout d'abord l'homme des grandes fatigues et du travail. Il est en effet ce qu'il paraît être. Prenons-le quand il est homme; suivons-le dans sa carrière et l'éducation qu'il donne à ses enfants, c'est le moyen le plus sûr de bien le connaître.

La loi musulmane lui permet la polygamie; mais il en use très-rarement. Pour lui, la femme est plus qu'une servante, plus même que la mère de ses enfants : elle est sa compagne et tient sa place au foyer.

Quand le jeune homme est en état de faire vivre celle qu'il épousera, il s'assure de son consentement et va demander celui du père. Lorsqu'on est d'accord sur le chiffre de la dot, dont la moyenne dépasse rarement cinq cents francs, les parents et amis des deux partis sont invités à assister à l'épreuve qui doit précéder le mariage. Au jour convenu, on se rend en armes auprès du beau-père, qui lance de pied ferme une pierre aussi loin qu'il peut. Un œuf de poule est placé à la distance que la pierre a marquée; et le futur doit casser l'œuf à la troisième balle. Si l'épreuve est favorable, il emmène sa fiancée; sinon il est regardé comme incapable de la défendre, et refusé. Afin de pouvoir le suivre dans son ménage, nous admettrons qu'il a réussi et que le mariage est décidé.

S'il se trouve un *kadhi* dans le voisinage, il est appelé pour écrire le contrat; dans le cas contraire, on s'en passe, et la chose se termine par un engagement verbal et réciproque pris devant témoins. Puis on accompagne les mariés chez eux à coups de fusil; une chèvre ou un bouc est égorgé; pendant qu'il rôtit sous la surveillance des femmes, les hommes tirent à la cible, toujours sur un œuf, un petit caillou de la même grosseur, ou un petit os présentant la même surface. Nous insistons sur ce détail afin de démontrer clairement l'erreur généralement répandue qui a fait juger ces hommes comme de mauvais tireurs, pour ce motif que les armes dont ils se servent sont défectueuses. Une autre croyance non moins erronée et très-accréditée dans l'armée, c'est la supériorité de ces mêmes armes sur les nôtres comme portée. Il y a là tout simplement une question de poudre: c'est-à-dire que le calibre des fusils kabyles étant généralement plus petit que celui de nos fusils de munition et la balle plus légère, la charge dont les Arabes se servent étant au moins deux fois le contenu de nos cartouches, il en résulte que le projectile est lancé beaucoup plus loin et avec la plus grande vitesse. Et si l'on s'étonne qu'avec des armes à silex, grossièrement fabriquées, ils obtiennent une précision remarquable dans le tir, nous répondrons que ce n'est pas seulement le fait de l'œil et de l'habitude, mais que leurs canons d'un petit calibre y sont pour beaucoup. Pour se convaincre de cette vérité, méconnue chez nous jusqu'aujourd'hui, il suffit de rechercher quels sont les peuples réputés bons tireurs et d'examiner les armes dont ils se servent. On verra que tous, Suisses, Tyroliens, Circassiens, Américains, portent des armes de petit calibre ; ce qui ne nous empêche pas de rendre la justice qu'elles méritent à la carabine et à la nouvelle balle du commandant Nesler chargé de l'école de tir à Vincennes.

Mais, revenons au festin qui attend les convives. Ici le couscoussou est l'exception. Le rôti est dépecé en autant de morceaux qu'il y a d'hommes et de femmes, et celles-ci sont admises à s'asseoir sur l'herbe à côté de la gent *moustachue* qui ne fait point la fière. Les enfants mêmes se mêlent aux groupes, toujours sûrs d'être choyés, caressés et d'avoir les meilleurs morceaux. Les chiens et les chats se faufilent aussi parmi la société joyeuse, mais ils ne sont pas toujours des mieux accueillis. La viande étant dévorée, on apporte des crêpes arrosées de beurre et de miel. Pour boisson, on prend soit du petit lait, soit de l'eau, toujours excellente dans les montagnes; puis on va se laver. Quand tout le monde est propre, chacun court embrasser les époux, qui restent en tête-à-tête à moins qu'ils ne demeurent chez leurs grands parents, ce qui n'arrive du reste que lorsque le nouveau marié professe un état qui l'oblige à s'absenter fréquemment; et encore, même dans ce cas, n'est-il pas rare de le voir se bâtir une maison ou un gourbi dans le village ou près d'une famille isolée.

Le pays kabyle étant partout accidenté et généralement couvert de bois ou de broussailles, ses habitants possèdent très-peu de bétail, et ils ne peuvent cultiver les céréales qu'exceptionnellement. Leurs moyens d'existence proviennent du jardinage, des oliviers greffés par eux, des fruits secs, du miel, des glands doux, ou bien de professions industrielles. Dans les contrées voisines des mines de fer et de cuivre, on fait des batteries pour les fusils et les pistolets, et des yatagans ou *flissas*. D'autres font les bois pour monter les armes, ainsi que toutes sortes d'ustensiles de ménage également en bois. Il y a des fabricants de burnous, des potiers et des tuiliers, voire même des architectes ou entrepreneurs de constructions. Telles sont les diverses professions de ce peuple industrieux qui a aussi ses colporteurs pour l'écoulement de ses productions intérieures.

On rencontre ces derniers partout en Afrique. Ils marchent par bandes de cinquante, de cent jusqu'à la ville la plus proche de leur point de départ ; ensuite ils se dispersent dans tous les sens afin de ne pas se faire concurrence, et vont jusqu'au désert, de tribu en tribu, de douar en douar, échangeant leurs marchandises contre un peu d'argent, ou bien contre des dattes, du blé, de l'orge ou de la laine. Quelquefois ils ont pour auxiliaires des ânes chargés de leur butin ; plus souvent ils portent eux-mêmes, dans des peaux de bouc, le tout sur leurs épaules. Il est curieux de voir une bande de ces colporteurs arriver dans un douar. Tous les chiens, en les voyant venir, se précipitent furieux à leur rencontre. Les Kabyles, qui ont eu soin de faire provision de longs et solides bâtons avant de quitter leurs montagnes, marchent serrés les uns contre les autres, de manière que ceux des ailes soient les seuls exposés aux coups de dents. Tous les efforts de la meute acharnée se portent vers ceux-ci qui lui donnent leurs bâtons à mordre, sans s'arrêter, sans même les regarder. Les colporteurs arrivent, ainsi poursuivis, harcelés, mais impassibles, jusqu'au milieu du douar, où ils s'accroupissent. Aussitôt, les femmes et les enfants accourent pour voir ce qu'ils apportent et faire soit un achat, soit un échange. S'il est de bonne heure, ils s'en vont ensuite jusqu'à un autre douar où ils passeront la nuit, au milieu du parc, avec les bœufs et les moutons, après avoir reçu quelques morceaux de pain pour se refaire des fatigues de la journée.

La moyenne d'une journée de marche pour les colporteurs est de dix à douze lieues : si l'on considère que presque toujours ils sont chargés ; que ces pérégrinations durent au moins six mois de l'année, et qu'ils ne vivent que de pain sec, souvent en quantité insuffisante, on comprendra quels hommes ils doivent être.

Les fatigues et les privations ne sont pas les seules épreuves de ce rude métier : il y a encore le pillage, le meurtre et le lion.

Ce n'est pas dans les douars que les Kabyles courent quelque risque. A moins que la chose se fît d'un commun accord, il y aurait trop de danger pour les voleurs ou les assassins. Mais, quand les colporteurs ont vendu leurs marchandises et que, possesseurs d'un pécule tentateur, ils rentrent dans leurs montagnes, alors malheur à eux s'ils ont laissé voir leur modeste fortune ; en passant dans un défilé, ils se verront assaillis à l'improviste et au moins dépouillés de tout, si même ils ne sont pas tués.

Quant au lion, réputé généreux et inoffensif envers

l'homme lorsqu'il vient de dîner, dès qu'il le rencontre à jeun, son opinion sur le colporteur est uniforme. Comme les douars changent souvent de place, suivant les saisons ou le caprice des habitants, il arrive que le voyageur se trouve quelquefois à la belle étoile au lieu où il comptait sur un centre habité. Pour peu que la nuit soit proche, il erre à l'aventure au milieu d'un pays peu connu de lui, ou bien il prend le parti de se coucher sans souper. C'est alors que le lion se présente, moins disposé à attendre le lendemain pour satisfaire son appétit. Les Arabes établis sur la route de Bône à Guelma, près du Ruisseau-d'Or, ont conservé le souvenir d'un drame terrible, dont un lion et sept Kabyles, colporteurs, furent les acteurs il y a un demi-siècle. Un monceau de pierres, jetées une à une par les passants, marque encore aujourd'hui cette place. Voici ce que racontent les Arabes du pays, d'après les récits de témoins oculaires :

Un soir d'été sept Kabyles marchands arrivaient au gué du Ruisseau-d'Or où ils se désaltéraient et faisaient leurs ablutions et leurs prières. Au moment où ils allaient se remettre en route pour gagner un douar voisin, l'un d'eux aperçut une grosse bête de couleur fauve, et ressemblant à un taureau, couchée sur le bord du chemin. Ayant fait part de sa découverte à ses compagnons, ceux-ci lui dirent : Fais lever ce taureau qui sans doute est égaré, et nous l'emmènerons au douar pour être agréables à nos hôtes. Le Kabyle, s'étant approché de l'animal qui paraissait dormir, lui jeta son bâton. Un rugissement épouvantable répondit à cet acte insensé d'agression, et lorsque les autres colporteurs accoururent sur la berge du ruisseau, le lion venait de terrasser l'homme et le déchirait avec fureur. Avant qu'ils fussent revenus de leur stupeur, l'animal était au milieu d'eux et faisait un carnage. Un seul des sept malheureux voyageurs put échapper à la mort en plongeant dans un trou assez profond pour le dérober aux recherches du lion. Le lendemain à la pointe du jour, cet homme courut au douar où il raconta l'aventure de la veille. Les Arabes donnèrent la sépulture aux morts à la place même où ils avaient été tués, et marquèrent cette place en amoncelant des pierres sur les tombes, ainsi que cela se pratique pour les hommes morts violemment. Quant au septième Kabyle, il succomba quelques jours après dans le douar, un peu des suites de sa peur, un peu de celles du bain trop prolongé qu'il avait été contraint de prendre.

Ceci est de l'histoire ancienne ; mais il ne se passe pas d'année sans qu'un nombre considérable de ces hommes reste en chemin soit par la gueule du lion, soit par le couteau des Arabes. Malgré cela, ceux qui reviennent ne laissent pas que de recommencer ces longues et pénibles excursions et de les continuer jusqu'au jour où ils ont amassé assez d'argent pour acheter un fusil, prendre femme et devenir propriétaires ; car chez eux la terre se vend et passe de père en fils comme en France et, ce qui est plus extraordinaire, le droit communal y est également en pleine vigueur.

Ainsi le but du colporteur, du forgeron, du menuisier, du maçon, du jardinier, de tous ceux enfin qui ont quitté la maison paternelle, est le même pour tous : devenir propriétaire, se marier, avoir un fusil et vivre de la vie de famille en cultivant son bien. Lorsqu'il est arrivé à cette fin, le montagnard ne s'occupe que de son champ, de ses arbres et de sa femme. Celle-ci lui donne-t-elle une fille, il l'accepte avec joie et l'initie aux travaux du jardinage : est-ce un garçon ? la joie est plus grande et sa naissance est annoncée aux voisins par un coup de fusil. Dès que l'enfant atteint l'âge de dix à douze ans, son père lui confie le soin de ses armes qu'il lui apprend à nettoyer, à soigner, à manier; s'il est assez riche pour lui donner un gourbi et un coin de terre à côté des siens, il le gardera, sinon il lui dira : Suis mon exemple et va gagner ta maison, ta femme, ton fusil et ton champ. Accoutumé à vivre de pain noir trempé dans l'huile d'olive rance, et d'eau de source, l'enfant ne sent aucune privation en dehors du foyer paternel, si ce n'est qu'il se rappelle ses parents qu'il lui tarde de revoir pour ne plus les quitter ; c'est ce sentiment et le désir d'être un homme qui le font arriver promptement à son but.

Dans les relations de tribu à tribu, il y a des inimitiés qui dégénèrent parfois en luttes à main armée ; mais presque toujours ces différends ont pour origine une question de propriété. Les vengeances particulières ou vendettas se rencontrent également, beaucoup moins souvent toutefois que chez les autres peuplades de l'Algérie.

En résumé, le Kabyle est attaché au sol et à la vie de famille ; il a un grand esprit d'indépendance, puisque personne ne lui donne des ordres et qu'il n'en donne à personne. Cependant si on le traite avec bienveillance, il obéit sans difficulté ; mais la moindre parole injurieuse ou seulement trop vive suffirait pour éveiller sa susceptibilité et, sans savoir où il ira, ce qu'il pourra faire, il quittera à l'instant même le maître qui l'aura brusqué.

D'où peut donc venir cette race d'hommes si différente des Arabes et des autres habitants de l'Algérie ? C'est ce que nous essayerons bientôt d'indiquer.

Le point important, selon nous, c'est que les aptitudes si évidentes de cette peuplade à se rapprocher de nous et de notre manière de vivre soient utilisées, aussi bien dans leur intérêt que dans celui de la colonie. Pourrait-on croire que ce qu'ils font dans leurs montagnes, les Kabyles ne sauraient le faire dans les plaines? Mais ce sont eux qui, de temps immémorial, cultivent, plantent, greffent et embellissent nos jardins, autrefois propriétés des Turcs. Penserait-on qu'après avoir amassé quelque argent, ils retourneraient dans leur pays? Mais nous voyons des villages et des fractions de tribus qui sont venus à coups de fusil s'établir près de la plaine et même en plaine, où ils se trouvent si bien que non-seulement ils y restent, mais qu'ils y font venir ceux des leurs pour lesquels il y a place dans le voisinage. Et ces exemples d'émigration n'ont pas eu lieu de nos jours, mais dès quarante ans avant l'occupation française.

Un fait que nous tenons à constater ici, c'est que ce fut un bey de Constantine qui fut le promoteur de ces émigrations. Ce gouverneur, chose rare chez les Turcs, aimait l'agriculture et s'en occupait. A son avénement au pouvoir, il fonda des primes pour tous ceux qui planteraient des arbres dans les plaines et les vallées découvertes. Voyant que les Chaouïa et les Arabes restaient sourds à ses menaces et à ses promesses, il s'adressa aux Kabyles. Ceux-ci arrivèrent avec tant d'empressement et en si grand nombre que les tribus du pays s'en émurent et les reçurent en ennemis. Mais les montagnards n'en firent pas moins leur affaire, et si bien qu'ils y sont encore. Cet exemple nous semble d'un grand enseignement pour le présent; ne va-t-on pas réclamer aux contrées situées au delà des mers des bras propres à l'agriculture, quand on en a tout près de soi en si grand nombre et qui sont si à l'étroit chez eux? Nous avons su utiliser les qualités guerrières de ces peuplades en créant les turcos; sachons utiliser leurs qualités agricoles en fondant des villages kabyles dans les plaines et les vallées restées incultes faute de population. La colonie y gagnerait en sécurité et ne saurait bien certainement y perdre en prospérité.

ORIGINE DES KABYLES.

Après avoir examiné physiquement et moralement ces diverses peuplades, il nous reste à rechercher leur origine, ainsi que les aptitudes de chacune d'elles soit à s'assimiler, soit à concourir à l'œuvre colonisatrice.

Tous les auteurs qui, jusqu'à ce jour, ont traité la question de l'origine des races qui peuplent l'Afrique du Nord, ont établi entre elles deux divisions : les *Arabes* et les *Berbères*.

Si par Berbère on a voulu dire tout ce qui n'est pas

Arabe, on a eu raison ; mais comme il se trouve, dans le pays que nous occupons, des peuplades nombreuses et intéressantes qui ne sont point Berbères, nous ne comprenons pas cette division générale, d'autant moins juste que, sans apprendre rien sur ceux que nous devons connaître, elle les confond avec des étrangers.

Nous diviserons donc autrement les populations algériennes, et, par conséquent, nous étudierons successivement l'origine des *Kabyles*, des *Chaouïa* et des *Berbères*.

Nous savons par les auteurs latins qui ont écrit l'histoire des événements accomplis sur la terre d'Afrique il y a deux mille ans, qu'à cette époque le pays était peuplé au Nord par des hommes vivant dans les montagnes, où ils s'étaient fait des maisons avec des troncs d'arbres, des écorces et du chaume ; que ces montagnards se nourrissaient de pain noir, de glands, d'huile et de fruits secs, et qu'ils passaient le temps à cultiver leurs petits jardins ou à se battre.

En cherchant ces populations sur les cartes de l'occupation romaine, nous les trouvons indiquées par leurs noms, là où se rencontrent de nos jours les tribus kabyles.

Dans ce temps-là c'étaient : les *Massiniscences*, les *Tyndenses*, les *Muciniens*, les *Machusiens*, les *Massassiliens*, et tant d'autres.

Aujourd'hui ce sont : les *Zouaoua*, les *Guechtoula*, les *Beni-Melikech*, les *Ouled-Aïdoun*....

A part cette différence dans les noms de tribus, différence qui provient, d'une part, de ce que les Romains les avaient baptisées de noms en harmonie avec la langue latine et, de l'autre, de la conversion des races indigènes à la religion de Mahomet par des peuplades qui sont venues dénaturer quelques-uns de ces noms ; tout prouve que ces populations primitives furent la souche des tribus kabyles de nos jours.

Il est probable qu'à l'époque de l'occupation romaine, ces peuplades apportèrent quelques changements avantageux dans leur genre d'habitation et que, plus tard, des Latins et des Vandales se mêlèrent à eux et leur apprirent les industries qu'ils professent aujourd'hui ; cependant sur beaucoup de points ils habitent encore des huttes. Telle est, selon nous, l'origine des Kabyles, qui n'ont avec les Berbères du Sud et les Chaouïa aucune similitude ni de langue, ni de type, ni de caractère.

Quant à la tradition, là comme partout ailleurs en Afrique, elle tient lieu de livres ; chacun sait que ses ancêtres sont nés dans le pays, et personne ne voudrait descendre d'une famille de Chaouï ou de Berbère.

Mais cette question a moins d'importance à nos yeux que celle des aptitudes que ces populations possèdent au point de vue de la colonisation.

Nous avons dit que le Kabyle était honnête, laborieux, économe, agriculteur par goût, industriel et commerçant. Ajoutons qu'il est sociable, nullement fanatique ; nous dirons plus, presque indifférent en religion.

Que faut-il de plus pour faire d'un homme un bon colon, d'une famille un bon exemple, et d'un village ainsi formé un progrès véritable ? Eh bien ! cet élément est là sous votre main, prêt à descendre de ses montagnes où il est à l'étroit ; appelez-le ! faites-lui l'avantage de lui donner un coin de terre dans la plaine et, sans subsides d'aucune nature, il marchera tout seul et prospérera.

LE CHAOUÏ.—L'ARABE AGRICULTEUR.

Nous avons dit au commencement de cette étude que les Kabyles occupaient les montagnes du littoral et une partie de celles de l'intérieur. Les vallées et les plaines, jusqu'au Grand-Atlas, sont habitées, à l'Est, par les Chaouïa et, à l'Ouest, par des tribus d'Arabes devenus agriculteurs.

Ces deux races diffèrent entre elles par la langue et le type.

Le Chaouï parle un dialecte particulier et dans lequel on ne trouve presque aucune ressemblance avec le langage kabyle ; c'est à ce point qu'un Kabyle et un Chaouï ne se comprennent qu'autant qu'ils savent l'un et l'autre l'arabe. Sa physionomie ne ressemble non plus ni à celle de l'Arabe, ni à celle des habitants des oasis, ni à celle des montagnards. Il est généralement d'une taille élevée. Ses membres sont grossièrement attachés et dénotent une grande force corporelle. La peau est blanche et marquée de taches de rousseur; la tête est énorme et longue, les traits sont très-accentués, les yeux sont bleus, le front est découvert; la barbe est rouge et très-touffue; l'expression de la physionomie est peu intelligente, mais énergique et bonne; le Chaouï se défend avec le même acharnement contre une communauté d'origine avec l'Arabe qu'avec le Kabyle. Il veut être lui, et prétend que toutes les tribus de ses semblables ont pris naissance au pied du Grand-Atlas. Hors cette prétention, que son extérieur et sa langue justifient suffisamment, il a tous les défauts et toutes les qualités de l'Arabe agriculteur. Pour lui, la femme n'est bonne qu'à travailler et à faire des enfants; il aime ses enfants mâles seulement, les pauvres filles sont vendues à celui qui en offre la plus forte somme.

L'abaissement de la condition de la femme est arrivé à ce point que le frère, dès le plus bas âge, traite sa sœur avec mépris, et que le respect pour la mère est là chose presque inconnue. Et s'il arrive qu'en présence d'un de ces actes qui révoltent l'Européen, on fasse une observation juste à l'enfant ou à l'homme qui a maltraité sa sœur ou sa mère, il ne comprend pas. Le mâle seul est quelque chose, parce que la force est en lui seul. De là un éloignement instinctif, un état de suspicion permanent entre le mari et la femme, tant que celle-ci est jeune et jolie. Aussi les empoisonnements des maris par l'arsenic mêlé au couscoussou ne sont-ils pas plus rares que les femmes pendues ou assommées. Ayant été pendant plusieurs années chargé d'instruire ce genre d'affaires, nous pouvons affirmer que si l'Algérie possédait une *Gazette des Tribunaux*, renseignée par les bureaux arabes militaires, le public serait effrayé par le nombre et les détails des meurtres commis dans les tribus chaouïa et arabes. Et ces crimes ont presque toujours la femme pour cause première. Nous avons remarqué que, dans les pays de plaine et loin des forêts, la plus belle moitié du genre humain supportait sa position humiliante et malheureuse avec plus de résignation que près des bois. Ici il n'est pas rare que l'on trouve une femme pendue par elle-même, c'est-à-dire suicidée. Or, si l'on considère que le Chaouï et l'Arabe mâles ont le suicide en horreur, on jugera comme nous, sans doute, qu'il faut une somme très-considérable de chagrins et de mauvais traitements pour décider ces pauvres femmes à en finir de cette manière avec la vie.

On voit que la tâche qui nous incombe d'améliorer la position de la femme en Algérie, vaut bien la cause de l'esclavage si longtemps et si chaleureusement plaidée par tous les peuples civilisés de l'Europe.

Il y a, du reste, obligation de notre part de nous occuper du sort de ceux qui sont devenus les sujets de la France par droit de conquête. Plusieurs moyens se présentent à nous et sont plus ou moins efficaces. Il y a la répression des mauvais traitements, accompagnée de bons conseils ; la condition insérée dans les contrats de mariage de soustraire la femme à certains travaux de la compétence des bêtes ; l'établissement de villages arabes ou chaouïa au milieu des Européens et des Kabyles, ou le contraire ; enfin des alliances entre femmes arabes et Français.

Tous ces moyens sont bons : les deux que nous préférons sont l'exemple, accompagné de l'autorité qui oblige à le suivre, et les alliances convenablement dirigées et protégées.

On ne peut espérer détruire en un jour des habitudes enracinées depuis si longtemps ; mais l'intérêt se mettant de la partie, les choses peuvent marcher vite si l'impulsion est bien donnée ; car l'intérêt et l'amour-propre étant les deux passions dominantes chez ces hommes à peine civilisés, on n'a qu'à se servir de ces deux puissants mobiles pour les gouverner. Afin qu'on sache ce qu'il est possible d'obtenir par ces deux moyens, nous croyons utile de citer succinctement ce que nous avons obtenu nous-même.

Appelé au commandement d'une tribu de Chaouïa qui ne compte pas moins de trente mille âmes et se trouve très-éloignée de nos points d'occupation, nous sommes arrivé à ce résultat pendant la durée de notre séjour au milieu d'elle, qui a duré un an : meurtres 0, empoisonnements 0, suicides 0, enlèvements 2, divorces 2, désordres 0, désobéissance à l'autorité 0, coups et blessures graves 0, vols (objets restitués) 2. Nous n'avions aucune force armée à notre disposition, et quelques cavaliers de la tribu faisaient eux-mêmes sa police.

Le pays dont nous parlons est situé à cinquante-deux lieues au Sud du littoral; la tribu est celle des *Harectah*. Aujourd'hui on en a fait un cercle.

Nous avons dit que le Chaouï était doué d'une grande force ; cependant il est aussi paresseux que l'Arabe. S'il tient au champ cultivé par ses pères, c'est par intérêt ; mais autant qu'il sera en son pouvoir de le faire, un autre le cultivera pour lui ; s'il tient à son troupeau, c'est pour sa laine ; il ne se donnera pas la peine de lui faire un abri pour le mauvais temps. Sa tente est-elle percée à jour, il souffrira du vent et de la pluie avant d'acheter une bande d'étoffe pour la réparer ; il en a peut-être qui aura été fabriquée par ses femmes, mais il préférera la vendre plutôt que de l'employer. Le blé qu'il récolte est vendu ou renfermé dans les silos, et il mange et fait manger aux siens l'orge sous forme de pain noir, et le couscoussou sous forme de chevrotines. Le lait sert à faire le beurre, qui est vendu, et la viande n'apparaît dans ses repas qu'aux jours de fête ou à la visite d'un étranger.

On pourrait croire, d'après ce qui précède, que ces hommes sont riches, ou du moins dans une position aisée; il n'en est rien pourtant. Toutes ces économies, qui touchent plus à l'avarice qu'à l'ordre, sont perdues, comme les millions que la France leur donne chaque année en échange des céréales et des laines vendues par eux.

On se demandera sans doute comment peuvent se perdre toutes ces richesses péniblement amassées? Nous répondrons : faites la statistique annuelle des chevaux, mulets, chameaux et moutons morts par le manque de soins, de nourriture, par les intempéries et les animaux carnassiers, et vous trouverez que tout est passé là. Comme, après ces pertes, le Chaouï et l'Arabe ont hâte de paraître ce qu'ils étaient avant, l'argent amassé sort de sa cachette et va sur les marchés les plus éloignés se transformer en bétail.

Ces populations seraient-elles plus heureuses si, au lieu de vivre sous la tente et sur des terres d'une étendue immense, elles étaient groupées par villages et obtenaient la propriété limitée, mais individuelle. Nous le croyons; et ce qu'il y a de certain, c'est qu'alors elles seraient de quelque utilité, tandis que leur état actuel est celui du parasite.

Et, à l'appui de cette opinion, nous pouvons citer comme exemples la tribu des *Telagma,* qui possède un grand nombre de petites maisons assez bien faites, ainsi qu'une fraction des *Amer-Cheraga.*

Quelques tentatives partielles que nous avons faites dans ce sens nous ont démontré la possibilité de transformer ces populations. Mais c'est une œuvre de patience, de prudence et d'expérience que nous devons entreprendre directement, en ayant bien soin d'écarter l'intervention des chefs indigènes.

Les Chaouïa et les Arabes agriculteurs forment plus des trois quarts de la population de l'Algérie, et se trouvent placés sur les points les plus fertiles. Rien de ce qui les concerne ne doit nous être indifférent.

ORIGINE DES CHAOUÏA.

En recherchant l'origine des Chaouïa, qui forment une partie importante de la population indigène en Algérie, nous mentionnerons un fait qui se rattache à cette question.

Au Sud-Est de la province de Constantine, on trouve la grande tribu des *Némenchah*. Cette tribu, quoique de la même origine et parlant le même dialecte que ses voisines, est toujours en guerre avec elles. C'est dans cet état d'hostilité permanente que nous avons puisé les remarques que nous allons faire. Lorsqu'ils entreprennent une excursion sur le territoire ennemi, les Némenchah arrivent à cheval et se présentent sur le versant d'une montagne ou sur une plaine boisée. D'abord vous n'apercevez que des cavaliers peu nombreux et vous les chargez; ceux-ci prennent immédiatement la fuite; mais quand vous arrivez sur le terrain qu'ils occupaient, des hommes *nus* se dressent devant vous de tous côtés et vous fusillent à bout portant. Au bruit de cette décharge, les cavaliers reviennent et reprennent en croupe ces fantassins qu'ils avaient apportés. Or, en voyant cette manière de combattre, ne croirait-on pas, sauf la différence des armes, assister à une action du temps des Romains?

Tous les auteurs anciens ne nous disent-ils pas que les Numides combattaient *nus* et portaient en croupe des hommes de pied très-habiles à lancer des traits?

Ces mêmes écrivains ne rapportent-ils pas que lorsque les Numides voulaient envahir un pays voisin, afin que les hommes en état de combattre ne fussent pas tentés de prendre la fuite pour retourner chez eux, le peuple entier marchait à l'ennemi emmenant ses troupeaux, ses biens, ses enfants et ses femmes? Eh bien! quelques années avant l'occupation de l'Algérie par l'armée française, les Némenchah ont donné un exemple de cette nature : un beau jour, et au moment où elle s'y attendait le moins, la grande tribu des Harectah vit arriver chez elle sa voisine corps et biens. Nous tenons ce fait de témoins oculaires bien payés pour se le rappeler, car plusieurs y furent blessés tandis que d'autres y perdirent leurs frères.

Un de ces derniers, qui, pour son compte personnel, eut le cou traversé d'une balle et gagna une extinction de voix, fit ce jour-là le serment de manger le cœur d'un Némouchi, et il a tenu son serment. Je laisse parler les Harectah pour raconter cette invasion : « C'était l'année de la famine, au printemps. Entre midi et la prière de quatre heures, des bergers qui gardaient leurs troupeaux dans la montagne d'Hammama poussèrent le cri de guerre, et, abandonnant les moutons confiés à leurs soins, arrivèrent aux douars courant comme des gazelles, et ne pouvant dire que ces mots : « Némenchah! Némenchah! nombreux comme les « sauterelles! » Les hommes, s'étant regardés, firent seller leurs chevaux pendant qu'ils préparaient leurs armes, et en un instant tout ce qui portait un poil de barbe marchait au-devant de l'ennemi. Que vous dirai-

je? En arrivant au col qui domine la plaine de la Meskiana, notre raison se refusait à croire ce que nos yeux lui montraient : il n'y avait plus de plaine : partout où la vue se portait, ce n'étaient que cavaliers, fantassins, moutons, chameaux, femmes et enfants. Tout cela marchait ensemble comme sur deux jambes un même corps. Ils vont nous dévorer, c'est certain, telle fut la pensée des plus solides. Que faire en pareil cas? Sauver nos parents et nos biens, si la chose était possible, mais comment? Dieu seul est grand! car, en même temps, il donna à tous la même inspiration : « Sidi-Reghis! Sidi-
« Reghis! enfants, courez aux douars; pliez les tentes;
« ralliez les troupeaux et poussez tout, tout, les enfants,
« les femmes, les vieillards, à Sidi-Reghis! » et les plus jeunes partirent comme le vent dans toutes les directions afin de porter la nouvelle du malheur et aider l'émigration des faibles vers la montagne de notre saint. Les hommes allèrent vers la mort comme d'habitude. Si les Némenchah avaient voulu forcer le passage du col, jamais ils n'y seraient parvenus; mais le diable, qui marchait avec eux, leur fit tourner la montagne, et ils débouchèrent comme une mer au cœur de notre pays. Non! quand l'homme a vu cette honte et qu'il n'a pas trouvé la mort, il voudrait que ce fût demain, aujourd'hui pour manger des balles.

« Si la parole des sages n'avait pas été entendue, tous

seraient allés au ciel ce jour-là ; mais on leur parlait de leurs femmes, de leurs enfants, qui allaient être enlevés par l'ennemi. Que voulez-vous ? le cœur s'amollit en entendant ces paroles, et l'on devient ce qu'on n'était pas. Tous nos efforts s'attachèrent à retarder la marche de ces monstres, pour donner aux nôtres le temps de se mettre à l'abri ; et à la nuit seulement, quand les Némenchah campaient à notre barbe, nous gagnâmes la montagne, emportant nos morts et nos blessés. Mais comment trouver nos femmes et nos enfants au milieu de ces rochers, de ces broussailles où ils sont nombreux comme les grains de sable du Sahara et où ils se cachent comme des serpents ? Bien petit est le nombre de ceux qui eurent cette joie la première nuit ; et, quand le jour se fit, il fallut combattre pour repousser les attaques de l'ennemi sur tous les points. Enfin, le troisième jour au matin, le bey de Constantine fondit sur les Némenchah avec ses spahis, ses fantassins et ses goums, et, avec notre secours, il en tua la moitié et dispersa le reste. C'était la première fois que les Némenchah nous attaquaient de cette manière, et ils n'y sont pas revenus depuis. »

Voilà donc une tribu de Chaouïa très-considérable qui a conservé la manière de combattre familière aux Numides ; ses voisines l'ont abandonnée, mais la tradition leur a appris que c'était également la coutume de leurs ancêtres, qui occupaient le pays bien longtemps avant l'invasion des Arabes.

La similitude du langage, du type et des coutumes des Chaouïa avec les anciens Numides; la résistance qu'ils opposent à toute communauté d'origine avec les autres races qui peuplent l'Algérie, et l'assurance traditionnelle que la contrée qu'ils habitent aujourd'hui fut le lieu de naissance de leurs ancêtres, suffisent, ce nous semble, pour établir que le Chaouï est le descendant du Numide. Cependant, comme cette question est peu connue, et qu'elle peut trouver des contradicteurs parmi ceux qui préfèrent nier que de faire des recherches, nous nous appuierons sur ce que des faits historiques importants, et qui se sont accomplis dans ce pays pendant la domination romaine, sont parfaitement connus des Chaouïa, auxquels nous les avons entendus raconter maintes fois. Si l'on considère que ces hommes sont presque tous illettrés, que leurs savants ne possèdent aucun livre d'histoire remontant au delà de l'époque où les Arabes ont envahi l'Afrique; et surtout que les faits dont nous voulons parler sont très-répandus parmi eux, on comprendra facilement que c'est là une œuvre de tradition, et que, par conséquent, ces faits historiques ont dû être transmis par les contemporains ou témoins oculaires à leurs descendants. Or toutes les cartes romaines et tous les auteurs anciens s'accordent à nous montrer la Numidie là où sont les Chaouïa de nos jours.

Nous avons dit que généralement les Chaouïa n'étaient pas nomades et qu'ils avaient les mêmes habitudes que l'Arabe agriculteur.

Les tentatives qui ont été faites pour les établir dans des demeures fixes en leur donnant des terres à titre de propriété ayant pleinement réussi, il y a lieu de les appliquer sur une plus grande échelle en utilisant ces bonnes dispositions.

L'ARABE NOMADE.

Tout ce que nous avons dit du Chaouï, pour les coutumes, peut s'appliquer à l'Arabe qui est devenu agriculteur, renonçant de son plein gré à ses habitudes nomades. Comme, au physique, il est resté ce qu'il était primitivement, nous donnerons son portrait en décrivant la physionomie de l'Arabe nomade. Ce dernier est bien fait pour confondre les partisans du croisement des races. Voici le portrait d'un Arabe pris entre mille, et qui ressemble à tous ceux de sa tribu au point de croire qu'ils sont tous frères : Taille au-dessus de la moyenne et élancée; pieds fins, bien faits et distingués, mains semblables, les jambes et les bras à l'avenant et nerveux; le cou long, la tête ovale, de grandeur moyenne et bien attachée; la bouche petite et fine, les dents d'une blancheur et d'une beauté extraordinaires pour les Européens; le nez aquilin et très-bien fait, les yeux longs, noirs et très-vifs; le front haut, la barbe et les sourcils noirs et bien fournis; les oreilles petites et bien dessinées; le visage ovale, le teint foncé; l'expression : intelligence, finesse, énergie.

Tel est au physique le peuple arabe tout entier, tel il a été sans doute de tous les temps. Nous regrettons de dire que le moral est moins beau : l'amour des femmes, des chevaux, des aventures, et l'ambition de paraître, de dominer, sont les passions qui l'occupent.

Prompt à mentir, à voler et à tuer, il est pourtant moins avare que le Chaouï, et même que l'Arabe agriculteur. On trouve en lui un sentiment de générosité inconnu aux autres. Dans la famille, il règne en sultan, et traite ses femmes comme tel. Pour lui, le travail est une honte, et il ne connaît d'autres plaisirs que le cheval, la guerre, la chasse et les femmes. Son existence repose sur ses troupeaux. De même que l'oiseau voyageur, il s'en va au Nord quand il fait chaud et au Sud par les temps contraires. Comme il ne forme pas le cinquième de la population totale de l'Algérie, nous ne regardons pas l'Arabe nomade comme un danger ou une gêne pour la colonie. Laissons-lui les immenses plaines qui bordent le Sahara, jusqu'à l'époque très-éloignée où nous pourrons en avoir besoin pour la colonisation. Alors, il aura à choisir entre les contrées plus au Sud ou un genre de vie plus sédentaire. En attendant, il produit de la laine en assez grande quantité, et fait un commerce d'échange utile aux tribus de l'intérieur et même à nos villes. Il y a lieu d'espérer que les puits artésiens, dont le général Desvaux a donné l'exemple dans ces contrées, en transformant un pays aride jusqu'à ce jour en un pays fertile, fixeront les nomades au Nord du Sahara.

LES BERBÈRES.

L'étymologie du mot *Berbère* vient évidemment de celui de *barbare* que les Romains attribuaient à tous les peuples étrangers dont les habitudes se rapprochaient des temps primitifs.

Or, à l'époque carthaginoise et romaine, les indigènes qui peuplaient l'Algérie étaient regardés comme des barbares et appelés ainsi.

Cependant, nous voyons que les Romains divisaient ces populations primitives en deux grandes familles : les *Numides* ou nomades, et les *Gétules*, qui étaient fixés au sol.

Puisque nous retrouvons ces deux grandes familles sans qu'elles aient rien perdu de leurs coutumes, nous devons conserver cette division, et c'est pourquoi nous avons distingué les Chaouïa, qui pour nous sont les anciens Numides, des populations fixes établies en Kabylie.

Mais il y a une troisième race dont le type, les coutumes et la langue ne sont point en harmonie avec la plus grande partie de nos montagnards, et cette race se trouve dans les oasis, vivant à demeure fixe, et dans l'intérieur du Sahara, sous la tente. Les premiers ont pris les noms des oasis qu'ils habitent, les seconds sont les *Touaregh*.

Les uns et les autres parlent la langue berbère, sauf quelques différences peu sensibles.

Il nous semble, d'après ces observations, que le nom de Berbères doit être donné aux habitants des oasis, aux Touaregh et aux rares tribus sédentaires qui, situées au Nord et surtout à l'Ouest, vers le Maroc, parlent le berbère, tandis que les Chaouïa et la plus grande partie des Kabyles, étrangers à cette langue, doivent conserver les noms qu'ils se sont donnés.

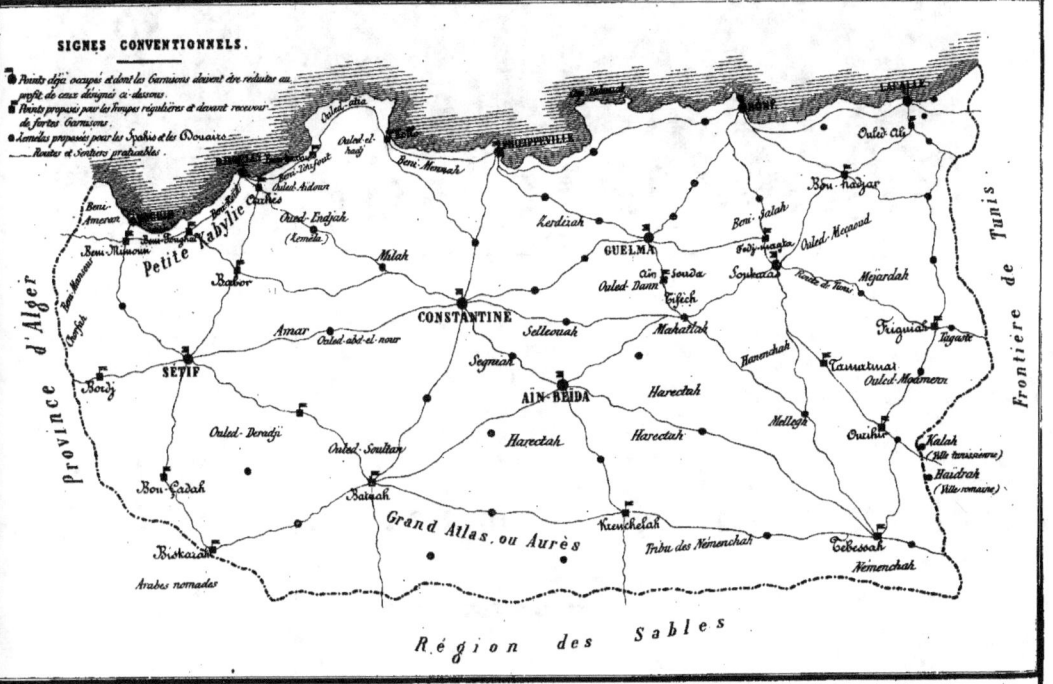

VIII

ARMÉE. — OCCUPATION.

Quel est le mode d'occupation le plus sûr pour garantir la tranquillité de l'Algérie et la mettre en état de se suffire dans le cas où la France aurait en Europe une guerre de longue durée?

S'établir définitivement et fortement au cœur de la Kabylie et sur les frontières; garder les points stratégiques de l'intérieur en se rapprochant des grandes tribus et en puisant parmi elles les éléments d'une nombreuse et bonne cavalerie auxiliaire.

Ce travail a pour but de prouver l'utilité du système d'occupation indiqué ci-dessus, d'en proposer les moyens, et d'entrer dans le détail de la composition et de la répartition des troupes.

L'incertitude des premiers temps de la conquête de l'Algérie par l'armée française, et l'ignorance absolue du nombre, des ressources et des coutumes de l'ennemi, à cette époque, suffisent pour expliquer la création d'établissements militaires considérables sur des points où ils sont devenus inutiles depuis.

Ceux qui ont demandé ces grands travaux avaient alors de bonnes raisons pour le faire : ce n'est pas ce qui doit nous occuper. Rien de ce qui existe ne sera perdu, et si telle caserne ou tel hôpital cesse d'être à l'usage de nos soldats, il sera facile de l'utiliser autrement.

Ce qu'il importe de démontrer, c'est que, pour assurer la tranquillité du pays, prévenir et réprimer les insurrections, la plus grande partie des troupes qui forment la force militaire de l'Algérie n'est pas établie où elle devrait l'être pour bien remplir cette mission.

Sur tous les points de la colonie, et dans toutes les populations, qu'elles soient fixes ou nomades, nous sommes en présence d'une force qu'il faut absolument annuler ou nous approprier, sous peine de n'avoir jamais qu'une sécurité passagère.

Cette force est l'influence des grandes tribus qui, en cas de révolte ou de troubles, entraînent toujours les petites, dont la position est en Afrique ce qu'est en France celle de la province à Paris.

Il y a là pour nous tout à la fois un danger et un puissant moyen d'action.

Tous les agitateurs qui, depuis la conquête, ont fait des insurrections, se sont appuyés sur ce levier.

Les Turcs, nos prédécesseurs, le savaient si bien qu'ils employaient cet élément pour maintenir le pays; aussi, si l'on excepte la grande Kabylie, ils ont pu, grâce à cette combinaison appuyée de dix mille baïonnettes régulières seulement, soumettre à leur domination et conserver pendant plus de trois siècles presque toute l'étendue qui nous appartient aujourd'hui.

S'ils n'ont pas fait mieux, il faut uniquement l'attribuer à ce que les hommes chargés du pouvoir ont rarement cherché à s'attacher les populations, mais bien plutôt à les exploiter; et quand exceptionnellement il s'est trouvé un gouverneur de province intelligent et juste, l'histoire nous montre qu'il a obtenu, sans l'emploi de la force, beaucoup plus que ses collègues par les armes.

Dédaignant ces moyens naturels de pacification, de sécurité et d'ordre, nous avons voulu tout faire par nous-mêmes ; c'est-à-dire conquérir et garder le pays soumis avec des troupes françaises.

Mais, comme nos derniers gouverneurs n'ont jamais obtenu qu'une très-petite partie des moyens d'action qui leur étaient indispensables, ils ont été obligés de grouper de fortes masses de troupes dans les principales villes, parce qu'on leur refusait les crédits nécessaires pour les établir plus convenablement.

En examinant, de l'Est à l'Ouest, chacun des points le plus fortement occupés, on verra quelle est leur importance réelle au point de vue stratégique et l'erreur dans laquelle on a persisté en lésinant sur des dépenses si utiles.

Constantine, chef-lieu de la province de ce nom, a été de tous les temps le siége de son gouvernement.

Cette ville a fait une vigoureuse résistance et a dû être enlevée par assaut.

Cependant était-ce là une raison suffisante pour y créer un casernement aussi considérable ?

Ignorait-on que parmi les défenseurs de la ville, les canonniers seuls étaient des soldats, et les autres des Kabyles appelés de leurs montagnes par Ben-Aïssa ?

Pouvait-on ne pas savoir qu'en dehors de ces deux éléments de force passagère, les habitants n'auraient pas présenté cent fusils sur les remparts?

Il ne nous appartient pas de résoudre ces diverses questions ; l'important aujourd'hui est de savoir que cette place compte dans ses murs une population musulmane et juive nombreuse, mais incapable de se battre et qu'une compagnie de la milice suffirait pour maintenir.

Inutile à l'intérieur, la garnison de Constantine peut-elle empêcher, par sa présence, ou arrêter promptement une insurrection à l'extérieur?

A l'Est et à l'Ouest, au Nord comme au Sud il n'y a jamais eu, il n'y aura jamais d'ennemi possible dans un rayon de deux journées de marche pour notre meilleure infanterie.

Partout, sur cette immense étendue de pays, les terres appartiennent au Domaine, et sont louées par lui à des indigènes qui se sont détachés de leurs tribus de temps immémorial et, ne formant point corps, vivent paisiblement du produit de leurs travaux agricoles sans jamais se mêler à la guerre.

Dans cet état de choses, qu'arrive-t-il lorsqu'une insurrection éclate au Nord de la province qui est la petite Kabylie?

Les troupes sont toujours prêtes à marcher; mais

pour opérer si loin de leur point de départ, qui est aussi leur base de ravitaillement, il faut organiser des convois de vivres, de munitions, et réunir tous les moyens de transport nécessaires.

Or, comme ces moyens de transport sont fournis par les tribus, il faut les commander et les attendre ; de sorte qu'il est presque impossible de pouvoir se mettre en marche avant deux jours, depuis l'ordre donné, et d'arriver sur le pays insurgé avant le quatrième ou cinquième jour.

C'est-à-dire qu'une dépêche télégraphique envoyée à Toulon aurait fait arriver des troupes d'infanterie (les seules utiles dans ce cas) deux jours plus tôt que celles établies dans le pays même.

Pendant ce temps, l'insurrection, qui, tout d'abord, pouvait être étouffée, a grandi ; l'ennemi a pu envoyer ses espions auprès de vous afin de connaître la composition de vos colonnes ; ces espions, marchant dans votre convoi pendant le jour, détacheront quelques-uns des leurs, quand vous aurez pris votre bivouac, pour informer les montagnards de ce qu'ils ont observé ; et ceux-ci sauront tout, jusqu'à la route que vous comptez suivre pour entrer dans leur pays.

Vous ne serez donc pas étonnés de les trouver là, prêts à vous bien recevoir ; maîtres des hauteurs qui domineront votre marche, maîtres aussi des cols par lesquels il vous faudra passer et qu'ils auront fortifiés d'avance.

Sans doute ces obstacles et leurs défenseurs ne tiendront pas contre nos troupes ; et, partout où ils se présenteront, les Kabyles seront repoussés ; mais à quel prix obtiendrez-vous ces avantages et quels seront-ils ?

L'expédition de 1851, accomplie dans ces conditions, nous a coûté en cinq rencontres un homme sur cinq, ce qui dépasse les pertes éprouvées dernièrement en Italie dans cinq combats ou batailles contre une armée régulière des mieux organisées.

Les avantages, au contraire, seraient nombreux et certains si vous restiez dans le pays, prenant possession des points qui le dominent ; mais puisque vous devez le quitter, qui vous assure que, l'année d'après, il ne faudra pas recommencer ?

Telle est en réalité l'influence que la garnison de Constantine peut exercer sur la petite Kabylie ; tels sont ses moyens d'action sur elle en cas de révolte.

Si nous recherchons son utilité contre les tribus établies à l'Est, au Sud et à l'Ouest, nous trouvons qu'elle est plus douteuse encore.

En effet, tandis que les Kabyles attendent l'ennemi de pied ferme, les Arabes laboureurs ou pasteurs ne restent jamais sur leur territoire lorsqu'ils se sont insurgés.

Ceux de l'Est émigrent immédiatement à marches forcées vers la frontière, qui est à plus de cinquante lieues de Constantine; les autres se dispersent parmi les tribus amies, mêlant leurs troupeaux et leurs tentes de manière à tromper les plus clairvoyants; ou bien, si l'insurrection est générale, tout le monde gagne les immenses plaines qui touchent au désert.

Que peut faire l'infanterie placée à une si grande distance d'un ennemi aussi mobile et qui, chaque jour et à chaque heure, est informé de ses mouvements?

Ainsi que nous l'avons vu trop souvent, elle tient la campagne pendant une saison entière, promenant son ennui à travers un pays vide; perdant des hommes par la chaleur ou le froid; faisant quelquefois des marches incroyables qui, à la fin de l'expédition, ont mis beaucoup de monde hors de combat sans avoir brûlé une amorce.

Et toutes ces épreuves, ces pertes et ces dépenses ont eu pour résultat la soumission momentanée d'une tribu qui n'aurait jamais songé à lever la tête, si elle vous avait vus fortement établis sur un point d'où vous pouviez la frapper sûrement en un jour.

A quoi bon, du reste, employer l'infanterie dans ces plaines où l'ennemi ne présente jamais que ses goums qui pas une fois n'ont tenu devant notre cavalerie régulière; et quand même ses tirailleurs, si bons dans les montagnes, oseraient en descendre, l'expérience n'a-t-elle pas suffisamment prouvé que nos sabres en avaient toujours et facilement raison?

S'il est vrai que l'organisation des colonnes ne doit pas être en Afrique la même qu'en Europe, à cause de la différence qui existe dans l'armement, les ressources et les habitudes de l'ennemi avant et pendant le combat; il est également vrai que l'on doit y tenir compte de la nature du pays, de la diversité des populations, et qu'il est utile de préparer les moyens d'attaque en raison des moyens de défense qui nous sont opposés.

C'est-à-dire que généralement nous devons employer la cavalerie dans les plaines, et l'infanterie dans les montagnes.

Ce que **nous** venons de dire pour Constantine, comme ville de garnison, peut s'appliquer à d'autres points occupés de cette province, ainsi que de celles du centre et de l'Ouest.

Ajoutons toutefois que, dans la province d'Alger, un grand exemple de notre système a été donné par le maréchal Randon, après la conquête de la grande Kabylie. Nous voulons parler du fort Napoléon qui vient d'être élevé sur un des points culminants voisins du Djurjura. Voilà, selon nous, une position effectivement stratégique et partant avantageuse : d'abord parce qu'elle commande tout le pays qui l'environne; ensuite à cause de l'influence morale que son occupation ne peut manquer d'exercer sur les montagnards, tant au point de vue d'une crainte salutaire qu'au point de vue des relations journalières qui ont dû s'établir déjà entre la garnison et les indigènes, au grand avantage de ces derniers ; et, enfin, par la facilité qu'elle procure de frapper vite et fort, même à de grandes distances, avec des troupes sorties de ses murs sans sac et sans convoi.

La plus grande force des Kabyles est dans la nature de leur pays. La guerre qu'ils ont toujours faite, et qu'ils savent faire bien, est la guerre de tirailleurs ; or, dans une contrée où six bataillons et leur convoi emploient une journée entière à parcourir deux ou trois lieues et sont dans l'impossibilité de faire plus, il est évident que l'avantage reste complétement à celui qui est allégé de tout bagage embarrassant. Alors il peut se porter rapidement sur une position avantageuse ; la quitter de même, en se dérobant aux coups de l'ennemi, quand il ne peut plus la tenir ; puis il va le fusiller de nouveau et presque à coup sûr au passage de tel défilé, dont il va, en courant, occuper les crêtes avant que les premières compagnies y soient arrivées.

Or, quand les montagnards deviennent assez hardis pour aborder nos soldats à l'arme blanche, c'est toujours à la faveur des obstacles naturels qui leur ont permis de les suivre, sans s'exposer à leur feu, jusqu'au moment et au lieu favorables pour une attaque imprévue.

Ils agissent, dans la défense de leurs positions, de même que lorsqu'ils cherchent à surprendre nos arrière-gardes. C'est toujours d'après le pays qu'ils se guident, c'est-à-dire qu'ils suivent les hauteurs et s'embusquent dans les bois.

Pour nous, c'est dans la nature même du terrain qui leur permet cette tactique, que se résument toutes les difficultés de la guerre en Kabylie.

On objectera sans doute que les marches, dans ces contrées, ne pourront être plus rapides et plus sûres qu'autant que les voies de communication actuelles seront suffisamment élargies.

Mais c'est précisément là un des plus grands résultats qu'amènera l'occupation permanente.

Que l'on suppose la création de forts comme celui qui existe dans le Djurjura, espacés à une distance de dix à douze lieues; que les garnisons de ces forts, portées au chiffre de deux mille hommes pour chacun d'eux, laissant de côté les sentiers qui existent, ouvrent, en suivant les crêtes, des routes ou de simples tranchées de vingt à trente mètres de largeur; que non-seulement ces routes soient établies entre les divers points d'occupation, pour les relier, mais encore dans toutes les directions aboutissant aux villages kabyles; est-il possible alors qu'une tribu qui s'insurge ne soit pas immédiatement écrasée ? Se peut-il que les contingents de plusieurs tribus qui cherchent à se réunir ne soient pas battus séparément ? Et, ce qui pour nous est la meilleure raison de sécurité, les montagnards oseront-ils laisser leurs femmes, leurs enfants et leurs biens à notre merci quand ils sauront, quand ils verront clairement que, chaque matin, à la pointe du jour, ils sont exposés à trouver leurs villages bloqués par nos troupes après une marche de nuit ?

Pourquoi ne profiterions-nous pas de l'expérience du passé et des exemples qui sont encore sous nos yeux ?

Nous voyons, dans le Ferdjioua, la famille Ben-Achour, et un peu plus bas les Ben-az-Din, qui, dès un siècle avant notre conquête, avaient vaincu et fait tributaires toutes les populations kabyles, depuis l'Oued-Endjah jusqu'à la mer, c'est-à-dire sur une profondeur de douze à quinze lieues et une longueur plus considérable dans une contrée excessivement difficile. Si l'on considère que ces petits monarques disposaient à peine de quatre cents cavaliers pour soumettre et maintenir vingt mille guerriers, on comprendra qu'ils ne pouvaient faire qu'une guerre de razzias, de surprises : pourtant, avec des moyens d'action en apparence si faibles, ils s'étaient rendus maîtres de tout ce pays dont la conquête nous a coûté tant d'hommes, de temps et d'argent, et où l'état de paix ne peut être durable qu'à la condition de l'occuper définitivement.

Admettez maintenant qu'au lieu de s'établir à l'entrée des montagnes, Ben-Achour et Ben-az-Din se soient placés où nous l'avons fait nous-mêmes, à Constantine; peut-on croire qu'ils auraient obtenu les mêmes résultats?—Évidemment non, puisque les Kabyles n'ont reconnu leur autorité et consenti à leur payer le tribut de soumission que par la crainte incessante de voir leurs villages surpris et brûlés pendant leur sommeil, ou leurs troupeaux enlevés à toute heure. Et ce n'est qu'après des épreuves sanglantes et souvent renouvelées de part et d'autre, que les vainqueurs se sont définitivement installés le plus près possible des vaincus, et que ces derniers ont renoncé à une résistance devenue par ce fait même impossible.

Il ne faudrait cependant pas conclure de ce qui précède que la position occupée par ces deux chefs indigènes fût bonne pour nous; nous ne devons pas perdre de vue que leur force était la cavalerie, tandis que la nôtre, dans ces contrées, est et doit rester l'infanterie. Néanmoins, cette position serait sans aucun doute préférable à Constantine, puisqu'elle nous rapprocherait de deux journées de marche des tribus qu'il s'agit de maintenir.

Il nous sera d'ailleurs toujours facile, comme ces kaïds l'ont fait, d'attacher à chaque point d'occupation un certain nombre de cavaliers indigènes, le plus souvent même appartenant à la contrée; mais notre but étant plus difficile à atteindre que celui poursuivi par les Ben-Achour et les Ben-az-Din, nous devons employer des moyens plus forts.

Tout ce qu'ils voulaient, c'était la rentrée des impôts; ce qu'il nous faut obtenir, c'est la plus grande sécurité possible.

Or, une occupation forte et permanente des meilleurs points stratégiques pourra seule amener ce résultat. Et par occupation forte, nous entendons celle qui permet de prendre l'offensive à toute heure, sans attendre des secours; de même que, par point stratégique, nous voulons dire celui sur lequel on pourra réunir en un jour six mille baïonnettes dans les montagnes, ou, en plaine, deux mille cavaliers.

Ce principe est aussi vrai pour les populations du Nord que pour celles du centre et du Sud.

Quand les indigènes verront nos troupes placées partout de manière à frapper l'insurrection au moment même où elle éclaterait, il n'y aura plus d'insurrections. Quand, au lieu de nous voir par les yeux de leurs chefs, trop intéressés à les éloigner de nous, ils pourront nous juger par eux-mêmes, ils deviendront moins hostiles. Enfin, quand ils verront, d'un côté, le châtiment inévitable et prompt en cas de révolte, et, de l'autre, tous leurs intérêts sauvegardés par une administration d'autant mieux éclairée qu'elle sera plus proche, la conquête morale se fera.

Après avoir examiné les inconvénients de l'occupation actuelle et les avantages de celle qui porterait nos forces plus près des populations, nous allons indiquer le nombre et la composition des troupes qui nous paraissent devoir garantir la sécurité la plus grande, dans toute l'acception de ce mot ; et, de plus, mettre l'Algérie à même de se suffire dans le cas où la France aurait une guerre à soutenir sur le continent ou ailleurs.

L'effectif de l'armée d'Afrique a été, dans les dernières années, de 48,000 hommes d'infanterie ; de 9,000 hommes de cavalerie ; et de 8,000 hommes d'artillerie, génie, train des équipages et soldats d'administration ; total : 65,000 hommes.

Les chiffres que nous proposons sont les suivants : baïonnettes, 37,000 ; sabres réguliers, c'est-à-dire français, 10,000 ; sabres irréguliers, c'est-à-dire indigènes, 10,000 ; artillerie et génie, 5,000 ; train des équipages et soldats d'administration, 3,000. Total : 65,000 hommes. dont 30,000 seulement recrutés en France, et qui coûteront ensemble 40,675,000 francs.

Le budget militaire de l'Algérie, pour 1860, est de 58,000,000 fr.

C'est donc une économie de 18,000,000 fr., et de 35,000 soldats français. Ce budget pourrait encore d'ailleurs, être réduit comme on le verra plus loin.

Voici comment nous établissons la solde et l'entretien pour cet effectif de troupes :

Nous comptons : 34,000 baïonnettes à 600 f. 20,400,000
3,000 baïonnettes appelées à faire
   un service spécial, à. 800   2,400,000
10,000 sabres français, à 750   7,500,000
Artillerie et génie, 5,000 hommes à. 800   4,000,000
Soldats du train et d'administration,
   3,000 hommes à. 800   2,400,000
Spahis, 3,000 hommes à. 485   1,455,000
Douaïrs, 7,000 hommes à 360   2,520,000
   (65,000 hommes.) Total. . .   40,675,000

Une explication est indispensable pour l'intelligence des chiffres qui précèdent.

Nous avons élevé à 600 fr. la dépense pour l'infanterie, afin de pouvoir améliorer l'ordinaire des hommes.

Les 3,000 baïonnettes qui figurent pour 800 fr. doivent être assimilées à l'artillerie pour la solde et l'entretien, puisque, dans la répartition des troupes, elles seront appelées à garder les forts du littoral et les places de l'intérieur qui seront évacuées.

Nous n'avons rien changé aux dépenses de la cavalerie française, et nous pensons que le chiffre de 800 fr. convient à l'artillerie, au génie et au corps d'administration.

Nous arrivons maintenant aux spahis et aux douairs. Les premiers ont rendu et pourront rendre encore de grands services en Algérie : personne plus que nous ne doit être porté à le reconnaître, puisque nous avons servi quinze ans parmi eux; mais l'organisation qui leur a été donnée est-elle bien en rapport avec leur destination? et la pensée du maréchal Randon, qui les a divisés en zemèlas, ne doit-elle pas recevoir une application plus large ?

Il est évident qu'en formant ces corps indigènes, on s'était proposé tout autant de faire des soldats, que de se créer des relations sympathiques parmi les populations de l'intérieur.

D'après la composition ancienne et présente des divers régiments, il est facile de voir que ce but n'a été atteint qu'à demi.

Très-peu d'hommes de grandes familles sont entrés aux spahis: grand nombre en étaient empêchés, d'abord par l'organisation trop régulière donnée à cette cavalerie; ensuite par les détails du service qui leur répugnaient; et enfin par le contact journalier, l'égalité dans les rangs, et quelquefois la supériorité hiérarchique de ceux qui, dans la tribu, avaient été leurs serviteurs.

La division des spahis en zemèlas a fait disparaître une partie des ces inconvénients, puisqu'ils sont établis aujourd'hui en dehors des villes, parmi leurs coreligionnaires, et sont ainsi rendus à la vie de famille, moitié militaire et moitié agricole.

Mais comme cette modification dans l'organisation primitive déplaît à la plupart des officiers français attachés aux spahis, pourquoi ne les placerait-on pas dans les nouveaux régiments de chasseurs d'Afrique dont nous proposons la création, en laissant aux spahis leurs officiers indigènes qui seraient eux-mêmes commandés par les chefs des bureaux arabes placés près des zemèlas?

Alors le spahi pourrait ne recevoir d'autre tenue que le burnous, ne faire de service qu'à cheval; les grades pourraient être donnés à des hommes de grande tente; et nous sommes certain qu'en réduisant la solde actuelle à 1 fr. par jour (la nourriture du cheval étant à sa charge), et en lui accordant l'exemption de l'impôt, dont la moyenne ne dépasse pas 100 fr. par an; nous sommes certain, disons-nous, qu'on trouverait les plus grandes facilités pour le recrutement, qui s'effectuerait dans des conditions politiques bien meilleures que par le passé.

Il est une vérité qui n'a pas été assez bien comprise, ou qui peut-être a été combattue : c'est que l'Arabe préfère l'exemption de l'impôt et des corvées à une solde fixe, même très-élevée.

Pour lui, cette exemption est un honneur qui le grandit aux yeux des siens : une faveur dont il est d'autant plus fier que, dès qu'il l'a obtenue, il se regarde comme faisant partie du gouvernement.

Cela est si vrai que, quoi qu'on puisse dire ou faire, on ne persuadera jamais à un Arabe que celui qui est astreint à subir les charges imposées au commun des hommes dans la tribu puisse être quelque chose de plus qu'un autre aux yeux des autorités.

C'est pourquoi nous proposons la réduction de la solde des spahis, en les gratifiant, ainsi que les douairs, de l'exemption de l'impôt et des corvées.

De cette manière, le spahi coûterait :

Pour la solde.	365 fr.
Pour l'exemption de l'impôt.	100
Pour le burnous.	20
Total.	485 fr.

Le deïra coûterait :

Pour la solde à 20 fr. par mois.	240 fr.
Pour l'exemption de l'impôt.	100.
Pour le burnous.	20
Total.	360 fr.

Cette somme de 360 fr. pourrait même, par la suite, être appliquée aux spahis et, plus tard encore, aux 25,000 baïonnettes indigènes, en y ajoutant seulement l'uniforme ; ce serait une nouvelle économie de 4 à 5,000,000.

Nous l'avons déjà dit, l'enrôlement des spahis et des douairs présente un double but : le premier, d'attirer à nous les hommes les plus influents et les plus énergiques dans leurs tribus respectives ; le second, d'avoir toujours sous la main une force rapide, intelligente et même solide quand elle se voit bien commandée.

Or, il suffit de connaître la constitution des tribus pour être sûr des avantages politiques que présente une telle combinaison bien entendue.

Puisque nous savons maintenant que partout les masses sont à la remorque de quelque individualité, comment pourrions-nous douter qu'en nous attachant toutes les influences locales, nous ne fussions maîtres du reste ? et ne devons-nous pas aussi espérer qu'un rapprochement semblable et de bons procédés de notre part aideraient à nous faire mieux apprécier des grands et des petits, jusqu'à présent restés hostiles? Pour qu'il en fût autrement, il faudrait que l'Algérie ne fût pas un pays où tout esprit de nationalité est mort depuis des siècles; où l'intérêt personnel est le plus grand mobile, puisqu'il l'emporte même sur l'esprit religieux.

Le jour donc où nous disposerons de dix mille burnous pour les offrir aux spahis et aux douairs, avec cet avantage, qu'ils apprécient tant, de faire partie du gouvernement, n'étant plus taillables et corvéables; ce jour-là, ne serons-nous pas en mesure de satisfaire toutes les ambitions de quelque valeur, toutes les influences de famille ou de courage, tous les intérêts, toutes les vanités de quelque importance?

Et quand ces hommes se verront commandés par des officiers français parlant leur langue, connaissant leurs usages, les mêmes enfin qui seront chargés d'administrer leurs tribus, pourraient-ils ne pas être des auxiliaires fidèles en temps de paix, et des soldats dévoués pendant la guerre? Mais alors il faudrait douter de nous-mêmes; car pendant que nous avions à lutter contre les populations armées par Abd-el-Kader, les bulletins de nos généraux étaient remplis d'éloges, de citations et de demandes de récompenses pour les spahis, les zemèlas et les douairs.

Nous croyons que les services rendus par ces troupes indigènes sont trop connus et appréciés pour qu'il soit utile d'en parler plus longuement.

Après avoir indiqué le but et les avantages politiques d'une cavalerie indigène nombreuse, nous allons examiner le mode de répartition qui nous semble le meilleur pour les troupes de toutes armes :

Comme la province de Constantine est celle que nous connaissons le mieux, c'est dans ses limites que nous allons proposer notre système d'occupation, applicable aux deux autres provinces.

Nous commencerons par les cercles qui touchent à la frontière de Tunis et au désert ; puis nous reviendrons à ceux du littoral par le centre de la province.

En suivant cet ordre, nous trouvons *La Calle* comme premier point d'occupation.

Ce cercle a une importance majeure : d'abord parce qu'il est, sur une grande étendue, voisin de tribus tunisiennes sur lesquelles le bey n'a aucune autorité, et qui s'en prévalent souvent pour faire des incursions chez nous ; ensuite, à cause des richesses minérales et forestières très-considérables qu'il renferme et dont l'exploitation ne deviendra fructueuse que moyennant un état de sécurité plus grande ; et, enfin, par la nature du pays qui, étant presque partout boisé et montagneux, surtout vers la frontière, rend plus faciles les attaques collectives ou isolées, et place ce cercle dans un état de siége permanent.

Afin de mettre un terme à cet état de choses, nous proposons l'établissement de deux mille baïonnettes, deux cents sabres, un détachement d'artillerie, du génie et d'administration sur la rive gauche de l'Oued-el-Kebir à l'entrée du pays des Ouled-Ali.

La cavalerie serait indigène et compterait cinquante spahis et cent cinquante douairs recrutés dans la contrée. Cent hommes d'infanterie et vingt-cinq spahis seraient détachés comme garnison dans la place de La Calle.

Le commandant du cercle et le bureau arabe seraient établis sur ce nouveau point d'occupation qui correspondrait avec le littoral par la voie télégraphique aérienne ou électrique.

Ce moyen de correspondance devrait dès lors être appliqué partout.

Pendant qu'une partie des troupes travaillerait à son établissement, le reste serait employé à l'ouverture d'une route ou tranchée large de vingt mètres et pénétrant par les crêtes au cœur du territoire des Ouled-Ali.

De cette grande artère, qui devrait se prolonger ensuite à l'Est et à l'Ouest jusqu'à la frontière, partiraient d'autres tranchées, toujours en suivant les crêtes, et enveloppant de leur réseau les principales vallées.

Afin que ce travail ne fût pas gêné par les montagnards, il conviendrait d'en employer un certain nombre, avec un salaire raisonnable, en leur présentant l'entreprise comme destinée à faciliter l'exploitation des bois, et même de faire quelques tentatives dans ce sens, avec leur aide, pour les persuader et les intéresser plus sûrement. Cette contrée étant une des plus riches de l'Algérie en bois de haute futaie et autres, des capitalistes, voyant un gage de sécurité dans l'occupation permanente de ce poste, ne tarderaient pas, sans doute, à demander leur exploitation, et les habitants accepteraient volontiers les offres de travail et de bénéfices qui leur seraient faites.

Par ces divers travaux, le pays se trouverait physiquement et moralement transformé ; et les avantages de cette transformation seraient de beaucoup au-dessus des dépenses.

Nous ne saurions trop le répéter : dans la guerre de montagne, en Afrique, deux mille hommes d'infanterie sans convoi et sans sac, en valent dix mille, et font plus. Une telle force permanente, pourra, grâce aux routes ouvertes qui lui permettront d'opérer des marches rapides de jour et de nuit, frapper de grands coups à de grandes distances, enlever des douars, des villages entiers et revenir à sa base d'opérations avant qu'un rassemblement sérieux ait pu se former contre elle; cette force, suffisante (avec un peu d'artillerie) pour culbuter toute résistance, devra donc infailliblement, selon nous, assurer la tranquillité la plus complète dans le pays qu'elle occupera, si elle est établie sur un point véritablement stratégique et bien commandée.

Une administration éclairée, à la fois juste, bienveillante et ferme fera le reste.

Puisque le mot administration a trouvé place ici, nous ajouterons qu'il serait à désirer pour l'avenir que, parmi les conditions imposées aux concessionnaires de forêts, on introduisît celle du déboisement complet, c'est-à-dire qu'on exigeât l'extirpation des broussailles sans valeur forestière qui presque partout couvrent le sol. La sécurité individuelle y gagnerait considérablement; les troupeaux ne seraient plus décimés par les carnassiers répandus dans tous les bois de la colonie; on ne verrait plus se renouveler ces incendies qui dévorent des milliers d'hectares chaque année; et enfin, sur beaucoup de points, on gagnerait des terrains cultivables sans nuire aux forêts. Cela dit une fois pour toutes, continuons.

A une journée de marche au Sud-Ouest du point que nous venons de proposer, se trouve *Aïn-Sultan* ou *Bou-Hadjar,* occupé aujourd'hui par un détachement de spahis.

Ce poste est bien situé pour la police de la frontière,

mais nous voudrions le voir disposer d'un plus grand nombre de sabres. C'est pourquoi nous proposons d'y établir cent cinquante spahis et cinquante douairs ; en un mot une force capable de prendre l'offensive en cas d'attaque, au lieu d'être obligée de s'enfermer derrière les créneaux, ce qui est toujours d'un très-mauvais effet moral chez les Arabes.

La plaine traversée du Sud au Nord par la Mafrag et bordée, au Sud et au Sud-Est, par les montagnes des Beni-Salah et des Chiebenah pouvant, dans un avenir prochain, être en partie livrée à la colonisation, nous pensons qu'il serait d'une bonne politique de recruter les spahis et les douairs de Bou-Hadjar parmi les habitants de ces montagnes et de la plaine, en donnant à chacun d'eux une part du territoire en toute propriété.

Il serait sage, d'ailleurs, d'appliquer cette mesure à tous les spahis et à tous les douairs dans l'étendue entière de l'Algérie.

En suivant toujours la frontière, nous entrons dans le cercle de Soukaras où nous reviendrons après avoir parcouru ses limites.

A une marche au Sud-Est de Bou-Hadjar et à l'Est de Soukaras, nous trouvons *Tagaste*.

Occupé fortement par les Romains, ce point est une clef importante de la Tunisie ; il prend à revers les populations établies dans le triangle formé par Bou-Hadjar,

Soukaras et la Mejardah qu'il commande ; il est sur la voie que ces tribus suivent nécessairement lorsque, s'étant insurgées, elles cherchent un refuge sur la frontière ; enfin il est maître du défilé de Friguiah.

Ce pays étant partout accessible à la cavalerie, nous proposons d'y établir trois cents sabres français, un détachement d'artillerie et du génie et deux cents douairs recrutés sur les deux rives de la Mejardah et parmi les Ouled-Moumenn.

A une marche de Tagaste vers le Sud, et en suivant la frontière, on rencontre une position de la même importance stratégique : c'est *Aïn-Dekir* ou *Aïn-Hadid,* à la tête de l'Oued-Ourihir. Les Romains occupaient divers points sur ce ruisseau, et y avaient fondé une grande ville dont les ruines s'aperçoivent encore à plus d'une lieue au Sud : les Arabes l'appellent Haïdrah.

Comme ce poste est au delà de la frontière et qu'il n'est pas meilleur que la tête de l'Oued-Ourihir, nous conseillons l'occupation de ce dernier point. Maîtresse des voies de communication qui débouchent du Nord et de l'Ouest sur la frontière, cette position prend à revers la tribu importante et peu sûre des Ouled-Sidi-Yaya-Ben-Taleb, qui se trouve ainsi placée entre elle et Tébessah ; elle touche au Ghib-Chouéni, refuge habituel des Harectah et des Mahatlah lorsqu'ils sont en état d'insurrection ; et, de plus, elle barre le passage de la frontière aux Hanenchah et autres tribus du Nord qui, dans les mêmes circonstances, cherchent toujours à la franchir.

Les troupes établies à Ourihir pouvant être appelées à opérer contre un ennemi nombreux, nous porterons leur effectif à quatre cent cinquante sabres français, un détachement d'artillerie et du génie avec cent cinquante douairs recrutés chez les Ouled-Sidi-Yaya et les Hanenchah.

Ici, comme sur les autres points de la frontière, on devrait enrôler quelques Tunisiens choisis avec discernement pour faire le service d'espions.

Tournant, pour quelques instants, le dos à la frontière, nous allons compléter l'occupation du cercle de Soukaras.

En marchant d'Ourihir droit au Nord, nous arrivons, en une marche, soit à Mdaourouch, soit à Tamatmat. Ces deux points sont distants l'un de l'autre d'une portée de canon, et conviendraient également, si le premier ne manquait pas d'eau en été et de fourrages en toute saison.

Pour ce double motif, nous préférons *Tamatmat*, placé de manière à frapper les Harectah de l'Est, les Mahatlah, les Souderata, auxquels il ferme l'entrée du Ghib-Chouéni et le passage du Mellegh, ainsi qu'aux Ouled-Dann et autres tribus du cercle de Guelma, toujours empressées de fuir de ce côté, quand elles ont commis ou veulent commettre une faute.

Outre ces avantages stratégiques, Tamatmat protège Soukaras et la Mejardah contre toute agression venant du Sud ou de l'Ouest ; et les forces qui y seraient maintenues peuvent, en quelques heures, opérer leur jonction avec celles établies à Tagaste, Ourihir et Tébessah, dont il sera parlé plus loin.

Nous proposons pour Tamatmat trois cents sabres français, un détachement d'artillerie et du génie, et cent douairs pris chez les Beni-Barbar et les Hanenchah.

Un peu plus au Nord, à *Tifèch,* nous voudrions une zemèla de cent douairs recrutés parmi les Mahatlah, les Souderata et quelques Ouled-Dann.

La zemèla de Tifèch, placée sur l'embranchement de plusieurs routes importantes, serait à une égale distance de Tamatmat, de Soukaras et d'Aïn-Souda, chez les Ouled-Dann, dont nous proposerons l'occupation tout à l'heure. Sa position la mettrait donc à même d'éclairer constamment ces trois postes, et ses cavaliers pourraient accourir promptement à l'aide de la garnison qui les appellerait.

L'enrôlement des hommes de quelque importance dans chacune des tribus qui composeraient cette zemèla aurait encore l'avantage d'assurer la tranquillité toujours douteuse de cette contrée ; et de nous fournir des guides et des espions dont nous avons éprouvé l'intelligence, la fidélité ainsi que le courage dans diverses circonstances, mais surtout pendant l'insurrection de 1852.

A cette même époque, Soukaras fut attaqué durant plusieurs jours par des forces considérables qui ne surent pas enlever les soixante hommes d'infanterie composant sa garnison ; Aïn-Beïda et la colonie de Guelma étaient attaquées en même temps et sans plus de succès. Mais, pour secourir les points menacés et poursuivre le châtiment des rebelles, on dut faire venir à marches forcées des troupes très-éloignées de ces points que les insurgés abandonnèrent à la hâte, pour se réfugier, avec leurs familles et leurs biens, dans le pays que nous proposons d'occuper, et où il fallut aller les chercher, non sans beaucoup de peines et de temps perdu.

Il en a été et il en sera toujours de même à chaque insurrection ; ceci prouve trois choses : la première, qu'aucun système n'est plus mauvais que de disséminer des petits paquets de troupes ne pouvant, en cas d'attaque, se suffire à eux-mêmes ; la seconde, qu'il vaut mieux ne pas occuper une position que de l'occuper trop faiblement ; la troisième, qu'un ennemi aussi mobile que l'Arabe doit, en tout temps, être tenu de près ; et qu'il suffit, pour le maintenir tranquille, de garder fortement et constamment les points par lesquels il pourrait s'esquiver, c'est-à-dire ses refuites. Pour quiconque a vécu avec les indigènes et suivi leurs manœuvres en temps de guerre, il est évident qu'une ville européenne bâtie en plein pays arabe, sans garnison, sans murailles et sans portes, ne courrait aucun danger d'attaque de la part des populations, tant qu'elles verraient les passages servant à leur fuite suffisamment gardés pour l'empêcher.

C'est pourquoi nous nous attachons dans ce projet à envelopper les grandes tribus par un réseau de postes assez forts pour que chacun d'eux puisse agir isolément, et distancés de manière à ce qu'il soit possible de réunir promptement un nombre de sabres et de baïonnettes imposant sur tel point qui viendrait à être sérieusement menacé ou attaqué.

Nous avons la ferme conviction que le jour où les Arabes verront leur pays partout gardé de la sorte, ils comprendront l'inutilité de la révolte et qu'ils donneront à leurs idées un cours plus en harmonie avec nos projets sur l'Afrique.

Ce sera alors, mais alors seulement, qu'on pourra commencer l'éducation nouvelle de ces populations restées si primitives et, il faut bien le dire, hostiles à tout changement.

Cette digression nous a fait arriver à *Soukaras*.

Ce chef-lieu de cercle a été une ville romaine importante, que depuis longtemps le maréchal Randon regardait comme devant renaître tôt ou tard.

En effet, d'abord quelques maisons se sont élevées sur ses ruines, puis les colons sont venus plus nombreux, et aujourd'hui ils pourraient déjà se garder eux-mêmes.

Soukaras est bien placé comme centre de commandement et d'administration.

L'ayant garanti de toute attaque à l'Est, au Sud et à l'Ouest, nous proposons de lui donner deux cent cinquante douairs choisis parmi les Hanenchah et les tribus du Nord, chez lesquelles nous demandons aussi un poste.

Fedj-Magta paraît le point le plus convenable pour bien couvrir Soukaras de ce côté. A cheval sur la route de Bône, il domine la Mejardah, la Seybouse et d'autres vallées; il touche à plusieurs tribus de quelque importance et se trouve assez rapproché des Nebeïls et des Ouled-Dann pour les frapper, soit avec ses propres forces, soit en opérant sa jonction avec celles d'Aïn-Souda. Les troupes établies à Fedj-Magta pourraient aussi, d'ailleurs, agir de concert avec la cavalerie de Bou-Hadjar, sans s'éloigner de leur base d'opérations.

Le pays où ces troupes seraient appelées à agir étant généralement difficile, nous pensons qu'il faudrait pour ce poste cinq cents baïonnettes, un détachement d'artillerie et du génie, vingt-cinq spahis et soixante-quinze douairs recrutés chez les Ouled-Meçaoud, les Beni-Salah, les Nebeïls et les Kessenna.

Fedj-Magta est d'autant mieux une bonne position stratégique, qu'on pourra y réunir, sans découvrir aucun des autres postes, deux mille baïonnettes et mille sabres en un jour ; de même, les postes de Tagaste et d'Ourihir peuvent voir arriver sous leur feu, dans le même laps de temps, mille sabres pris sur toute l'étendue du pays de plaine confié à leur garde.

Avant de continuer l'occupation des cercles qui se limitent avec celui de Soukaras au Nord, nous devons, afin de suivre l'ordre annoncé, revenir à la frontière et couvrir nos possessions du Sud.

D'Ourihir, notre dernière position sur l'extrême limite, nous arrivons, en une marche à Tébessah, ville romaine d'une importance stratégique considérable.

Depuis longtemps le maréchal Randon, qui a dirigé plusieurs colonnes contre les tribus de ce pays, avait reconnu l'utilité de l'occupation de Tébessah ; mais on a toujours reculé devant ses propositions à cause des dépenses. Or, il est certain que si cette occupation avait eu lieu dès les premières années, on aurait obtenu une grande économie par la différence de l'état de paix, qui en serait résulté, à l'état de guerre qui a nécessité de nombreuses et longues expéditions.

Aujourd'hui *Tébessah* est un chef-lieu de cercle et n'a qu'une division de cinquante cavaliers et une compagnie d'infanterie. Cependant ce cercle touche, sur une grande étendue, à la frontière de Tunis et au désert. Il est à plus de quarante lieues des garnisons qui seules peuvent lui envoyer des troupes; et il doit maintenir deux tribus qui, ensemble, sont capables de réunir quatre mille cavaliers, un nombre plus considérable de fantassins, et ne sont rien moins que sûres.

Pour ces motifs, et aussi à cause de sa position qui lui permet de prendre à revers la grande tribu des Harectah, nous proposons pour Tébessah cinq cents baïonnettes, trois cents sabres français, un détachement d'artillerie et du génie, vingt-cinq spahis et cent soixante-quinze douairs pris chez les Ouled-Sidi-Yaya et les Némenchah de l'Est.

Cette dernière tribu est nomade et prend ses quartiers d'hiver dans le Sahara; mais elle est obligée, quand viennent les chaleurs et à l'époque des cultures et de la récolte, de se rapprocher de Tébessah et de *Krenchelah*. Alors, c'est-à-dire pendant six mois de l'année, la moitié des Némenchah se trouve forcément établie à une petite marche de Tébessah et l'autre moitié à la même distance de Krenchelah. Il est donc facile de comprendre que de l'occupation de ces deux points, dépend la soumission complète de cette grande tribu.

Krenchelah offre encore d'autres avantages:

Sa position est une des clefs des monts Aurès; elle pèse sur des populations nombreuses; complète à l'Ouest la surveillance que Tébessah exerce à l'Est sur les Harectah; menace même les Segniah du cercle de Constantine et se trouve le point intermédiaire entre Tébessah et Batnah.

Les Romains occupaient Krenchelah.

Nous proposons d'y établir cinq cents baïonnettes, trois cents sabres français, un détachement d'artillerie et du génie, vingt-cinq spahis et cent soixante-quinze douairs recrutés parmi les Némenchah de l'Ouest, les Mahmera, les Beni-Oudjèna de la montagne et les Hachèch.

En suivant, à l'Ouest, le pied des monts Aurès, autrement appelés Grand-Atlas, nous arrivons à Batnah, dont l'importance a été reconnue depuis les premiers temps et pour lequel on a déjà beaucoup fait.

Sa garnison actuelle se compose d'un régiment d'infanterie et d'un escadron de cavalerie.

L'infanterie de cette place ne peut être utilement employée que dans l'Aurès ou contre les Ouled-Soultan et les oasis. Nous pensons, en conséquence, qu'il serait plus avantageux de la rapprocher de chacun de ces trois points que de la laisser massée au centre.

C'est pourquoi nous proposons de laisser à Batnah

mille baïonnettes, un détachement d'artillerie et du génie, en lui donnant en plus trois cents sabres français, cinquante spahis et cent cinquante douairs.

Ensuite, afin de mettre les montagnes des Ouled-Soultan entre deux points d'occupation ; nous voudrions un poste au pied de ces montagnes vers l'Ouest, à *Ras-El-Aïoun*.

Ce poste aurait sur la montagne et dans la plaine la même influence que Krenchelah à l'autre extrémité de la position. Comme il se trouve assez rapproché des tribus du Hodna, qu'il commande le Sud du cercle de Sétif et peut frapper les Ouled-abd-el-Nour de Constantine, nous proposons pour lui cinq cents baïonnettes, trois cents sabres français, un détachement d'artillerie et du génie, vingt-cinq spahis et soixante-quinze douairs.

Nous allons terminer l'occupation de la subdivision de Batnah par *Biskarah*.

Ce cercle est appelé à un grand avenir et à une transformation complète, si le forage des puits artésiens dont le général Desvaux a donné l'exemple, est suivi par ses successeurs. Alors on verra des oasis se former et des villages s'élever là où naguère il n'y avait que des sables. La colonisation y trouvera de grandes étendues de terres et un climat favorable à des cultures jusqu'ici inconnues en Algérie.

Au point de vue militaire, il suffit à Biskarah d'une

force capable de maintenir les Arabes nomades et les habitants des oasis.

Les premiers ne pouvant se passer du Tell où ils viennent prendre leurs quartiers d'été et se procurer les céréales que leur pays ne produit pas, sont toujours à notre merci.

Les seconds, forts des obstacles naturels et artificiels qui les abritent, ont essayé de résister et y ont même réussi quelque temps. Mais il a fallu des circonstances exceptionnelles et l'absence de forces convenables dès le principe, pour qu'il en fût ainsi.

Nous pensons que cinq cents baïonnettes, un détachement d'artillerie et du génie, cent cinquante sabres français, vingt-cinq spahis et cent soixante-quinze douairs, toujours présents à Biskarah, suffiraient pour arrêter tout commencement de désordre; et, en tout cas, s'il pouvait en être autrement, les postes de Ras-el-Aïoun, de Bou-Çadah et de Batnah arriveraient à temps pour en finir promptement.

Dans le cercle de Sétif, nous occupons actuellement, avec deux escadrons seulement, *Bou-Çadah* et *Bordj-Bou-Aridj*. Cependant ces deux points sont importants par le nombre et le caractère remuant des tribus qui les entourent, et aussi par leur position sur la frontière de la province d'Alger.

Nous proposons pour Bou-Çadah trois cents sabres

français, un détachement d'artillerie, cinquante spahis et cent cinquante douairs.

Pour Bordj-Bou-Aridj nous voudrions les mêmes forces.

Sétif, chef-lieu de la subdivision, fut le siège d'un gouvernement important à l'époque romaine. Quoique cette place soit couverte au Sud et à l'Ouest par les postes précités, et qu'au Nord elle doive l'être également d'après notre projet; afin qu'elle puisse garantir la plus grande sécurité à sa colonie qui deviendra importante, nous proposons de lui donner trois cents sabres français, un détachement d'artillerie et du génie, cinquante spahis et cent cinquante douairs.

Pour la police de la route, entre Sétif et Constantine, nous voudrions un poste de cinquante douairs, pris chez les Amer-Gheraba et les Ouled-abd-el-Nour, établi à *Bordj-Mahmera*.

Nous avons dit que les terres domaniales occupaient, dans le cercle de Constantine, une très-grande étendue. Il résulte de ce fait que toutes ses tribus se limitent avec les cercles voisins.

Il suffira d'enrôler cent cinquante spahis et le même nombre de douairs choisis parmi les familles les plus influentes dans ces tribus, pour que jamais elles ne bougent et que la police des routes soit bien faite.

En établissant le chiffre des troupes de toutes armes

formant l'effectif de l'armée d'Afrique, nous avons demandé trois mille hommes d'infanterie appelés à faire le service des places. Chaque province devant en recevoir mille pour sa part, nous en prendrons, pour la place de *Constantine*, cent cinquante avec un détachement d'artillerie et du génie, et cent spahis pour le bureau arabe, les correspondances et les escortes d'honneur dont on devrait être moins prodigue. Les autres cavaliers indigènes, spahis et douairs, seraient établis par zemèlas de vingt à vingt-cinq tentes, que l'on convertirait peu à peu en maisons, sur la route de Batnah, à *Melilla*; sur la route de Tébessah, à *Sigus* et dans le *Chepka*, ainsi que sur celle de Guelma, à l'*Oued-Zenetti* et au *Ras-el-Akba*.

Le cercle d'*Aïn-Beïda*, créé pour le maintien des Harectah, perd toute importance militaire dès qu'il est couvert par les postes de Tamatmat, de Tébessah, de Krenchelah et de Batnah, qui l'enferment de leur ceinture. La grande tribu des Harectah se trouve ainsi réduite à la plus complète tranquillité. Néanmoins, afin de faciliter son administration et les progrès qui pourront y être essayés, nous pensons qu'il serait d'une bonne politique de mettre à la disposition du commandant supérieur vingt-cinq spahis et cent soixante-quinze douairs choisis parmi les familles les plus influentes de la tribu.

27.

Le territoire de Guelma est enclavé entre Constantine à l'Ouest, Aïn-Beïda au Sud, Soukaras et Bône à l'Est, et Philippeville au Nord.

Du côté de Constantine et d'Aïn-Beïda, les Arabes de la Mahouna et les Ouled-Dann pourraient seuls donner quelques inquiétudes.

Ceux de l'Est sont déjà tenus en respect par le poste de Fedj-Magta, et ceux de l'Ouest peuvent être pris à revers par la cavalerie de Tamatmat et de Tifèch.

En créant un poste à Aïn-Souda, on enferme les Ouled-Dann dans un triangle, et on protége les colonies de la plaine contre les tribus de la Mahouna.

Nous proposons pour *Aïn-Souda* cinq cents baïonnettes, un détachement d'artillerie et du génie, cinquante spahis et cent douairs.

A *Guelma*, nous voudrions, dans la place, cent hommes de la légion, un détachement d'artillerie et du génie, avec vingt-cinq spahis ; de plus, aux abords de la place, c'est-à-dire sous la main des autorités, cent douairs pris dans toutes les tribus du cercle.

Du côté du Nord et sur la route de Philippeville à Guelma, nous pensons que cent douairs, divisés en deux zemèlas et pris chez les Beni-Foughal et les Zerdezah, seraient bien placés : les premiers au *col des Beni-Foughal,* les seconds à *Aïn-Gueçab* des Zerdezah.

Sur la route de Bône, vingt-cinq douairs des Beni-

Foughal, établis au *col de Nechmeïa*, et pareil nombre de douairs des Ouled-Bou-Aziz et des Talah, au *Ruisseau-d'Or*, feraient une bonne police.

Le cercle de Bône, auquel nous arrivons, se trouve couvert, à l'Est, par les forces imposantes de La Calle et l'élément indigène établi à Bou-Hadjar ; le poste de Fedj-Magta assure sa tranquillité au Sud ainsi que ses communications avec Soukaras. Cependant, comme la plaine de Bône ne saurait tarder à être colonisée dans toute son étendue, il importe que la sécurité des personnes et des intérêts y soit complète.

Pour ce motif, nous proposons un poste à *Barral* avec cent cinquante sabres français, cinquante spahis et un pont, ou, si l'on aime mieux, un bac sur la Seybouse.

A l'Ouest du cercle, nous voudrions une zemèla de cinquante douairs au *Bordj-ben-Yacoub*, placée sous les ordres du brave, fidèle et intelligent kaïd du même nom ; et une seconde zemèla de cinquante spahis, choisis parmi les Ouled-Bou-Aziz, les Ouled-Atïa, les Senadjah, les Djendel, les Beni-Mahmed, les Tréat, et installée à *Aïn-Merkha*, sur la route de Bône à Philippeville.

Dans la place de *Bône* et la Casbah, cent cinquante hommes de la légion, un détachement d'artillerie et du génie, cent cinquante sabres français et cinquante spahis doivent suffire.

Pour le cercle de Philippeville, nous proposons une zemèla de vingt-cinq douairs à *Jemmapes*, une autre du même nombre à *Robertville*, et dans la place cent hommes de la légion, un détachement d'artillerie et du génie, et vingt-cinq spahis.

Nous touchons maintenant à un côté de la question non moins sérieux que l'occupation de la frontière et celle du Sud.

Quoique, sur la plupart de nos cartes, la petite Kabylie semble s'arrêter aux environs de Bougie, il n'en est pas moins vrai que dans les cercles de Philippeville et de Constantine il se trouve plusieurs tribus kabyles importantes, tant par le nombre de leurs fusils que par leur caractère hostile et remuant.

Nous pensons que là, comme dans l'Ouest, on n'obtiendra un état de paix solide que par l'occupation forte et permanente des points stratégiques situés au cœur du pays.

Le système qui nous semble devoir aboutir d'une manière indubitable à ce résultat, consiste :

1° A établir, sur une ligne à peu près parallèle au littoral, c'est-à-dire partageant la distance de la mer aux confins de la Kabylie, vers le Sud, des forts détachés pouvant loger deux mille baïonnettes, plantés sur les crêtes principales et rapprochés l'un de l'autre *d'une marche*, pour l'infanterie sans convoi et sans sac ;

2° A employer cette infanterie concurremment avec les Kabyles ; ces derniers travaillant non par corvées mais avec un salaire ; à relier les forts entre eux par de larges tranchées, suivant les crêtes, dans la direction des villages et des principales vallées ;

3° Enfin, ce qui est du ressort de l'administration, à livrer l'exploitation des forêts et des mines à des capitalistes qui compléteront l'œuvre commencée par nos soldats.

Ces travaux, en faisant disparaître la seule force des montagnards, leur apportera un bien-être inconnu et certainement inespéré, qui, succédant à leur état actuel de misère, les empêchera de regretter leur indépendance et les broussailles inutiles qui couvrent aujourd'hui leur pays.

A l'appui de ce que nous venons de proposer ici, nous pouvons citer un exemple tout récent de la meilleure façon d'occuper des montagnes. Celui-là ne saurait être regardé comme mauvais à suivre puisqu'il vient d'obtenir les plus brillants résultats.

Nous voulons parler de la guerre du Caucase par les Russes.

Après avoir fait, comme nous, la triste expérience de colonnes agissant avec des troupes chargées et des convois, à travers un pays à peine percé, ils ont occupé fortement un point stratégique. Puis, partant de ce point vers l'intérieur, ils ont fait des expéditions avec plusieurs bataillons armés de haches, ouvrant une large tranchée principale sur une crête dominant le pays ; ensuite ils ont découvert un à un tous les villages par le même moyen. Ce n'est que de cette manière, infaillible à nos yeux, que les Russes sont arrivés à détruire la résistance opiniâtre des populations du Caucase.

On objectera sans doute que l'exécution d'un tel projet coûterait des sommes considérables.

La création des forts qu'il faudrait établir ne saurait avoir lieu sans de fortes dépenses ; mais ces dépenses peuvent ne pas être à la charge de l'État, si celui-ci veut concéder gratuitement les forêts et les mines de ces contrées à une compagnie puissante.

Nous dirons plus : des sommités financières de l'étranger, auxquelles nous avons soumis nos idées à ce sujet, les ont accueillies avec faveur ; et, au jour voulu, seraient prêtes à verser les sommes jugées nécessaires à la création des forts.

Cette combinaison aurait, en outre, l'avantage d'être applicable aux postes de l'intérieur et du Sud moyennant une cession de terres.

Après avoir fait cette remarque, que nous croyons indispensable pour lever toute objection, nous allons examiner les points d'occupation qui nous semblent les plus favorables.

Kollo a de l'importance en ce qu'il possède un bon port, une vallée fertile, et que plusieurs tribus kabyles du cercle de Philippeville se trouvent à sa portée.

Cependant nous croyons qu'il serait préférable de se placer sur une position plus rapprochée des Ouled-Atïa, des Beni-Toufout, et qui commande aux tribus de l'Oued-Zour.

Cette position serait trouvée près de *Seba-Rous*, sur la crête qui limite les Ouled-Atïa et les Beni-Toufout.

Non-seulement les troupes établies sur ce point toucheraient à ces deux tribus et à d'autres non moins importantes; mais encore elles seraient assez rapprochées des Beni-Mennah, des Ouled-el-Hadj, des Beni-Salah et des Ouled-Aïdoun pour être chez elles dans une marche.

Ce premier fort, occupé par deux mille baïonnettes, un détachement d'artillerie, du génie et quelques cavaliers indigènes, servirait de type pour tous ceux qui seraient créés dans la petite et dans la grande Kabylie.

Nous voudrions le second à *Fedj-el-Arbah*, avec une route par les crêtes et un bac sur l'Oued-el-Kebir.

Fedj-el-Arbah est à cheval sur la route de Constantine à Djigelly; il coudoie les Ouled-Askar et les Zouagha; il est près des Arrhès, des Beni-Afer, des Beni-

Kretab, et ses forces peuvent, dans une marche, se joindre soit aux troupes de Seba-Rous, soit à celles du troisième fort qui serait établi entre le grand et le petit *Babor*, à la bifurcation des crêtes.

Cette position menace les Beni-Ameran, les Beni-Foughal, les Beni-Oursdin et d'autres tribus moins importantes.

Ce troisième fort se relierait, toujours par les crêtes, avec celui qui serait créé au *Teleta* des Beni-Djellal situé sur le Djebel-Trouna.

Cette position protége la route de Bougie à Sétif; elle commande les deux versants de la montagne; de là on peut atteindre toutes les tribus du cercle de Bougie dans une marche et se joindre de même à ses deux voisins de l'Est et de l'Ouest, en supposant que ce dernier fort soit construit sur la crête qui domine Sidi-Aïssa dans la partie Sud-Est du cercle de Delhys.

Afin d'être fidèle à notre programme, nous n'irons pas plus loin de ce côté, laissant à ceux qui le connaissent mieux que nous le choix des points qui leur paraîtront les plus favorables.

Dans la grande Kabylie, où beaucoup de villages sont protégés par des murs crénelés à cause des guerres que se font les tribus entre elles, il serait important de détruire ces moyens de défense qui n'auraient plus de raison d'être, une fois le pays pacifié.

Il ne nous reste plus qu'à pourvoir à la sécurité de Kollo, que nous voudrions voir devenir un centre de colonisation et de commerce, ainsi qu'à celle de Djigelly et de Bougie déjà occupés.

Pour *Kollo*, nous proposons cent cinquante hommes de la légion, un détachement d'artillerie et du génie et cinquante douairs ; pour *Djigelly*, les mêmes forces ; pour *Bougie*, deux cents hommes de la légion, artillerie, génie, avec cent douairs.

Ces chiffres peuvent tout d'abord paraître insuffisants ; mais si l'on réfléchit à la situation faite aux tribus kabyles quand la ligne de forts proposée aura été établie, on comprendra facilement que les villes du littoral devront jouir de la sécurité la plus complète.

Telle est l'idée que nous soumettons, en y ajoutant, pour les troupes d'infanterie surtout, la demande d'une tenue en rapport avec le climat ; ce qui permettrait de fondre les tirailleurs indigènes dans les régiments français.

Que deviendra cette idée ? nous l'ignorons ; mais ce dont nous sommes persuadé, c'est que les hommes de guerre éminents qui ont grandi sur ce terrain, et à l'école desquels nous avons travaillé, sinon avec succès, du moins avec zèle, trouveront dans le fond de ce projet quelques pensées utiles au pays et dont ils ont sans doute, avant nous, médité l'exécution.

Chacun y verra une marque de l'attachement que l'Algérie inspire à tous ceux qui l'ont habitée longtemps ; et nous espérons que les hommes de progrès, les partisans sincères de la colonisation y reconnaîtront la possibilité d'arriver plus vite à une paix solide et durable, sans laquelle il nous faudra encore marcher à pas comptés sous peine de tout compromettre.

La province de Constantine étant, par son étendue et le chiffre des populations indigènes qui l'habitent, presque l'égale des deux autres réunies, nous avons proposé pour elle un effectif de vingt-cinq mille quatre cents hommes de toutes armes, ainsi divisés :

Savoir :

Baïonnettes	14,000
Légion destinée à faire le service des places	1,000
Artillerie	900
Génie	900
Cavalerie : chasseurs d'Afrique	3,600
Spahis	1,000
Douairs	3,000
Soldats du train et d'administration	1,000
Total	25,400

Les provinces d'Alger et d'Oran auraient ensemble :

Baïonnettes.	20,000
Légion	2,000
Artillerie.	1,600
Génie.	1,600
Cavalerie : chasseurs d'Afrique.	6,400
Spahis.	2,000
Douairs.	4,000
Soldats du train et d'administration.	2,000
Total.	39,600

Total général : 65,000 hommes.

Sur cet effectif, les troupes recrutées en France ne figureraient que pour le chiffre de trente mille hommes ; et bientôt on arriverait à celui de vingt mille seulement, en augmentant la proportion des enrôlements indigènes dans l'infanterie.

La répartition de ces troupes serait faite dans les provinces d'Alger et d'Oran, en suivant le même principe que nous avons appliqué à celle de Constantine, et qui peut se résumer ainsi :

Établir généralement l'infanterie en permanence dans les montagnes et la cavalerie dans les plaines ;

Couvrir les frontières par des forts détachés ;

Choisir les points d'occupation de manière que toute

tribu importante se trouve à la plus petite portée des sabres, en plaine, des baïonnettes dans la montagne ;

Donner à chaque poste une force suffisante pour qu'il puisse agir isolément, et une position stratégique qui permette à sa garnison de se joindre dans le plus bref délai possible (en moins d'une journée) à deux au moins de celles qui l'avoisinent ;

Relier ces postes par des voies de communication larges et faciles et des télégraphes aériens ou électriques ;

Dans les villes qui se trouvent en dehors de ces conditions, ne garder que le nombre d'hommes strictement utile au service de place ;

Organiser partout les milices, en leur donnant le goût des armes et du tir par la création de prix accordés aux meilleurs tireurs. En entourant ces réunions, auxquelles seraient conviés les militaires et les Arabes, du même apparat qui est déployé, avec raison, pour les courses de chevaux, on ferait une chose très-utile. Il est évident que le jour où les Arabes et surtout les Kabyles, très-fiers de leur adresse au tir, s'y verraient battus par nos soldats et nos miliciens, ces derniers leur paraîtraient d'autres hommes.

IX

ADMINISTRATION. — COLONISATION.

I

ADMINISTRATION.

Le territoire et les habitants de l'Algérie sont divisés en deux zones, l'une civile, l'autre militaire : la première comprend le pays avoisinant, sur une certaine étendue, les villes situées près du littoral ainsi que celles qui, dans l'intérieur, sont occupées depuis quelques années déjà.

La population agricole européenne se trouve aujourd'hui presque en totalité sur le territoire civil où elle est administrée par des préfets, sous-préfets, commissaires civils, et soumise aux lois et tribunaux de France.

Il en est de même pour les tribus indigènes qui étaient établies sur le territoire civil, à l'époque où la remise en été a faite aux préfets par l'autorité militaire qui l'occupait précédemment.

Les autorités civiles administrent les indigènes au moyen de l'intermédiaire des bureaux arabes, dirigés par des employés français et assistés d'un kadhi ou fonctionnaire arabe chargé des mariages, divorces, partages de succession et de régler les contestations qui s'élèvent entre individus.

Les criminels sont traduits devant la cour d'assises et jugés comme dans notre pays; les délits sont du ressort de la simple police ou du tribunal correctionnel, suivant leur degré de gravité.

Le culte est libre, respecté et protégé pour tous.

En territoire militaire, le pays est divisé en provinces commandées par des généraux de division; en subdivisions confiées à des généraux de brigade; et en cercles dirigés par des capitaines ou des officiers supérieurs.

Les tribus qui habitent le territoire militaire sont administrées par des chefs indigènes, sous la surveillance des bureaux arabes placés auprès des commandants de province, de subdivision ou de cercle, et quelquefois dans des postes isolés au centre des tribus. Là encore on retrouve l'inévitable kadhi rendant la justice à côté du bureau de l'officier français; les indigènes préfèrent ce dernier, mais l'usage, la routine l'obligent à les renvoyer à son voisin musulman.

On voit que ce genre d'administration est le même qui fut adopté dès les premiers temps, sauf la multiplication des bureaux arabes, encore trop clair-semés, pour le plus grand malheur des indigènes.

Nous avons déjà dit que l'institution des bureaux arabes est la plus utile dont on ait doté l'Algérie. En temps de guerre, ce sont les officiers attachés aux affaires arabes qui reconnaissent et étudient le pays ennemi sous toutes ses faces; préparent et assurent les marches et les bivouacs, guident les colonnes; réunissent les moyens de transport; font les ravitaillements et convois, souvent sans escorte, à travers des contrées où un bataillon ne suffirait pas; entretiennent un service d'espions au milieu des populations hostiles; et lorsqu'ils ont fait arriver nos généraux et leurs troupes en présence de l'ennemi, ils sont encore des premiers à l'attaque.

Arrive-t-il qu'une tribu lointaine s'insurge tout à coup? avant que les troupes destinées à la châtier soient réunies, l'officier des affaires arabes est parti avec une poignée de spahis ou de chasseurs; il a rallié sur son chemin quelques centaines de cavaliers auxiliaires, et sans débrider, il tombe après vingt heures de course sur la tribu étonnée et sans défense. Au moment où le général allait entrer en campagne, un cavalier accourt lui apprendre que tout est fini.

Combien d'hommes, de temps et d'argent cette promptitude d'action n'a-t-elle pas épargnés?

Peu importe, dira-t-on, puisque l'armée est faite pour se battre et le budget pour être dépensé!

Soit; mais s'il advient, qu'au moment où vos troupes sont occupées à faire leur métier sur un point de la colonie, un prédicateur de guerre sainte apparaisse sur un autre point, et que sa voix commence à être écoutée : avouez que dans ce moment-là un *commandant de province* peut être embarrassé.

En face de lui, un ennemi qui l'attend et provoque une attaque en fusillant ses avant-postes. Sur les dernières limites de son commandement, une insurrection naissante; s'éloigner dans un pareil moment ne serait ni politique ni honorable, car l'ennemi regarderait certainement votre mouvement de retraite comme un acte de faiblesse.

Si vos troupes sont trop peu nombreuses pour être divisées, ou trop éloignées pour qu'on puisse les faire arriver en temps utile, il faut donc attendre la fin de vos opérations.

Mais déjà une tribu s'est levée, puis deux, puis trois ; enfin tout un cercle. Une campagne de deux ou trois mois, bon nombre d'hommes tués ou mis hors de combat, et une grosse somme ne seront pas de trop pour rétablir les affaires.

Mais non : rien de ce que vous craignez avec raison n'arrivera. Au premier bruit de l'apparition du chérif, un officier, oublié dans un poste, est parti avec cinquante sabres, et le lendemain l'insurrection tombait avec le prédicateur.

Telle est la mission des officiers des bureaux arabes en temps de guerre. Pendant la paix, ils établissent la statistique des populations, de leurs richesses et des contrées qu'elles habitent ; ils dressent les rôles d'impôt ; ils délimitent les tribus entre elles ; ils enseignent l'amélioration des cultures, les innovations à y apporter, les soins à donner aux chevaux et au bétail ; ils assistent les officiers du génie pour l'ouverture des routes, la construction des caravansérails, des barrages et des ponts ; ils font exécuter des plantations, des semis ; ils forment des zemèlas ou réunions de familles indigènes à demeure fixe ; enfin ils remplissent les fonctions de juges de paix et instruisent les affaires criminelles.

Voilà l'énumération sommaire de tous les services rendus par les bureaux arabes.

Pour ceci comme pour le reste, nous n'avançons rien dont nous ne soyons parfaitement sûr, puisque, de 1848 à 1857, c'est ce que nous avons fait nous-même.

Cette institution si belle, si utile, est-elle ce qu'elle pourrait et devrait être? ne laisse-t-elle rien à désirer?

Nous répondrons tout de suite : beaucoup.

A l'époque, déjà très-éloignée de nous, où les premiers bureaux arabes furent créés, on n'était occupé que de guerre; et les officiers qui les dirigeaient trouvaient toujours l'occasion de se faire tuer ou d'obtenir soit avancement, soit récompense par quelque action d'éclat. Mais, dès que le pays fut devenu plus tranquille, ces mêmes officiers, éloignés de leurs régiments, se virent oubliés à l'avantage de leurs camarades. Plus tard, il est vrai, le maréchal Randon, frappé d'une si grande injustice, décida que les directeurs des affaires arabes feraient des propositions de récompenses qui seraient transmises au gouverneur par les commandants supérieurs des provinces; malheureusement cette bonne disposition n'a produit jusqu'à présent que des résultats isolés et beaucoup trop rares.

En somme, l'institution, excellente pour le pays, fut et est encore mauvaise pour le plus grand nombre de ceux qui y sont attachés.

Il en est résulté que les officiers des bureaux arabes se sont recrutés difficilement; qu'un grand nombre de ceux qui y sont entrés en sont sortis avant d'avoir eu le temps de rien apprendre, et que beaucoup d'intérêts individuels et généraux en ont souffert. De plus, si l'on considère que la connaissance de la langue arabe ne saurait être exigée pour l'admission, à cause du trop petit nombre de ceux qui la possèdent même superficiellement; que nous n'avons dans l'armée aucune école préparatoire, et que les officiers arrivent d'emblée à traiter les affaires, on comprendra combien doit être grand le nombre de ceux qui ont fait fausse route et quels inconvénients ont dû survenir de cet état de choses.

Toutefois, à côté du mal, que nous regardons comme un devoir de signaler, le bien l'emporte tellement qu'ils ne sauraient être mis en regard l'un de l'autre.

Ce qu'il y a de plus grave dans cette pénurie d'hommes capables de bien traiter les affaires arabes, c'est qu'on est généralement forcé d'abandonner l'administration directe des tribus aux chefs indigènes et le monopole de la justice aux kadhis. Or, il est presque impossible d'empêcher les exactions et les injustices sans nombre commises chaque jour, malgré les ordres les plus sévères de l'autorité supérieure et la surveillance la plus active des bureaux arabes, par ces fonctionnaires indigènes au préjudice des populations que nous devons protéger. Nous nous trouvons ici aux prises avec une maladie nationale, un vice inhérent à chaque individu et que rien ne pourra faire disparaître si ce n'est le temps, c'est-à-dire la fin de plusieurs générations.

En présence d'un tel état de choses, n'est-il pas à désirer que nous puissions, le plus tôt possible, nous substituer à ces fonctionnaires indigènes en prenant dans nos mains l'administration directe des tribus, qui attendent, avec la plus grande impatience, l'époque de leur délivrance des abus de toute espèce auxquels elles se voient exposées chaque jour ?

Que de fois, au milieu de leurs plaintes, nous avons entendu les grands d'une tribu s'écrier : « Donnez-nous un sergent, un caporal, le dernier, le plus mauvais, pourvu qu'il soit des vôtres ! Nous lui obéirons aveuglément, parce que nous savons que vous êtes justes. »

Et que l'on ne croie pas que ce sentiment général et unanime des populations soit applicable seulement aux kaïds, agahs ou kalifas ? Il regarde encore et aussi directement les kadhis, malgré la couleur religieuse qu'ils empruntent aux livres d'après lesquels ils sont censés prononcer leurs jugements.

Que ces livres traduits passent entre les mains de nos officiers en territoire militaire, de nos fonctionnaires de l'autre ordre en territoire civil; et on verra les indigènes accourir à eux pour leur demander avec confiance tous les actes, sans exception, qu'ils attendaient des kadhis avec défiance.

Voilà ce que doit être l'administration du pays arabe, quand, par une juste équité, par une position mieux en rapport avec les services, on aura obtenu un personnel suffisant et à hauteur de sa tâche.

Alors l'indigène ne sera plus obligé de quitter ses travaux et sa famille pour aller au loin porter une plainte qui souvent ne peut arriver: vivant au contact journalier des administrateurs français, les hommes, les femmes, les enfants même apprendront vite à nous connaître; et bientôt il n'y aura pas d'amélioration et d'innovation que nos fonctionnaires ne puissent demander et faire accepter.

Telle est la confiance de ces populations, quand elle s'est donnée, que l'on pourra à cette époque entreprendre, sans le moindre danger, et mener à bonne fin la dissolution des tribus qui aujourd'hui forment un corps; les diviser par communes, en leur allouant des terres à titre de propriété individuelle qui les fixeront au sol.

Puis, quand le moment sera venu pour que l'autorité civile intervienne, elle trouvera les hommes et les choses préparés, et, de plus, un personnel de fonctionnaires sympathiques et expérimentés. A mesure que le territoire civil s'étendra sur le pays arabe, on fera bien de choisir des préfets et sous-préfets dans le corps d'officiers des bureaux arabes ; et surtout de donner aux populations indigènes ceux auxquels elles sont accoutumées d'obéir.

En résumé, l'administration militaire, après avoir conquis et pacifié, doit encore intervenir afin de préparer le pays arabe à recevoir le régime civil. Ce travail doit se faire lentement, prudemment et sous l'influence de l'armée, qui représente la force, seul pouvoir reconnu chez ces peuples depuis trois cents ans.

La remise d'un territoire et d'une population indigènes par l'autorité militaire à l'autorité civile doit être considérée comme un acte de la plus grande importance, car elle sera la cause du plus grand bien ou du plus grand mal, suivant les mesures dont elle aura été accompagnée et suivie.

Afin de pouvoir apprécier à l'avance les avantages et les inconvénients d'un changement semblable, et appliquer les mesures les plus opportunes au moment de la prise de possession, il faut avant tout, sous peine de faire fausse route, entrer dans les plus petits détails de la vie arabe.

On dera alors s'attacher les populations en faisant disparaître ce qui leur déplaisait, ou plutôt ce qui était contraire à leurs intérêts sous l'ancien régime, et on évitera certains actes qui, bons pour des Européens, auraient peut-être tout d'abord le tort d'entraîner la désaffection irrémédiable des nouveaux administrés.

Il importe que le ministère de l'Algérie sache bien que généralement l'autorité militaire est presque sympathique aux populations algériennes, pour lesquelles elle a fait beaucoup et continue à faire encore chaque jour. Cette situation très-réelle place l'autorité civile dans l'état le moins avantageux à son début parmi les tribus de quelque importance. C'est pour cela que nous avons appuyé sur ce point, que rien de ce qui touche aux intérêts et aux usages des indigènes ne doit lui être inconnu. Nous allons indiquer d'une manière succincte, mais précise, les mesures qui, selon nous, pourront amener de bons résultats.

Les tribus qui habitent actuellement le territoire militaire ont à souffrir : 1º des amendes, des exactions et concussions exercées contre elles par les chefs arabes ; 2º des kadhis qui, généralement, *vendent* la justice, tout cela malgré une surveillance active et sévère de la part des autorités ; 3º de ce qu'elles sont soumises, au bénéfice des kaïds, à des corvées souvent onéreuses en temps de paix ; en temps de guerre, pour les convois de vivres et de munitions ; 4º enfin de l'éloignement des bureaux arabes par rapport au pays où elles se trouvent fixées.

Comme on le voit, toutes ces choses touchent aux intérêts les plus intimes et les plus chers de ces populations si *intéressées*.

En admettant qu'une ou plusieurs de ces tribus viennent à passer sous le régime civil, il importe que ces abus et ces inconvénients disparaissent dès le principe, si on ne veut pas être accueilli avec répulsion ; mais pour qu'il en soit ainsi, nous ferons observer qu'il est indispensable de supprimer les chefs arabes dans l'administration nouvelle qui serait aussi impuissante que son aînée à empêcher les exactions de toutes sortes dont se plaignent les populations. Or, pour atteindre ce but, il faudra administrer *directement*, et par des Français, initiés à la langue et aux usages du pays, que l'on établira au milieu des tribus.

Afin que les kadhis soient plus disposés à rendre qu'à vendre la justice, on devra les fixer auprès de fonctionnaires civils capables de connaître la valeur de leurs actes ; et, aussitôt qu'on le pourra, les remplacer par des Européens.

La question des corvées, en temps de guerre, devient moins importante de jour en jour ; mais, le cas échéant, il faudra bien y revenir, tant que l'administration ne disposera pas de moyens de transport à elle appartenant.

Ainsi organisée, l'autorité civile pourra entrer en fonctions avec certitude d'être bien accueillie, si elle a pour elle, toutefois, les influences religieuses du pays, qui du reste, ne demandent qu'à être ménagées pour se donner.

Mais, afin de pouvoir fonctionner, il lui faut d'autres moyens d'action que la gendarmerie et les gardes champêtres. Ces agents, très-utiles parmi les Européens, ne pourront guère être que des embarras au milieu des indigènes dont ils ne connaissent ni la langue ni les coutumes. Avec les meilleures intentions, ils commettront des erreurs fâcheuses, et se feront détester par les populations.

Il suffit de voir les forces actives dont l'autorité militaire dispose aujourd'hui, pour se convaincre qu'il est absolument nécessaire de donner aux préfets, sous-préfets, aux tribunaux, commissaires civils et aux bureaux arabes, des agents *indigènes* montés et équipés comme nos spahis ou comme les anciens gendarmes maures ; ces auxiliaires seront chargés de transmettre les ordres, de faire une bonne police, en un mot, d'être en territoire civil et au sein des tribus civiles ce que leurs frères sont en territoire militaire : *les bras de l'autorité.*

Sans cette mesure, il ne faut attendre aucune sécurité réelle ni pour les personnes, ni pour leurs biens.

Si on objecte que l'entretien d'un certain nombre de cavaliers indigènes et l'établissement en pays arabe de fonctionnaires civils seront l'objet d'une certaine dépense, nous ferons observer d'abord que, si l'on y regarde de si près, les désordres qui surviendront nécessairement coûteront beaucoup plus cher; et, ensuite, que la suppression des kaïds rapportera une somme très-supérieure aux frais nouveaux.

Un escadron de gendarmes maures suffirait pour le service de chaque département. Sa création et son entretien ne coûteraient pas autant que dix brigades de notre gendarmerie, et les services qu'il rendrait ne sauraient non plus être comparables à ceux de ce dernier corps, si le commandement des nouveaux escadrons était confié à des hommes capables de les utiliser.

On devra également se garder d'appliquer en toute occasion nos lois françaises, très-rigoureuses pour certains délits qui, jusqu'à ce jour, n'ont été l'objet que de punitions assez douces pour les Arabes. Le cas est grave : qu'on y pense sérieusement.

Comme les fonctionnaires français ne pourront pas tout faire par eux-mêmes, il sera indispensable de se servir, non des cheïks, non des *oukaf*, qui sont autant d'intermédiaires nuisibles, mais des conseils municipaux qui existent dans chaque tribu.

Telle est, selon nous, la marche à suivre pour faire accepter aux tribus de quelque importance, dans le présent ou dans l'avenir, sans troubles et sans désordres, la transition du régime militaire au régime civil.

L'uniforme se rapprochant le plus de celui de l'armée devra être de rigueur pour tous les fonctionnaires ayant à traiter les affaires arabes.

Notre tâche est difficile, sans doute ; mais les résultats ne sauraient être douteux, pourvu qu'on ne brusque rien, et que les hommes chargés de cette mission sachent profiter des leçons du passé, de leurs propres fautes, en utilisant les éléments de succès qui se trouvent dans leurs mains.

Ces éléments sont : l'intérêt personnel et le sentiment de ce qui est juste.

Longtemps on a fait grand bruit de la nationalité arabe ; et des hommes, qui passaient pour bien informés, ont laissé croire que cet esprit de nationalité avait été une des causes de la résistance des indigènes et pourrait encore être un danger.

Il est fâcheux que de semblables erreurs aient pu se propager; il importe, à ceux qui peuvent le faire avec des faits, de les réfuter et de les combattre.

Pendant quinze années nous avons vécu au contact

journalier des populations de l'Algérie : Arabes, Chaouïa et Kabyles, c'est-à-dire chez elles, dans leur pays, sous leurs tentes ou leurs toits, en famille.

Les observations multipliées que nous avons faites peuvent se résumer ainsi :

Ces trois races sont divisées par la langue, les habitudes, le caractère, l'aspect physique, et se méprisent réciproquement. Voilà pour l'ensemble.

Séparément, chacune d'elles ne s'occupe que des intérêts de la tribu à laquelle elle appartient ; est toujours prête à frapper sa voisine s'il y a quelque avantage matériel à recueillir, et l'intérêt individuel ou de famille l'emporte de beaucoup sur celui de la tribu.

Quant au rôle politique que chacune de ces races a joué dans les temps passés, elles en parlent avec beaucoup d'indifférence, tandis que les questions actuelles d'intérêt local absorbent tout le monde.

Ainsi, selon nous, l'esprit de nationalité arabe, s'il a jamais existé, est perdu depuis longtemps ; et, du reste, l'état permanent de guerres intestines, joint au gouvernement tyrannique des Turcs, explique suffisamment cette indifférence pour les intérêts généraux et l'égoïsme qui domine partout chez ces populations si dissemblables les unes des autres.

Il est cependant un point sur lequel elles s'accordent : c'est la loi de Mahomet, que les unes ont **apportée**, que les autres ont acceptée de gré ou de force, et que toutes professent différemment.

Le Chaouï est tiède, le Kabyle est froid, l'Arabe seul a conservé une certaine chaleur de religion; encore cette chaleur ne commence-t-elle à se montrer qu'à un certain âge, et devient alors de plus en plus grande à mesure que l'époque de la mort semble approcher. Les mêmes effets de la vieillesse se font remarquer chez les trois races : c'est comme le diable qui, devenu vieux, s'est fait ermite.

Malgré cette froideur religieuse parmi les hommes jeunes, le fait de l'unité de religion subsiste; et chez une population si ignorante, c'est une force pour celui qui sait s'en servir. Or, nous avons vu, pendant nos guerres d'Afrique, combien de prédicateurs sont sortis du Maroc, qui tous ont réussi à se faire écouter quand ils n'ont pas été arrêtés dès le principe. Il y a donc là un danger, plus ou moins sérieux suivant l'état d'occupation de la colonie, mais un danger qui existe réellement.

Le parti le plus sage serait de prendre le mal à sa source en occupant le Maroc, foyer constant d'agitation religieuse.

Il est certain que les souverains de ce pays seront toujours impuissants à empêcher les désordres sur nos frontières; et que, même s'ils le pouvaient, ils ne le feraient point, de peur de compromettre la conservation de leur autorité, de leur influence et même de leur personne; car les populations du Maroc sont les plus fanatiques, les plus hostiles aux chrétiens, et leurs communautés religieuses s'appliquent à entretenir et à exciter ces mauvais sentiments.

Donc, nous le répétons, il n'y aura de ce côté de nos possessions sécurité complète que moyennant l'occupation du Maroc. Aussi, au moment où l'Espagne envoyait dans ce pays une armée de soixante mille hommes parce qu'un de ses postes avait été attaqué, avons-nous désiré bien vivement que nous agissions de même; alors que, pour la vingtième fois, nous voyions nos frontières menacées et nos colons égorgés par ces peuplades incorrigibles.

Une ligne de forts occupés par des garnisons suffisantes pourrait bien empêcher de ce côté un empiétement sérieux ou de graves désordres; mais les attaques isolées, et surtout le passage des individus lancés par les communautés religieuses, subsisteront toujours.

En ce qui concerne l'esprit de fanatisme religieux de nos propres populations indigènes, nous avons deux moyens de le rendre inoffensif d'abord, et de le faire disparaître ensuite.

Le premier consiste, tout en laissant le culte libre, à ne rien faire ni pour répandre ni pour augmenter l'instruction arabe, et à encourager l'étude de notre langue.

Le second, c'est d'employer les chefs de communautés religieuses à interpréter leurs doctrines dans un sens favorable à notre cause qui est celle de toute la chrétienté.

Ces deux moyens tout-puissants sont possibles; il ne s'agit que de savoir les appliquer.

Nous avons dit qu'en Afrique les administrateurs disposaient de deux éléments capables de leur faciliter l'accomplissement de leurs devoirs : l'intérêt personnel et le sentiment de ce qui est juste.

C'est sur ces deux leviers si puissants que l'on doit s'appuyer pour entreprendre et mener à bonne fin des changements qui devront amener le bien-être des populations soumises, la sécurité des colons, et, progressivement, les indigènes à regarder leurs intérêts comme liés aux nôtres.

Nous avons expliqué que l'autorité militaire pourra préparer les voies à l'autorité civile par la dissolution des tribus, en créant la propriété individuelle; la seconde devra continuer d'agir au moyen de fonctionnaires qui auront servi sous son aînée.

Il faut que les impatients le sachent, jusqu'à ce jour, l'indigène a été habitué à l'expédition prompte des affaires, à une justice en rapport avec celle qu'il recevait jadis, et à l'obéissance que commande la force.

Or, il ne s'accoutumera pas facilement à la marche lente et compliquée de nos tribunaux, à se voir condamné à cinq ans de réclusion pour un délit qu'il ne payait que de quinze jours de prison ; et enfin il lui faudra beaucoup de temps pour comprendre qu'un homme qui ne porte pas l'habit militaire ait le droit de commander et de se faire obéir. Il existe, sous ce rapport, un moyen bien simple de relever l'autorité civile aux yeux des Arabes. Ce moyen, nous l'avons déjà indiqué : il suffira de donner aux fonctionnaires de toute classe, pour coiffure le képi, et pour distinction hiérarchique une tunique galonnée.

Devant cet état de choses qui résulte d'un gouvernement barbare et de l'état de guerre qui lui a succédé, il importe que les deux administrations marchent vers le même but, chacune par les moyens qui lui sont propres, et que la direction supérieure s'applique à maintenir avec soin cette union.

En territoire non militaire, l'autorité civile devra accorder la plus grande somme de liberté possible, si elle veut que la colonie se peuple vite, et que ceux qui viendront ne s'en retournent pas en Europe.

II

COLONISATION.

Avant de rechercher ce que la colonisation peut faire et ce qu'elle peut devenir en Afrique, il est juste de savoir la quantité de terres dont les indigènes disposent et celle qu'on devra leur laisser. Si on agissait autrement, on s'exposerait, en prenant des terres à telle tribu campée sur un territoire beaucoup trop vaste pour ses besoins, à se trouver tout à coup en présence d'une autre qui est à l'étroit sur le sien, et on ne saurait plus que faire.

Il importe donc, dès à présent, de prendre les choses de plus haut en étudiant l'étendue générale de nos possessions ; le chiffre des populations indigènes qui l'habitent, la part qu'il convient de faire à chacune d'elles : alors seulement on connaîtra ce dont on peut disposer.

L'Algérie compte deux cent cinquante lieues environ de longueur sur les côtes, et une profondeur moyenne de soixante lieues, du littoral à l'entrée du petit désert.

Cette étendue représente vingt-quatre millions d'hectares, jusqu'au Grand-Atlas, ou trente millions jusqu'à la région des oasis, divisés comme il suit :

Petit-Atlas et ses ramifications, quatre millions d'hectares;

Montagnes rocheuses et boisées du centre, deux millions;

Grand-Atlas et plaines impropres à la culture, six millions;

Terres situées entre le Grand-Atlas et les oasis, six millions;

Terres cultivées, ou susceptibles de l'être immédiatement dans de bonnes conditions, douze millions d'hectares.

Les populations indigènes se divisent ainsi :

Kabyles et habitants des oasis, trois cent mille;

Arabes agriculteurs, un million;

Chaouïa, cinq cent mille;

Arabes nomades, quatre cent mille; soit : deux millions deux cent mille, sur lesquels sept cent mille sont pourvus, puisque nous ne devons et pouvons prendre des terres que chez les Chaouïa et les Arabes agriculteurs.

Ceux-ci représentant un nombre total de quinze cent mille habitants, si nous laissons à chaque famille de cinq individus dix hectares, ce seront trois millions d'hectares; si on leur abandonne vingt hectares, soit quatre par individu, il leur en faudra six millions.

Quand on considère l'étendue des cultures arabes,

on est volontiers porté à croire que chaque famille a besoin de beaucoup de terre; mais si l'on entre dans les détails de leur existence agricole, on apprend que rarement un chef de tente exploite son champ sans le secours d'un associé, et que généralement dix hectares représentent les intérêts de deux familles et souvent de trois.

Comme dans notre calcul nous n'avons point compris les pâturages naturels indispensables à un bétail nombreux, nous pensons que le chiffre de vingt hectares de terre labourable par famille indigène doit être plus que suffisant.

Il restera donc six millions d'hectares de terres non boisées, cultivables dans de bonnes conditions, à livrer aux colons; sans compter qu'on pourra conquérir quatre millions d'hectares sur les menues broussailles par les défrichements, et six millions par le forage de puits artésiens sur toute l'étendue de nos possessions entre le versant Sud du Grand-Atlas et la région des sables. Ces terres, en apparence stériles, sont d'une grande fertilité dès qu'on peut les arroser. Or, l'existence d'une nappe d'eau souterraine très-considérable ayant été découverte, il ne reste plus qu'à l'exploiter.

C'est un ensemble de seize millions d'hectares pour la colonisation.

A dix hectares par famille de cinq individus, ce serait

une population de huit millions d'Européens que l'Algérie pourrait recevoir sans gêner les indigènes.

Les terres les plus propres dès aujourd'hui pour la colonisation sont : d'abord les plaines et les vallées situées au Nord du Petit-Atlas, près du littoral, et sur les bords des rivières qui coulent dans cette direction ; il y a là environ un million d'hectares, dont une partie est occupée, une autre libre. Ensuite les vallées qui se trouvent au delà du Petit-Atlas jusqu'aux plateaux. Leur étendue est à peu près la même, et ces terrains presque tous domaniaux sont loués par l'État à des Arabes qui se sont détachés momentanément de leurs tribus pour les exploiter.

Les autres terres déjà cultivées ou précédemment défrichées sont situées dans les plaines des hauts plateaux. Une partie de ces terres est domaniale et louée aux indigènes comme celles dont nous venons de parler ; l'autre est occupée par des tribus qui payent le *hokor* ou loyer et l'*achour* ou dîme, ce qui établit suffisamment qu'elles ne sont point propriétaires mais fermières de l'État.

En Kabylie et dans les oasis, il n'en est pas de même : là chaque terre forme un patrimoine qui passe de père en fils et se vend comme chez nous. Mais, dans le pays arabe et chaouï, il n'y a d'autres propriétés de terres que celles accordées autrefois par les beys à leurs descendants ou serviteurs, ou bien encore à des communautés religieuses. Toutefois, le nombre et l'étendue en sont de peu d'importance, et le domaine de l'État peut disposer dès aujourd'hui d'un million cinq cent mille hectares avant que le cantonnement des Arabes soit commencé.

Or, un million d'hectares de terres ne se peuple pas en un jour, et en attendant on aura tout le temps de préparer, s'il y a lieu, l'évacuation du reste.

Nous insisterons sur ce point que, lorsque ce travail se fera, on ne saurait y apporter trop d'attention minutieuse; surtout on devra se garder de déplacer les indigènes avant de leur avoir délivré un titre de propriété définitive. En agissant ainsi, on évitera le renouvellement des troubles qui ont eu lieu dans certaines localités où l'on négligea de prendre ces précautions dictées par la prudence la plus vulgaire.

La France exporte chaque année pour l'achat des produits étrangers nécessaires à son industrie et à son alimentation, savoir :

Pour la soie, deux cents millions; pour la laine, cinquante-cinq millions; pour le lin et le chanvre, cinquante millions; pour le sucre, vingt-cinq millions; pour les huiles, quarante millions; pour le tabac, vingt millions; pour le houblon, deux millions; pour le café, cinquante millions; pour le thé, vingt millions; pour le bétail, vingt millions; pour le fer, vingt millions; pour le cuivre, vingt-cinq millions; pour le plomb, quinze millions; pour le marbre, vingt millions.

Soit un total de cinq cent soixante millions qui, chaque année, s'en vont de France à l'étranger.

Or, pour ce qui est de la soie, aucun pays n'est plus favorable à sa production que l'Algérie, où le mûrier atteint des proportions colossales, et où les tentatives faites sur une assez grande échelle ont parfaitement réussi.

La culture du coton qui, en 1852, n'était que de cinquante hectares, dépasse trois mille hectares aujourd'hui et donne de grands bénéfices. Cette augmentation dans la culture du coton, de 1852 à 1860, est bien supérieure à celle qui s'est produite aux États-Unis pendant la même période, et prouve que nous pourrons non-seulement produire la quantité nécessaire à notre pays, mais encore en fournir les nations voisines.

Le tabac a suivi la même progression. En 1852, les planteurs, encore timides, ne livraient à la consommation que trois cent mille kilogrammes. En 1857, ils en fournissaient quatre millions; et pour cette culture, comme pour celle du coton, le producteur obtenait des rendements tellement considérables que le bénéfice était estimé, d'après les chiffres officiels, de huit cents francs à mille francs par hectare.

Le lin et le chanvre cultivés par les indigènes depuis longtemps réussissent partout où il est possible d'arroser les terres.

Les huiles, de bonne qualité, figurent déjà sur nos marchés pour un chiffre de plusieurs millions, pendant que des forêts entières d'oliviers sauvages attendent la main qui doit les greffer.

Le café de moka réussit dans les oasis, ainsi que la canne à sucre. Le sorgho, autre canne qui donne des produits de distillation différents, est cultivé avec succès au Nord de la colonie, de même que le houblon.

Le thé vert se trouve à l'état naturel dans les montagnes de la province orientale, où les habitants le consomment depuis les temps les plus reculés.

Le fer, le plomb et le cuivre se rencontrent dans les montagnes du littoral et dans celles du centre, en assez grande quantité pour qu'il y ait déjà cinq mines exploitées et quarante gîtes minéraux reconnus. Il est juste de constater que l'existence de la houille n'a pas encore été signalée; mais, partout où l'on a découvert ces richesses métallurgiques, il y a, à proximité, des bois d'une grande étendue qui permettront de fondre les minerais sur place.

Enfin, le bétail est d'autant plus susceptible d'être augmenté, tant au point de vue de l'exportation qu'à celui de la production de la laine, que, malgré les pertes annuelles dont nous avons parlé, éprouvées par les indigènes, faute de soins pour leurs troupeaux et d'une alimentation suffisante, ils en possèdent encore actuellement plus de quinze millions de têtes.

En ce qui concerne les céréales, l'Algérie en a exporté en France pour vingt millions de francs en 1855, et le même chiffre à l'armée de Crimée, à laquelle elle a aussi fourni ses fourrages.

Quant aux bois, on en compte environ douze cent mille hectares peuplés de chênes-zan, reconnus bons pour la construction des navires; de chênes-liéges, pour les bouchons qu'on tire d'Espagne; de cèdres, de thuyas, d'ormes, de peupliers, de pistachiers, d'oliviers et de frênes. Trente mille hectares à peu près sont en voie d'exploitation; le reste attend les capitaux qui ne tarderont pas à suivre l'établissement des chemins de fer.

Enfin la culture de la vigne a réussi sur tous les points où elle a été entreprise, de même que celle des arbres à fruits; ce qui nous affranchira encore des sommes importantes que les vins d'Espagne, de Porto, et les fruits de l'Asie Mineure, nous coûtaient chaque année.

Maintenant, si nous divisons les seize millions d'hectares indiqués plus haut de la manière suivante :

Pour la production des céréales, quatre millions;

Pour le coton, quatre millions;

Pour les prairies, quatre millions ;

Pour le tabac, le sorgho, le lin, le chanvre, les arbres à fruit, la canne à sucre, le café, quatre millions ;

Nous trouvons, qu'en ne cultivant que la moitié de ces terres, on obtiendra :

Sur 2,000,000 hectares, cultivés en céréales, à 15 hectolitres, 30,000,000 hectolitres ;

Sur 2,000,000 hectares, cultivés en coton, à 1,000 kilogrammes, 2,000,000,000 kilogrammes ;

Sur 2,000,000 hectares, cultivés en prairies, à 50 quintaux, 100,000,000 quintaux ;

Et qu'enfin 2,000,000 hectares, divisés pour la production du tabac, du lin, du chanvre, du sucre, du café, du mûrier pour la soie, de l'oranger et des arbres à fruits, pourront suffire aux besoins de la mère-patrie, et, de plus, permettront d'exporter une quantité importante de ces divers produits.

On voit clairement, d'après l'exposé exact qui précède, que l'Algérie est appelée à exonérer la France des sommes énormes qu'elle paye à l'étranger ; qu'en outre de cela, elle pourrait aussi produire les matières premières indispensables aux manufactures et à l'alimentation des nations voisines, à bien meilleur marché que les pays lointains d'où ces matières premières arrivent à notre époque ; et, enfin, que notre industrie manufacturière pourra un jour, grâce à notre belle colonie, faire une concurrence très-avantageuse à celle des pays étrangers.

Avant d'examiner les moyens qui nous paraissent devoir aboutir à cet immense résultat, il importe de voir ce qui a été fait jusqu'à ce jour, et de rechercher les causes qui ont retardé la marche de la colonisation.

En 1832, deux petits villages sont créés auprès d'Alger; en 1836, on fait Boufarik; en 1840, trois colonies sont jetées à Blidah, Koléa et Cherchell; 1842 voit s'élever cinq nouveaux villages, 1843 en voit douze, 1844 quatre, 1845 six, 1846 cinq, 1848 treize, 1849 quatre, 1850 un, 1851 deux. Voilà pour la province d'Alger.

Dans celle de Constantine, de 1840 à 1851, trente villages ont été créés, et dans celle d'Oran quarante-huit

En tout cent trente-six centres de population, dont un grand nombre ne furent jamais peuplés qu'à demi.

De 1851 à 1858, ce chiffre s'élève à deux cents villages, et la population agricole européenne monte à soixante-dix mille âmes, au lieu de vingt-trois mille en 1851.

Nous devons expliquer la faiblesse du chiffre de la population agricole comparé à celui des centres de population. D'abord, par centre de population, on a souvent entendu désigner non pas un village, mais un simple hameau composé de quelques maisons; ensuite, les premiers colons établis dans ces centres n'étaient pas toujours des agriculteurs, quelquefois ils furent des hommes que l'on désirait éloigner de France, la plupart bons ouvriers d'art, mais nullement accoutumés à la culture des champs; enfin, parmi ceux qui étaient véritablement capables de cultiver la terre, un très-petit nombre possédait quelque capital, toujours nécessaire pour réussir. Si on ajoute à tout cela le voisinage de la France et la faculté d'y rentrer avec le passage gratuit, on comprendra facilement pourquoi tous ceux qui n'étaient pas des agriculteurs, ou, parmi ceux-ci, les familles qui n'avaient pas les moyens d'exploiter leurs terres, s'empressaient de quitter l'Algérie.

Mais, pendant les dernières années, d'autres colons plus sérieux sont arrivés d'Europe et ont réussi là où leurs prédécesseurs n'avaient fait que passer.

Voilà pour la colonisation officielle, c'est-à-dire celle qui a été entreprise et créée aux frais de l'État.

Il y a à côté d'elle la colonisation libre, faite par des hommes qui ont obtenu des concessions de terres soit gratuitement, soit par achat. Parmi ces derniers un petit nombre a réussi, pour deux raisons: la première, c'est que presque tous ont été fascinés par la grande étendue de terres qu'ils pouvaient obtenir, sans compter avec le capital d'exploitation indispensable qui leur manquait le plus souvent; la seconde, parce que ce capital faisant défaut, il fallait contracter des emprunts à un taux très-élevé ; et enfin par l'ignorance où l'on était souvent du genre de culture qu'il convenait d'appliquer dans ce pays.

En résumé, les agriculteurs expérimentés qui ont agi sur des étendues de terres proportionnées à leurs moyens ont réussi au delà de leurs espérances ; les autres ont échoué par leur faute. Tel est le résumé fidèle de la situation : ici, un colon qui exploite vingt hectares se fait un revenu de dix mille francs; là, un grand propriétaire est obligé de vendre son domaine parce qu'il n'a pas les moyens de l'exploiter.

Quant à la valeur des terres, elle augmente d'année en année, et varie selon sa proximité ou son éloignement des villes.

Dans le rayon des productions maraîchères, on paye l'hectare de cinq cents francs à mille francs. Il descend à cent et même à cinquante francs à mesure qu'on s'éloigne.

Nous avons vu que divers systèmes de colonisation avaient été tentés en Algérie avec des succès différents.

A l'époque où nous sommes arrivés, alors que la conquête du pays est achevée et la sécurité parfaite, surtout dans les contrées favorables à la création d'établissements nouveaux, il importe que les richesses de la colonie soient exploitées sur une plus vaste échelle et par des moyens plus puissants. Tout, jusqu'à la création décidée et prochaine d'un immense réseau de chemins de fer, tout appelle l'émigration; les autorités locales la désirent aussi ardemment, croyons-nous, que le nouveau ministère chargé des destinées de l'Algérie.

C'est donc le moment de préparer les voies aux nouveaux venus si l'on veut n'éprouver aucun mécompte, et surtout éviter les pertes de temps; c'est-à-dire, qu'en présence des nombreuses demandes qui vont bientôt, sans doute, affluer pour obtenir des terres, il est indispensable que l'on soit prêt à y répondre favorablement, qu'on adopte le système des concessions gratuites, ou celui des achats. Or, s'il nous est permis d'exprimer notre opinion à ce sujet, nous dirons que l'État trouverait plus de garanties sérieuses dans ce dernier système que dans celui des concessions.

Expliquons-nous :

Chacun sait aujourd'hui que ce qui manque en Algérie, ce sont les capitaux et les bras.

Ce point une fois établi, et il ne peut être l'objet d'aucun doute, il reste à trouver le moyen le plus sûr pour attirer à la fois ces deux moyens d'action qui ne peuvent rien l'un sans l'autre.

Si l'État donne ses terres à des colons pauvres, fussent-ils bons agriculteurs, ils ne réussiront point, et cela par les mêmes raisons qui ont fait échouer la plupart de leurs prédécesseurs.

S'il donne la préférence à des cultivateurs aisés, leur position n'en sera pas moins bonne après avoir payé l'hectare cinquante francs.

Enfin, dans le cas où l'État voudrait faire les choses par lui-même, l'établissement de cent mille familles lui coûtera cinq cents millions et leurs moyens d'action pareille somme.

Toutefois, si l'on attend l'émigration individuelle et volontaire, dans de bonnes conditions, les seules qu'on doive accepter, l'Algérie court le risque d'attendre éternellement.

Ce qu'il faut encourager en ce moment, c'est surtout l'initiative des capitalistes européens, qui verront dans le bas prix des terres, dans leur rendement connu avantageux, dans les débouchés certains et une plus-value indubitable au bout d'un certain nombre d'années, un bon placement pour leurs capitaux, et les apporteront en Afrique.

Mais, dira-t-on, les hommes dont vous parlez ne sont pas des colons, mais des spéculateurs.—A ce point de vue-là tout est spéculation, aussi bien l'agriculture que l'industrie, la politique ou la guerre : qu'importe le nom, la couleur du capital, pourvu qu'il vienne, et qu'avec lui arrivent les bras pour cultiver la terre et les têtes pour diriger les bras? Car, c'est la grande force du capital de réunir autour de lui tous les moyens d'action, toutes les aptitudes pour les grandes choses.

Accueillez donc tout capital qui se présentera solide; vendez-lui des terres non pas aux enchères, mais de gré à gré, afin qu'il puisse choisir son terrain, son pays et son moment; et pour condition unique imposez-lui d'établir sur quarante hectares une famille de colons avec les moyens d'action nécessaires, soit cinq ou six mille francs, plus son cheptel et sa maison bâtie. En cas de non-exécution de ces conditions au bout d'un terme fixé, que la terre revienne à l'État.

Laissez d'ailleurs la compagnie ou l'individu libre d'exploiter, de bâtir et de faire toutes choses à sa guise.

Celui ou ceux qui auront acheté des terres dans ces conditions ne manqueront pas d'en tirer parti à leur plus grand avantage et à celui de la colonie.

Que nous importe qu'après un certain nombre d'années, la terre vendue ait changé de maître, pourvu qu'elle continue à être bien cultivée et peuplée?

Bientôt, au lieu d'une famille pour quarante hectares, vous en aurez deux ou trois, c'est-à-dire une population de quatre à cinq cent mille Européens pour un million d'hectares.

Ce million d'hectares ayant produit cinquante millions de francs, les moyens de l'utiliser ne manqueront pas.

Entre tant de choses qui se présentent à faire dans ce pays où tout est à créer, pourquoi ne pas tenter aussi un essai sérieux de colonisation militaire?

Mais, dira-t-on encore, le maréchal Bugeaud a échoué dans cette tentative.—Est-ce là une raison pour ne pas y revenir?

Que de choses bonnes en principe n'ont-elles pas échoué une fois, deux fois et réussi, au delà même des plus grandes espérances, à la troisième?

Le maréchal Bugeaud était un trop grand penseur et un homme trop pratique pour émettre une mauvaise idée.

Il se peut que les moyens employés aient été défectueux, les localités peu favorables, les éléments mal choisis, que sais-je encore?

Mais l'idée doit être bonne; et tous les hommes sérieux que nous avons entendus traiter cette question importante pensaient qu'elle devait réussir.

D'après nous, voici quelle serait la manière la plus favorable pour amener un bon résultat, celle qui, dans tous les cas, serait profitable.

Au lieu de prendre des soldats libérés ou sur le point de l'être, de leur donner des terres et les moyens de les cultiver, ainsi que cela se fit dans le principe, nous voudrions que la colonisation militaire se fît par régiments.

• Le moment arrivera, tôt ou tard, où les garnisons seront portées sur les frontières et au cœur du pays kabyle et arabe, ainsi que nous l'avons indiqué au chapitre *Armée-Occupation*.

En supposant un régiment établi en permanence sur un point de l'intérieur, que voudra-t-on qu'il fasse, s'il est en pays découvert où la défense de ses communications avec les autres postes n'exigera aucun travail?

Si autour du fort se trouvent de bonnes terres, et que l'on propose aux officiers et aux soldats de les mettre en culture pour le régiment, peut-on croire qu'ils s'y refusent ou qu'ils le fassent à contre-cœur? Ce serait, dans ce cas, mal connaître ces hommes qui ont fait tant et de si difficiles travaux gratuitement, et que rien n'ennuie plus que de n'avoir rien à faire.

Cette question ne peut sembler douteuse et la proposition serait certainement acceptée d'emblée.

Mais alors où sont les difficultés?

Si vous avez l'argent nécessaire ; si dans votre régiment vous trouvez le nombre voulu d'agriculteurs, de maçons, de tailleurs de pierre, de menuisiers, de forgerons, en un mot de tous les états, et des officiers du génie pour diriger les travaux, que manque-t-il pour créer une vaste colonie agricole ?

Des chefs de culture ? des hommes compétents ? soit ; mais il est facile d'en trouver en France et de les faire venir.

Ensuite que faudra-t-il encore ?

Quand les terres seront en bon état de culture ; quand les maisons destinées aux colons seront bâties sur des plans bien entendus, il ne faudra les céder qu'à ceux qui seront venus en Algérie, amenant avec eux femme, père, mère, frères ou cousins ; en somme toute une famille d'agriculteurs comme eux. Puis on leur fournira un cheptel, tous les moyens d'action nécessaires et on les regardera prospérer.

Ce qui n'empêchera pas le régiment d'avoir sa terre à lui pour continuer à occuper ses loisirs et améliorer l'existence de chacun de ses enfants.

Pense-t-on qu'un projet semblable, exécuté sous une direction sage et compétente, avec les moyens suffisants, pourrait ne pas réussir ? Mais alors il ne faudrait plus croire à rien, même aux choses les plus évidentes.

En résumé, nous voudrions que les portes de l'Algérie fussent ouvertes toutes grandes aux capitaux de toutes les nations, ainsi qu'à tous les hommes qui se présenteront avec les moyens sérieux d'y faire de l'industrie et de l'agriculture.

Nous voudrions aussi que l'armée, à l'imitation des

légions romaines, après avoir terminé glorieusement la conquête, entreprit l'œuvre de la colonisation.

Nous voudrions encore voir fonder, en plaine, des villages pour les Kabyles si propres à s'assimiler à nous.

Nous voudrions enfin que les routes commerciales de l'Afrique centrale fussent, au moyen des puits artésiens, jalonnées par de nouvelles oasis depuis Biskarah jusqu'à Insalah, R'at, et R'damès ; et que l'empire du Maroc devînt une province française.

Alors, l'Afrique du Nord serait pour la France ce qu'elle doit être, ce qu'elle serait pour l'Angleterre si elle la possédait, une puissance commerciale et maritime, une garnison armée nombreuse et aguerrie toujours prête, enfin une source inépuisable de productions.

X

LE MAROC.

Le Maroc étant limitrophe de notre colonie, rien de ce qui le concerne ne doit nous être indifférent.

Si l'on s'inquiète, en Europe, des événements politiques et des actes du gouvernement survenus chez les autres nations, nous avons peut-être plus de raisons encore, pour chercher à connaître, pour observer nos voisins d'Afrique. Et lorsque nous trouvons dans la forme de leur gouvernement, dans leur politique, dans leurs actes, un danger qui nous menace et, avec nous, les intérêts généraux de tous les peuples chrétiens, notre devoir est de signaler ce danger, afin qu'on puisse le combattre sûrement.

Le Maroc, fortement occupé par les Romains sous le nom de Mauritanie Tingitane, leur fut, ainsi que ce qui forme l'Algérie actuelle, enlevé par les Vandales.

Cette contrée fut soumise, dans la suite, aux invasions arabes et berbères qui portèrent le dernier coup à la colonisation latine. Les chefs qui commandèrent aux populations marocaines furent jusqu'au quinzième siècle tantôt de race berbère, tantôt de race arabe. Depuis cette époque le pouvoir est resté à ces derniers.

Puisque nous parlons des hommes investis de l'autorité suprême sur ces populations barbares, disons tout d'abord que le titre d'empereur qui leur est donné nous semble aussi peu convenable que la dénomination d'empire appliquée au pays même. Nous ajouterons que, d'ailleurs, ces mots sont aussi étrangers aux Marocains que le nom dont nous avons gratifié leur patrie. Pour eux le pays tout entier s'appelle *El-Gharb* ou l'Occident ; l'empereur reçoit le titre de *Mulay,* Seigneur ou Maître ; et si ces maîtres ou seigneurs ne reconnaissent point l'autorité du grand Sultan qui règne à Constantinople, il n'en est pas de même de leurs sujets qui le regardent comme le véritable chef de la religion.

Quoi qu'il en soit, ceux que nous sommes convenus d'appeler les empereurs du Maroc réunissent dans leurs mains l'autorité temporelle et l'autorité spirituelle; ce qui est d'autant plus habile, que sans ce dernier moyen d'action, si puissant chez des peuples ignorants et fanatiques, ils se feraient difficilement obéir.

En effet, jamais un de ces souverains n'a pensé à l'organisation d'un corps d'armée régulière pour assurer l'ordre dans le pays ; leur seule préoccupation à tous fut de se maintenir au pouvoir sous la garde de quelques milliers de nègres et de renégats de toutes les nations.

Ce fait d'une garde étrangère, et choisie parmi les hommes méprisés par les races qui peuplent l'Afrique du Nord, doit être pour nous un enseignement utile. D'abord, il nous montre que l'autorité est peu solide puisqu'elle ne se fie pas à ses propres sujets; ensuite que l'intérêt personnel est ici au-dessus même des sentiments religieux, puisque le chef de la religion a besoin de la force pour être obéi et respecté.

Combien d'actes arbitraires, combien d'injustices, combien de cruautés ont dû frapper ces malheureuses populations avant qu'elles en soient arrivées au point où nous les voyons !

Nous n'entreprendrons pas de les énumérer ; dix gros volumes ne sauraient les contenir.

Du reste, un exposé rapide de l'état actuel de ce pays, au point de vue de l'administration et de la politique, suffira pour faire comprendre le passé et l'avenir.

L'empereur, puisque empereur il y a, possédant en moyenne trois cents femmes, il arrive que, généralement, à sa mort on compte de cinquante à cent héritiers.

Soit que l'un d'eux ait été désigné par le père pour lui succéder, soit qu'au contraire aucun choix n'ait été fait, il y a toujours lutte entre les prétendants au pouvoir : et c'est toujours celui qui dispose de la garde nègre et du trésor, qui sont tantôt à Fez, tantôt à Méquinez, qui l'emporte.

C'est-à-dire que certaines villes et quelques tribus reconnaissent l'autorité du nouvel empereur, tandis qu'un plus grand nombre de villes et surtout de tribus restent indépendantes : les unes ayant épousé la cause d'un prince, d'autres celle d'un simple gouverneur, d'autres encore se refusant à être exploitées soit par les uns soit par les autres.

Et le mot d'exploitation doit ici être substitué aux mots gouvernement et administration.

Ce que veut l'empereur, ce que veulent les princes ses frères ou ses fils, ce que veulent les gouverneurs, les kaïds et les kadhis, c'est remplir leur bourse et leur ventre par tous les moyens aux dépens du peuple.

Celui qui est appelé en justice avec une bonne cause est sûr de la perdre, s'il n'est pas assez riche pour acheter ses juges.

Celui qui possède une belle fille, une belle femme, ou un beau cheval, est sûr de se les voir enlever s'il ne les cache à tous les yeux.

Celui qui a payé son impôt à l'empereur et au kaïd s'attend toujours à se voir pillé par les mêmes, sans prétexte, à la première occasion.

Aussi, la seule sécurité qui existe dans ce pays pour les hommes et leurs biens, c'est d'être pauvres, ou assez éloignés des villes occupées pour se soustraire aux razzias dirigées contre eux par les ordres du souverain.

En résumé, c'est exactement le système des pachas et des beys turcs à l'époque où ils occupaient Alger et la Régence.

Le même système devait produire le même résultat dans les deux pays, et c'est en effet ce qui est arrivé.

Consultez un Algérien sur la manière dont les Turcs traitaient leurs sujets; et vous serez surpris, attristé, par le récit des abus, des exactions, des meurtres et de toutes les horreurs dont se rendaient coupables les hommes qui étaient au pouvoir.

Eh bien! les mêmes faits odieux, accomplis dans les

mêmes conditions indignes, nous les avons entendu raconter cent fois par les pèlerins qui, partis du Maroc, traversent l'Algérie pour se rendre à la Mecque.

Et que l'on ne croie pas que la haine inspirée par ces actes d'injustice et de cruauté soit moins vivace chez les habitants de l'Afrique septentrionale qu'elle ne l'était chez les Algériens vis-à-vis des Turcs. Les sentiments sont identiques dans les deux pays, et le jour qui fera tomber cet état de choses au Maroc sera béni par toutes les populations, quelles que soient la langue et la religion de ceux qui apporteront la délivrance. Les souverains du Maroc le savent si bien que, de tous les temps, ils se sont appliqués à inspirer aux indigènes le mépris et la haine des chrétiens, regardant cette aversion comme leur sauvegarde.

Pour arriver à leur but, ils se sont attaché les corporations religieuses en les comblant de biens et de considération; et, allant plus loin dans cette voie que ses prédécesseurs, le dernier empereur, Abd-err-Haman, a institué un ordre auquel il a donné son nom; puis il a lancé ses disciples, non-seulement dans ses États, mais encore en Algérie et dans la Régence de Tunis, pour y faire des prosélytes.

Malgré cette tactique, qui ne manque pas d'habileté, les populations restent généralement hostiles au pouvoir établi, à ce point que c'est à peine si un cinquième reconnaît l'autorité de l'empereur et paye les impôts.

La situation est donc mauvaise pour les gouvernants du Maroc et favorable pour la nation qui entreprendrait sa conquête.

D'une part, absence complète d'organisation militaire; de l'autre, désaffection des tribus qui seules pourraient résister, et enfin la certitude de gagner facilement les chefs des corporations religieuses et les marabouts influents : telles sont les conditions dans lesquelles on se trouverait tout d'abord.

Il est hors de doute qu'en sachant profiter de cet état de choses, non-seulement la résistance des populations ne serait ni sérieuse ni de longue durée ; mais encore qu'on trouverait dans leur sein des auxiliaires utiles, tant pour la conquête que pour l'occupation.

Ces moyens, notre armée d'Afrique les a dédaignés ; il est vrai qu'elle y a gagné beaucoup de gloire ; mais combien de temps, d'hommes et d'argent n'eût-on pas épargnés en agissant d'une autre manière!

Au point où nous en sommes, il serait mal de regretter ce qui est accompli ; mais nous sommes disposé à croire que si la France recommençait une conquête semblable, elle ferait marcher de front la politique et les armes.

Afin que les observations qui précèdent n'étonnent

personne, nous nous empressons d'expliquer les motifs qui nous les ont inspirées.

La conduite des souverains du Maroc a toujours été, soit ouvertement, soit clandestinement, hostile aux nations civilisées.

Les Portugais ont dû abandonner les postes qu'ils occupaient sur le littoral marocain par suite des attaques incessantes auxquelles leurs troupes étaient exposées.

Les Anglais ont renoncé à Tanger pour les mêmes raisons.

Les Espagnols ont enfin pris une offensive vigoureuse après avoir épuisé tous les moyens de conciliation, malgré des insultes graves et des attaques réitérées.

La France a vu ses frontières menacées, envahies, ses postes attaqués, ses colons égorgés. Elle a dû recourir à la force pour obtenir réparation; et au jour du combat le maréchal Bugeaud s'est trouvé à Isly en présence d'un fils de l'empereur, comme le maréchal O'Donnel devant Tétouan a battu ses frères.

Il est donc faux que ces attaques aient été le fait des populations, puisque le souverain envoie ses plus proches parents et sa garde au-devant des troupes européennes qui viennent en demander satisfaction.

Il est surtout douteux que les promesses obtenues

après une victoire soient franches et suivies d'exécution.

Que les Espagnols le sachent bien : qu'ils occupent Tétouan ou Tanger et même ces deux places, dès que l'armée aura repassé le détroit, leurs garnisons seront attaquées sans relâche. Il n'y aura de sécurité dans ce pays que par son occupation entière après l'expulsion des ennemis de la chrétienté, c'est-à-dire de tout ce qui est au pouvoir.

L'histoire de plusieurs siècles est là, sous nos yeux, pour nous montrer qu'en ce pays le mensonge, la fausseté et l'arrogance marchent de pair chez les souverains jusqu'au moment où ils tremblent de perdre leur place.

Alors il n'y a pas de protestation d'amitié et de bon vouloir dont ils ne soient capables.

Mais dès que les choses sont arrangées à leur convenance, tout est oublié ; et à la première occasion on recommence.

Nous croyons qu'il est impossible de mieux établir la situation actuelle du Maroc vis-à-vis de l'Europe qu'en la comparant à ce qu'était Alger avant la conquête.

Nulle sécurité pour le commerce sur les côtes ;

Danger des plus grands pour tout navire qui avait le malheur de toucher terre, quelle que fût son pavillon ;

Insultes et mauvais traitements envers les négociants

assez hardis pour venir trafiquer dans les ports déclarés ouverts au commerce ;

Impossibilité de pénétrer dans l'intérieur sous peine de mort ;

Enfin, haine et mépris des peuples chrétiens, quels qu'ils fussent, plus encore de la part des souverains et de leur entourage que des populations.

Telle était notre situation en face d'Alger en 1829.

Telle est aujourd'hui la position de toutes les puissances européennes vis-à-vis du Maroc.

Il importe donc à toutes que ce pays soit occupé par un peuple civilisé, afin d'obtenir la sécurité qui manque sur ses côtes, tant du côté de la Méditerranée que de l'Océan ; et aussi pour que ce pays ne soit pas plus longtemps fermé à l'Europe comme la Chine.

Quant à la famille régnante, sa conduite passée et présente à l'égard de la France, de l'Espagne et même de ses propres sujets, la rend indigne de tout intérêt ; et elle sera trop heureuse d'aller rejoindre Abd-el-Kader à Brousse le jour où elle sera expulsée.

Cette conquête ne sera pas seulement un bienfait pour l'Europe, elle présente d'autres avantages à la nation qui pourra l'entreprendre et la mener à bonne fin.

On peut en juger par une description même rapide du pays :

L'empire du Maroc compte douze cents kilomètres de côtes sur l'Océan, quatre cents sur la Méditerranée, soixante sur le détroit, et cent cinquante kilomètres sur la frontière territoriale de l'Algérie.

Soit une étendue qui dépasse celle de la France.

Le pays est partagé par la chaîne du Grand-Atlas, qui atteint sur divers points une hauteur de plus de trois mille mètres.

La hauteur de ces montagnes et la douceur des pentes ont doté ces contrées de rivières bien plus considérables que celles de l'Algérie.

Celles qui coulent au Nord sont : la Melouïa, Loukos, Ouerra, Sebou, Bou-Ragrag, Oum-el-Rebïa et Tensift.

Celles qui coulent au Sud et au Sud-Est sont : le Guir, le Ziz et le Dréa.

La plus considérable des rivières du Nord est l'Oum-el-Rebïa : son volume d'eau est à peu près celui de la Seine. La plus longue de celles qui coulent vers le Sud-Est est l'Oued-Dréa, dont l'étendue surpasse celle du Rhin.

L'Oued-Dréa traverse un lac d'eau douce deux ou trois fois grand comme le lac de Genève, et très-poissonneux. Il y a un autre lac d'eau douce dans l'intérieur des montagnes, que les indigènes disent être de l'étendue du lac Fedzara, lequel compte douze mille sept cents hectares.

Le climat du Maroc est celui de l'Algérie, sauf la

différence des altitudes. Les productions du sol et sa fertilité sont identiques, excepté qu'on y trouve les mêmes essences de bois en plus grande quantité. Il en est de même pour le règne animal, tant à l'état sauvage qu'à l'état domestique, et aussi pour le règne minéral.

Les populations de l'intérieur sont, comme en Algérie, composées d'Arabes, de Chaouïa et de Kabyles.

Les villes sont peuplées d'Arabes croisés que les Européens appellent Maures, nous ne savons trop pourquoi, de Juifs, de Mulâtres et de Nègres.

La population totale du Maroc paraît être d'environ cinq millions.

Les villes principales de l'intérieur sont Méquinez, Fez, Maroc et Tétouan.

Celles qui se trouvent sur les côtes sont : Tanger, Mogador, Ceuta, El-Harach et Rebat.

La position géographique du Maroc serait seule une grande fortune pour la puissance maritime qui l'occuperait.

Indépendamment de ses ressources intérieures, l'Afrique occidentale fait un commerce considérable avec le pays des Nègres; et sa position sur l'Océan et dans les oasis méridionales permettrait de lui donner une extension beaucoup plus grande si le pays était au pouvoir d'une nation civilisée.

Nous terminerons ce chapitre en formant des vœux pour que ce grand événement s'accomplisse de nos jours.

Tout récemment déjà les Espagnols s'étaient rendus maîtres de Tétouan, après un combat dans lequel un jeune prince français, le comte d'Eu, fils aîné du duc de Nemours, s'est couvert de gloire : nous n'avons plus qu'à regretter qu'il n'ait pas été permis au maréchal O'Donnel d'aller de l'avant, en attirant à lui les populations de l'intérieur ; bientôt la France lui eût tendu une main amie du côté de ses frontières.

Nous avons vu au feu, dans bien des affaires, les soldats espagnols enrôlés dans notre légion d'Afrique : avec de tels hommes, une défaite est impossible ; et si les relations politiques eussent marché de front avec les opérations militaires, l'armée de la reine était assurée du succès. Il suffisait d'ailleurs de persuader aux populations du Maroc que ce n'était pas contre elles, mais contre le gouvernement établi que l'Espagne faisait la guerre.

En tous cas, pour atteindre le résultat des victoires passées et futures, il importe essentiellement que le général qui succédera dans une nouvelle guerre contre le Maroc au maréchal duc de Tétouan s'entoure d'hommes familiers à la langue, aux coutumes du pays, et, partant, sympathiques aux populations. Sans de tels auxiliaires, une guerre dans ce pays n'aura pas de fin et ses résultats seront purement négatifs.

Si nous parlons ainsi, dans la prévision d'une expédition à venir, c'est que, malgré la nouvelle qui est venue nous surprendre du traité de paix conclu entre l'Espagne et le Maroc, traité que nous regrettons pour toutes les nations chrétiennes, nous sommes persuadé que les Marocains ne tiendront pas ce qu'ils ont promis ; qu'après les grandes pertes qu'elle a essuyées, la situation n'aura pas changé pour l'Espagne.

Puisse notre prédiction ne pas se réaliser trop vite!

XI

LES CHASSES DE L'ALGÉRIE.

Nous avons chassé en France et en Angleterre, en plaine et au bois, dans les contrées les mieux gardées et les plus giboyeuses.

Nous avons connu les plus grands veneurs et chasseurs de la Russie, de la Pologne, des deux Amériques, de l'Afrique centrale, des Indes, de l'Égypte et de l'Abyssinie.

Tout ce que nous avons pu voir par nous-même ou entendu raconter par nos amis nous a convaincu que, de tous les pays chers aux chasseurs véritables, aucun n'offre autant d'attraits que l'Afrique du Nord ou l'Algérie.

Et, cependant, nous avons vu plus d'un disciple de saint Hubert en revenir le cœur gros de désappointement et complétement désillusionné.

C'est que l'Algérie est vaste ; que les contrées giboyeuses y sont en dehors des voies de communication habituelles ; et qu'enfin il n'y a pas de plus mauvais guides que les habitants des villes soit du littoral, soit de l'intérieur.

Quelques officiers et un petit nombre de fonctionnaires des centres principaux, fixés au milieu des populations indigènes, sont seuls initiés aux richesses cynégétiques de ce beau pays.

Cette indifférence de nos compatriotes pour tout ce qui exige le moindre déplacement m'a toujours frappé.

Il y a pourtant là des hommes oisifs et auxquels l'emploi de leur temps pèse quelquefois d'une manière assez lourde ; néanmoins, ils préfèrent l'ennui du logis à des explorations intéressantes.

Ainsi s'explique l'ignorance presque générale du pays qui se trouve en dehors des routes ordinaires.

Nous citerons un exemple frappant de ces habitudes casanières :

Un touriste anglais arrive à Guelma, ville déjà importante située à l'Est de la colonie.

Après avoir visité les eaux thermales d'Hammam-Meskoutin, il revient à Guelma et demande aux habitants s'il n'y a pas d'autres sites pittoresques à visiter dans les environs. On lui répond qu'il a tout vu.

— Et cette montagne qui touche à la ville, fait observer l'Anglais, comment la nomme-t-on ?

— C'est la Mahouna.

— Et qu'y a-t-il dans la Mahouna ?

— Oh ! rien, des Arabes.

« Alors, ajouta le touriste, en nous racontant cet épisode de son voyage, je voulus voir ce pays si peu connu des colons.

« Un Arabe me servait de guide.

« Après une heure de marche vers l'Ouest, je perdis toute trace de colonisation et je me trouvai au milieu de la nature la plus sauvage et la plus bouleversée que j'aie vu durant mes longs voyages à travers tous les mondes.

« Le sentier, sur lequel nous marchâmes ensuite du Nord au Sud, était tracé sur le versant occidental de la montagne. Devant nous, des rochers gigantesques montraient leurs têtes bizarres à travers la plus belle végétation. Plus haut, d'autres rochers, d'une nudité effrayante, semblaient suspendus dans les airs. Plus près du ciel encore, une forêt séculaire couronnait majestueusement ce sublime tableau. Un silence de mort régnait sur ces solitudes.

« Tantôt nous traversions une clairière émaillée de mille fleurs inconnues ; tantôt notre chemin disparaissait sous une voûte d'oliviers sauvages dont l'épaisseur interceptait la lumière. A chaque instant des ravins en apparence infranchissables nous barraient le passage ; de brusques percées à travers ces ombrages mystérieux découvraient tout à coup à mes yeux étonnés et ravis quelque site nouveau, un paysage admirable. Après avoir marché ainsi pendant deux heures de surprise en admiration, j'arrivai sur un plateau encadré entre la vallée et les crêtes. Vu de ce point, le pays offre des aspects si divers, si nombreux et si charmants, que je ne crois pas qu'aucun homme doué du sentiment du beau puisse le quitter sans regret. Ayant fait dresser ma tente auprès d'un douar arabe, je m'éloignai du bruit afin de pouvoir observer à mon aise et sans distraction.

« A peine le soleil avait-il disparu à l'horizon que toute cette nature assoupie sembla se réveiller.

« D'abord une compagnie de sangliers m'apparut sur la lisière du bois et traversa gravement une vaste clairière.

« Trois chacals vinrent ensuite, suivant la même direction. Puis un joli petit animal, dont l'espèce m'est inconnue, vint se camper à trente pas devant moi sur ses pieds de derrière. Ma carabine était là sous la main ; je la pris avec précaution, l'armai en silence et j'ajustai la bête sans qu'elle donnât le moindre signe de frayeur ou d'étonnement.

« Mon premier coup de feu fut repété par tant d'échos ; il fit un bruit si étrange dans cette solitude, que je me pris à écouter au lieu d'envoyer une seconde balle à l'animal en fuite.

« Au moment où je me levais pour regagner ma tente, un lion rugit vers le fond de la vallée. Quelle puissance dans cette voix, me disait lord ***, et quelle force dans ses accents ! Vraiment rien n'est comparable à cela, et je vous assure que, par moments, il me semblait que les rochers, les arbres et la terre en étaient ébranlés. Comment, ajoutait-il, avez-vous pu quitter ce pays après l'avoir découvert ? Mais j'y passerais volontiers la moitié de ma vie, et, si vous voulez, je ferai venir d'Angleterre une maison en fer que vous habiterez toute l'année pour être sur le meilleur terrain de vos chasses, et où je viendrai vous faire compagnie de temps en temps. »

Telle est la contrée qui avoisine Guelma, à deux heures de marche, et qui pourtant reste inconnue à la plupart de ses habitants.

Il ne faut donc pas nous étonner si le reste de l'Algérie est ignoré des Européens, et si des hommes qui l'habitent depuis vingt ans la connaissent si peu.

L'Afrique française, avons-nous dit, est le paradis des chasseurs ; mais il serait bon, avant d'aller plus loin, de bien définir le mot *chasse*.

Pour l'homme vivant à l'état primitif et pour le braconnier, chasser, c'est prendre pour se nourrir. Parmi les hommes du grand monde, beaucoup chassent pour afficher le luxe d'un équipage.

Dans les autres classes de la société, la moitié au moins de ceux qui portent un fusil ne s'en servent que pour tuer le temps ; mais, en revanche, chez les grands seigneurs comme chez les bourgeois, parmi les souverains des plus grandes nations comme parmi les paysans les plus pauvres, il y a un grand nombre d'hommes qui chassent pour chasser.

Ceux-là, et ceux-là seuls, sont animés, je voulais dire possédés, de la passion de saint Hubert, leur patron à tous, sans distinction de rang ou de naissance.

Et cette passion universelle, l'une des plus nobles, des plus fortes, et la plus durable, peut se résumer ainsi : chercher une difficulté, la rencontrer et la vaincre.

Si cette définition est exacte, et nous pensons que tous les vrais chasseurs seront d'accord avec nous, il nous reste à examiner, en commençant par l'Europe, celles des chasses qui, par les difficultés qu'elles présentent, passionnent le plus.

Nous avons le tir, le courre et le vol.

Le premier a pour objet d'exercer l'adresse, et quelquefois, rarement, d'éprouver le courage du chasseur.

Dans le courre, il y a, indépendamment du goût pour le cheval, des complications qui offrent plus d'attraits, surtout dans les contrées où les obstacles à franchir sont nombreux et difficiles.

La chasse au vol peut être considérée comme un spectacle, dans lequel l'oiseau et le cheval sont les principaux acteurs, et auquel les plaines, les rivières et les vallées servent de théâtre.

Pour quelques-uns, et nous sommes de ce nombre, la chasse à courre plaît à cause de ses difficultés et des accents si mélodieux de la meute et des trompes.

Comme exercice de tir, nous pensons que les deux plus intéressantes sont : au fusil, la chasse de la bécassine, et, à la carabine, celle du bouquetin ou du chamois.

Voilà pour l'Europe.

En Amérique, nous n'avons, l'ours excepté, que des carnivores nains ou des herbivores, qui se tuent sans difficulté.

L'Afrique centrale, l'Inde, l'Abyssinie et la haute

Égypte sont plus riches par la variété et le nombre des grands animaux qui peuplent leurs forêts : en les jugeant par la taille, le lion, le tigre, le rhinocéros, le buffle et l'éléphant sont de beaux coups de fusil ; mais il n'y a réellement que les deux premiers dont la chasse présente des dangers sérieux ; et encore le lion y est-il moins beau et moins redoutable que celui de l'Afrique du Nord.

Passons maintenant en Algérie, et nous comparerons ensuite.

Au Nord, c'est-à-dire près du littoral, on trouve le lion, la panthère, le sanglier et le cerf; au Sud le mouflon, l'antilope, la gazelle et l'autruche; voilà pour la grande chasse. A ceux qui aiment à brûler beaucoup de poudre et à faire preuve d'adresse, nous recommandons certains marais autour desquels, sans se mouiller les pieds, ils pourront, en une journée, tirer cinq cents coups de fusil sur les bécassines.

Si ce chiffre paraissait exagéré, nous invoquerions le témoignage du comte Branicki, qui, dans l'espace d'une heure, a tué trente bécassines devant nous.

Puis viennent la poule de Carthage, ou canepetière, la perdrix rouge, l'outarde, le canga, les bécasses et cailles au passage, les oiseaux aquatiques innombrables sur les lacs, la chasse au faucon, et enfin la gent carnivore de deuxième ordre : lynx, caracals, chacals et renards, et celle de dernier ordre : hyènes, civettes et ratons ou mangoustes.

Cette abondance d'animaux, et une si grande variété de gibier ne suffisent pas cependant pour élever l'Algérie au-dessus des autres contrées. Il y à en sa faveur des conditions de proximité, de climat, et d'économie dont il importe de tenir compte, aussi bien que de la manière d'y chasser.

En dernier lieu, nous citerons, comme un avantage inappréciable, le voisinage de la grande et de la petite chasse qui permet de choisir entre le lion et la bécassine, le sanglier et la perdrix, sans être obligé de se déplacer ; et encore la facilité tout à fait exceptionnelle de chasser les grands carnassiers soit en société, soit isolément.

Partout ailleurs que dans l'Afrique du Nord, les lions ne vivent que de chasse, et ils habitent soit des jungles impénétrables, soit des forêts d'une grande étendue. De là, l'impossibilité d'attendre l'animal la nuit, avec quelque probabilité de le rencontrer, et celle aussi de chasser pendant le jour au bois, à cor et à cris.

En Algérie, le lion se nourrit aux dépens des indigènes ; le fond de ses repas quotidiens se compose de cheval, de bœuf et de mouton. Le sanglier y entre à peine pour un trentième et il dédaigne absolument les autres animaux sauvages.

Pour se procurer sa nourriture d'une manière assurée et facile, voici comment le lion arrange son existence, et comment il vit le jour et la nuit.

Les plaines et les vallées situées au pied des montagnes boisées, sont habitées en toute saison par un grand nombre d'indigènes possédant de grands troupeaux. Leurs douars, composés de dix à trente tentes ou familles, sont établis dans le voisinage des eaux et forment un rond-point dont le milieu sert de parc au bétail. Une haie, haute de six pieds et large de deux mètres, enferme le tout, excepté une porte qui est barrée le soir seulement.

Pendant l'été, le lion choisit dans la montagne un ravin bien frais et bien couvert avec une source dans le voisinage ; en hiver un lieu abrité contre les vents du nord et bien exposé au soleil. Là il dort de la pointe du jour au crépuscule du soir. A cette heure il se lève et va faire sa toilette sur une hauteur voisine, d'où son œil peut suivre, aux plus grandes distances, la marche des troupeaux rentrant dans les douars. Quand l'appétit est venu, le lion quitte le bois, et, prenant le premier chemin qu'il rencontre pour descendre dans la plaine, il arrive au douar ; franchit la haie ; et, se trouvant dans le parc, il emporte son dîner près du ruisseau ou de la source sur les bords duquel les femmes trouveront ses restes en venant puiser de l'eau le lendemain.

Quelquefois, lorsqu'il est accompagné d'une lionne, il la prie d'attendre au dehors, puis bondissant au milieu du parc, il en fait sortir tout ce qu'il y rencontre pour le plus grand plaisir de sa moitié. Dans ce cas, la lionne tue de son côté, le lion en fait autant du sien; et alors, au lieu d'une victime on en compte plusieurs.

Nous avons vu, en 1845, chez le cheïk Ben-M'tir, près de La Calle, les cadavres de dix-sept bœufs tués de la sorte en moins de cinq minutes et laissés intacts par le lion et la lionne, qui avaient emporté le dix-huitième bœuf sur les bords d'un ruisseau pour y faire leur souper. Nous étions sous la tente du cheïk au moment de l'attaque, et, avant que notre fusil fût chargé, tout était fini.

Il arrive aussi que le lion, pressé par la faim, se lève de bonne heure, et se rend à son observatoire afin de ne pas perdre son temps en recherches faites au hasard.

Dans ce cas, un cheval au pâturage, une bête dans le troupeau, un baudet jouant avec les chiens près des tentes, une chamelle allaitant son petit, deux taureaux attelés à la charrue : tout lui est bon, et il va au plus rapproché.

Il ne faudrait pas croire, d'après ce qui précède, que le lion, son repas fini, rentre à son repaire et se couche. N'y a-t-il pas au delà de ces plaines d'autres contrées qu'il désire voir et connaître? Cette force exceptionnelle dont la nature l'a doué est-elle compatible avec l'inaction? n'entend-il pas au loin le rugissement d'un rival ou d'une lionne?

Déjà il est debout et, la tête haute, la crinière au vent, il marche d'un pas assuré et superbe sur le chemin frayé par les hommes, comme s'il avait été fait pour lui.

C'est là une des habitudes particulières au lion de l'Atlas; et c'est dans ce mépris qu'il professe pour l'homme, ainsi que dans l'usage immodéré qu'il fait de ses biens, que nous avons pris notre manière de le chasser, laquelle, selon nous, serait impraticable dans les autres pays.

Sans parler du temps et des peines que nous ont coûtés les connaissances spéciales qu'il s'agissait d'acquérir, transportons-nous sur le terrain.

Nous avons devant nous une montagne boisée de la base au sommet : un lion est là, comment le rencontrer? allons, si vous voulez, reconnaître ensemble le pays, et bientôt vous saurez ce qui nous reste à faire. Suivons le bord de la plaine et comptons les sentiers qui montent au bois : il y en a trois, et nous ne sommes que deux : afin d'obvier à cet inconvénient, interrogeons le sol qui nous dira quel est, de ces trois chemins, celui par lequel le lion est rentré au bois cette nuit.

Après l'avoir trouvé, nous n'avons qu'à venir l'attendre là à sa sortie, un peu après le coucher du soleil.

Mais déjà il fait sombre et rien ne paraît ; cependant un bruit se fait entendre, plus haut, sur le chemin ; il se rapproche ; il est là, tout près de nous ; j'entends d'ici votre cœur battre, et je vois les canons de votre carabine trembler; allons ! soyez plus maître de vos nerfs, de votre sang, sinon vous allez peut-être subir le sort du taureau étranglé la veille. Eh ! tenez, ce n'est qu'une hyène, laissez-la passer : vous voilà un peu plus tranquille, c'est bien ; mais écoutez ! les chiens et les Arabes font grand bruit dans les douars ! c'est probablement le lion qui sera descendu en plaine par un autre chemin. Le voilà qui rugit, la chose est faite ; il a dîné et va se promener pour faire sa digestion. A quoi bon l'attendre ici dans l'incertitude de son retour ; mieux vaut aller à lui, tandis que sa voix nous dit où il peut être.

C'est ainsi que nous avons débuté nous-même et que, pendant douze années consécutives, nous avons attendu le lion sur les routes fréquentées par lui, ou que nous avons cherché à l'y rencontrer quand il daignait nous guider par sa voix puissante.

Et c'est pendant ces longues nuits d'insomnie, de marches ou d'attente, que nous avons trouvé la solution d'un problème longtemps cherché.

Seul en présence de deux cents lions dispersés dans

les deux Atlas, comment avoir raison de tous ces monstres ? comment répondre aux appels que chaque jour nous adressaient, de cent points différents, les tribus accablées sous le poids de leurs pertes ? Ce fut le lion lui-même qui nous enseigna les moyens de le combattre d'une manière efficace, et de rendre plus de sécurité aux populations. Ce noble animal est en effet le seul qui, vivant à l'état sauvage, ose suivre toujours les routes frayées plutôt que d'aller à travers bois.

C'est de l'observation de ce fait, ainsi que des heures de la sortie et de la rentrée du lion, que nous avons déduit notre tactique bien simple, comme on va le voir.

Le lion est couché au plus épais du fourré depuis le matin. Vous vous en êtes assuré par les empreintes larges et profondes de ses pas. Soyez certain qu'il sortira du bois à la nuit en suivant un des chemins qui le traversent.

Pour le voir infailliblement et lui envoyer des balles, il suffit d'établir un tireur sur chaque sentier qui descend en plaine.

Voilà pour la chasse de nuit, quand la lune a pris la place du soleil, ou même après son coucher, sans clair de lune.

Cependant nous conseillons plutôt de choisir les nuits claires.

Le jour, on suit sa voie jusqu'à sa rentrée au repaire,

où on l'attaque avec une meute et des trompes qui le font venir aux tireurs. Le lion adulte ne craint pas plus les hommes que les chiens; mais comme il est très-nerveux, les sons du cor lui sont désagréables, et pour s'en éloigner il quitte sa reposée. C'est alors que les chiens trouvant une voie inconnue, mais chaude, la suivent en criant à pleine gorge. Le bruit des trompes, les accents de la meute et les coups de fusil des traqueurs préviennent ceux qui gardent les postes de la marche de l'ennemi, de telle sorte que jamais il ne saurait y avoir de chasse plus belle, plus animée et plus émouvante. Le reste est entre l'homme et le lion.

Nous devons ajouter cependant que, d'après notre propre expérience, la balle explosible de Devisme, qui tue instantanément et du premier coup, rend la chose plus facile qu'elle ne l'était par le passé.

Parmi les nombreux priviléges des heureux de la terre, le plus beau, selon nous, est de pouvoir mettre en pratique les idées utiles qui, sans eux, seraient restées à l'état de théorie.

Nous avions tout, excepté les moyens de faire une expérience.

D'abord nous dûmes penser à l'intervention directe de l'administration du pays; et, avant de faire aucune démarche, nous recueillîmes avec soin tous les renseignements qui pouvaient servir notre projet. Une statistique sérieuse, faite en 1855, des pertes que les animaux nuisibles font éprouver aux indigènes de l'Algérie, nous donna le chiffre énorme de trois millions de francs par an. Armé de cette preuve, nous élaborâmes un projet de vénerie ayant pour but l'enrôlement et l'organisation de quarante chasseurs choisis parmi les zouaves et les tirailleurs algériens.

Ce projet fut présenté, accepté, puis ajourné une première fois, à l'époque de la guerre de Crimée, repris plus tard et ajourné de nouveau. Afin d'utiliser le temps et d'apporter de nouvelles preuves en faveur de nos intentions, nous résolûmes de faire une application libre de nos idées.

Deux grands seigneurs, chasseurs émérites, voulurent bien se joindre à nous pour cette épreuve, et apporter le concours de leur meute et de leur personnel de chasseurs et de piqueurs.

C'était la première fois depuis Juba que la Numidie se trouvait à pareille fête. Dès qu'ils apprirent qu'il s'agissait d'une croisade contre les lions, les Arabes et les Kabyles vinrent à nous afin de nous renseigner et de nous suivre.

La chasse de jour fut la première essayée. Ainsi que nous l'avions prévu, la trompe produisit sur le lion l'effet désiré ; et la meute fit des merveilles sans éprouver de grandes pertes, parce qu'elle s'arrêtait prudemment dès que le lion se retournait. Vint ensuite le tour de l'affût au clair de lune. A la Mahouna, nous avions connaissance de cinq lions dans un rayon de quarante kilomètres. Les points stratégiques, c'est-à-dire les chemins, étaient gardés par dix carabines seulement. Pendant cinq nuits consécutives, les lions furent tirés. Dans cinquante jours de chasse, résultat de deux campagnes, vingt-cinq lions et panthères essuyèrent des coups de fusil, et dix mordirent la poussière. S'il n'y eut pas plus de morts des deux côtés, c'est que plusieurs tireurs ne se servaient que de balles ordinaires, et que de peur d'accident ils affûtaient sur des arbres au lieu de rester sur le sol.

Quand on saura que, excepté trois ou quatre maîtres, les hommes qui composaient notre société étaient des tireurs médiocres et sans expérience de ce genre de chasse, on comprendra facilement quels résultats on pourrait attendre d'une troupe d'élite bien organisée et bien dirigée.

En effet, quand l'occupation de dix points seulement a suffi pour fermer toutes les issues aux animaux enfermés dans une forêt qui mesure dix lieues d'étendue, comment ne pas admettre qu'en doublant les postes on tuera presque toujours soit à la sortie, soit à la rentrée? Si l'on pense que les hommes seront tous armés de carabines à balles explosibles, lesquelles tuent toujours pourvu qu'on touche dans le corps, et qu'ils ne tireront d'ailleurs qu'à bout portant, alors que l'animal marche au pas sur un chemin découvert, comment ne pas admettre que la moitié au moins des lions tirés resteront sur place ? Or, en admettant que l'effectif de la vénerie soit porté à quarante carabines, et qu'il y ait par an deux cents nuits d'affût dans les moments opportuns, il est permis d'espérer que cent lions seront tués chaque année.

Ce chiffre représente, à peu de chose près, la moitié de la population léonienne de l'Algérie. Il suffirait donc de deux ou trois années pour en purger le pays d'une manière efficace ; sans compter que les chasses de jour permettraient de tuer un nombre à peu près égal de panthères. Il est vrai que les lions, ainsi que les panthères, nous viennent du Maroc et de la Tunisie. Mais ceux qui passeraient la frontière ne tarderaient pas à être signalés par les indigènes, et payeraient bientôt de leur vie le peu de mal qu'ils auraient eu le temps de faire ; car, l'intérieur de la colonie étant débarrassé de ces carnassiers, la vénerie s'établirait alors sur ses limites de l'Est et de l'Ouest.

Quel que soit le sort de notre projet, nous en poursuivrons l'exécution avec la plus grande persévérance ; en attendant, les comtes Xavier et Constantin Branicki continuent de se joindre à nous, avec leurs meutes et leur personnel de tireurs d'élite, afin de justifier par de nouvelles victoires la reconnaissance que les populations indigènes leur ont déjà témoignée dans chaque campagne, après chaque succès.

L'Afrique française possède, avons-nous dit, des carnivores de la plus belle espèce ; la conformation de ses montagnes et les habitudes des animaux qui les peuplent permettent d'y chasser le jour ou la nuit, à pied ou à cheval. La petite chasse y est aussi belle et plus abondante qu'en tout autre pays, et placée à côté de la grande. Enfin, nous sommes à trois jours de Paris, dans un pays des plus pittoresques et doté d'un climat délicieux. Nous ne pouvons mieux terminer cette esquisse rapide des chasses de l'Algérie, qu'en invitant les disciples de saint Hubert et les touristes qui nous liront à venir juger par eux-mêmes si ces contrées méritent leur renom.

FIN.

TABLE DES MATIÈRES.

	Pages.
I. Description.—Histoire naturelle	1
II. Histoire des premiers temps jusqu'à la prise d'Alger par les Français	47
III. Prise d'Alger	85
IV. Le maréchal Valée	141
V. Le maréchal Bugeaud	169
VI. Le duc d'Aumale.—Le maréchal Randon	201
VII. Études sur les populations indigènes	245
VIII. Armée.—Occupation	279
IX. Administration.—Colonisation	329
X. Le Maroc	369
XI. Les Chasses de l'Algérie	383

Paris.—Imprimé chez Bonaventure et Ducessois, 55, quai des Augustins.

EN VENTE A LA LIBRAIRIE E. DENTU
PALAIS-ROYAL, 13, GALERIE D'ORLÉANS.

Beckwourth le Chasseur. Souvenirs d'un chef de tribu indienne, scènes de la vie sauvage en Amérique. 1 v. grand in-18 jésus. 3 50

Les Cours Galantes, par Gustave Desnoiresterres. 1 v. in-18. 3 »

Énigmes des rues de Paris, par Édouard Fournier. 1 fort vol. in-18. 3 »

L'Esprit des Bêtes. Zoologie passionnelle, mammifères de France, par A. Toussenel. 3e édition, revue et corrigée. 1 volume in-8°. 6 »

Histoire du Pont-Neuf, par Édouard Fournier. 1 v. in-18. 3 »

Les Maîtresses du Régent, étude de mœurs et d'histoire sur le commencement du XVIIIe siècle, par M. de Lescure. 2e édition, revue et corrigée. 1 fort vol. in-18. 4 »

Manuel du chasseur au chien d'arrêt, suivi de la loi sur la chasse, par Léonce de Curel. 1 vol. in-8°, orné d'une gravure à l'eau forte. 5 »

Le Monde des Oiseaux. Ornithologie passionnelle, par A. Toussenel. 2e édition, revue et corrigée. 3 vol. in-8°, avec le portrait de l'auteur. 18 »

Les Mystères du Désert, souvenirs de voyages en Asie et en Afrique, par Hadji-Abd'el-Hamid-Bey (colonel du Couret), précédés d'une Préface par M. Stanislas de Lapeyrouse. 2 vol. grand in-18 jésus avec cartes et vignettes. 7 »

Nouveaux souvenirs de Chasse et de Pêche, dans le Midi de la France, par le vicomte Louis de Dax. 1 vol. grand in-18 jésus, illustré de jolies vignettes dessinées par l'auteur. 3 50

Les Princesses russes prisonnières au Caucase. Souvenirs d'une Française captive de Chamyl, par Édouard Merlieux. 2e édition: 1 joli v. grand in-18 jésus, orné de figures dessinées par J. Bazin. 3 50

Récits d'un chasseur, par Ivan Tourguénef, traduits par H. Delaveau, illustrations de Godefroy Durand. 2e édition; 1 beau vol. gr. in-18 jésus. 4 »

Souvenirs intimes d'un vieux chasseur d'Afrique, récits du brigadier Flageolet, recueillis par Antoine Gandon, avec une préface par Paul d'Ivoi, illustrations de Worms, gravure de Polac. 3e édit. 1 charmant vol. grand in-18 jésus. 3 50

Voyages en Perse, dans l'Afghanistan, le Béloutchistan et le Turkestan, par J. P. Ferrier, ex-adjudant général dans l'armée persane, ancien adjudant au 1er régiment de chasseurs d'Afrique; chevalier de la Légion d'honneur. 2 vol. in-8°, accompagnés d'un portrait et d'une carte. 12 »

Paris. — Imprimé chez Bonaventure et Ducessois, 55, quai des Augustins.

www.ingramcontent.com/pod-product-compliance
Lightning Source LLC
Chambersburg PA
CBHW071855230426
43671CB00010B/1352